関西学院大学研究叢書　第131編

英国勅許公共財務会計協会

石原俊彦

関西学院大学出版会

写真1　CIPFA本部

Chartered Institute of Public Finance and Accountancy
3 Robert Street
London WC2N 6RL
United Kingdom

写真2　CIPFA 歴代の理事長

1999 Brian Smith 氏

2000 Mike Weaver 氏

2001 Chris Hurford 氏

2002 Roger Tabor 氏

2003 Hilary Daniels 氏

2004 Mike Barnes 氏

2005 Diane Colley 氏

2006 Caroline Gardner 氏

2007 John Butler 氏

2008 Caroline Mawhood 氏

写真 3　CIPFA 事務総長
Chief Executive, CIPFA
Steve Freer 氏

本書は CIPFA の事務総長 Steve Freer 氏の全面的なサポートによって完成した。右の序文は、Steve Freer 氏から寄せられたものである。

FOREWORD

The 1880s marked a period of very significant reform in the United Kingdom. Many important public infrastructure projects were taking place in cities and towns across the country to support the new industrial economy and to improve the living conditions and life-chances of workers and their families.

Not surprisingly the local authority treasurers who were responsible for funding many of these vital works felt a need to share their problems and test out ideas and solutions with their counterparts from other parts of the country. Initially, because of the limitations of the transport and communications of the time, these connections were made informally and relatively infrequently. Such was their value, however, that quite quickly a formal association of treasurers was established in 1885.

These small steps which describe the birth of the organisation which we now know as CIPFA – the Chartered Institute of Public Finance and Accountancy – proved to be the beginning of a long and in many ways remarkable story. With more than 16,000 members and students and over 300 staff CIPFA now plays a critically significant role in setting and ensuring the achievement of high standards of practice in public financial management and reporting and in public audit. Widely admired, its influence now extends far beyond UK local government to embrace the full spectrum of Government and public services in the UK and increasingly internationally.

Of course, the world today is unrecognisable from the world of 1885. Nevertheless many of the challenges and ideals which drew CIPFA's founding members together all of those years ago remain highly relevant.

Public sector organisations remain different and distinctive in many ways, requiring their own expert finance practitioners. In the absence of the dominant driver of profit which focuses decision making in the private sector, decision making in the public sector is often much more complex. For the same reason performance measurement too is frequently more challenging. And because public money is at stake, high standards of stewardship and accountability must be achieved – taxpayers rightly expect resources to be invested wisely and efficiently for the public good.

Interestingly these unchanging themes lead to another common thread which runs throughout CIPFA's story. One of the earliest actions of the newly founded Institute was to recognise the need to develop professional training programmes for the specialist and highly demanding duties for which members were responsible. Again, this fundamental belief in the importance of professional skills remains a cornerstone of CIPFA's values to the current day. As the organisation's interests and activities continuously develop and expand our commitment to the professional education and training of outstanding members remains central and occupies a position of special significance in all of our thinking.

As CIPFA has developed over the decades its journey has gradually addressed more and more ambitious challenges. Today it stands proudly as a prominent player in the global accountancy profession, marked out by its unique focus on the public services. A founding and highly active member of the International Federation of Accountants, CIPFA has a growing network of international contacts and is increasingly widely involved in initiatives to help establish higher standards of financial practice in Governments and public sector organisations across the world.

There is no doubt that these wider horizons will become more and more important as the pace of globalisation quickens and CIPFA's journey continues. In this context I am especially grateful to my friend Professor Toshihiko Ishihara for writing this book. I hope that it will strike a chord with the leaders of Japan's Government and accountancy profession and encourage their work to deliver high standards in its public services. I also hope that it will lead to long and fruitful relationships between us through which we can share our experiences and make progress together.

January 15 2009
Steve Freer
CIPFA Chief Executive

Message

I am delighted that Professor Toshihiko Ishihara has chosen to write a book about CIPFA and to publish in 2009. This is a very significant year for CIPFA, following the launch in 2008 of our new international strategy approved by CIPFA's Council and our new brochure demonstrating a growing portfolio of international projects.

CIPFA's development strategy 2006–2010 places a strong focus on international activity and we have a number of successful international partnerships. It is wonderful that this book will be launched in Japan and I hope that it will generate interest and the opportunity for us to collaborate in the spirit of the Institute's objectives and our main purpose which is to advance public finance and promote best practice around the world.

CIPFA is the only major professional accountancy body in the world which specialises in the public services and it is the leading independent commentator on managing and accounting for public money. CIPFA is the awarding body globally for CPFAs (Chartered Public Finance Accountants) and this also involves setting standards for their Education and Training, Discipline, Ethics and Continuing Professional Development, and for their Regulation through the setting and monitoring of Professional Standards.

The Institute is now pressing ahead with the enhancement of CIPFA's portfolio of international qualifications in response to feedback from stakeholders. This is at the heart of our contribution to professionalisation in partner countries worldwide. We will soon have a unified set of education and training standards for a single, global professional qualification – the gold standard for public financial management.

CIPFA is well known around the world for educating and training student members, but we have five other directorates. These include the Policy and Technical Directorate which makes a significant contribution to the intellectual capital of the Institute and our Commercial Services arm which has a range of high quality advisory, information, training and consultancy services for public service organisations.

Before joining the Institute's secretariat, I spent considerable time overseas where I worked in government posts and developed an in-depth understanding and keen interest in working with partner countries.

I congratulate the Professor's initiative to publish this important book and hope that it will generate interest and the opportunity to work with colleagues in Japan on valuable new work.

January 19 2009
Caroline Rickatson
International Director, CIPFA

はしがき

　2008年の後半、アメリカ経済はリーマン・ブラザーズの倒産をきっかけに金融危機に直面した。その影響は実体経済にも波及し、日本経済も極めて深刻な状況に陥っている。日本を代表する民間企業の2008年度業績は、年度当初計画や2008年秋頃の予測とは裏腹に、軒並み大幅な赤字決算となっている。たとえば、2008年度のトヨタ自動車（株）の業績は売上高（連結）で4.5兆円、利益で約2兆円の減額修正が新聞報道されている。2兆円もの利益の減少は、41％程度のわが国の実効税率を加味すると、約8000億円の税収減となる。この金額は、比較的規模の小さい県庁の一般会計予算に匹敵する。一つの民間企業の業績不振で、県庁一つが吹っ飛んでしまうくらい深刻な現状に、地方自治体は今後、対峙していかねばならないのである。
　そうした現況において、自治体に勤務する職員の勤務状況は従来とは大きく変わり、業務の効率性は格段に進歩している。民間企業やNPO等への権限委譲（民営化、委託）も進み、地方自治体における改革や改善は、相当の効果を導き出している。市民の協働や参画も進み、市場化テスト、ボランティアやNPOの活動も活発である。それでも今後数年の間に、わが国地方自治体が直面する財政危機は、非常に厳しいと言われ続けたこの10年間を、大きく上回るものと予想されている。いまこそ地方自治体には、既成の概念にとらわれない新たな改革のベクトルを見出すことが必要なのである。
　わが国ではこれまで、政府や地方自治体、特殊法人、独立行政法人などの公共部門の財務と会計について、先達の真摯な取り組みが重ねられてきた。その成果で、今日の公共部門のVFM（Value for Money：最少の経費で最大の効果）や財務報告の信頼性、資産や債務の管理には、大きな改善が実現されている。PFI（Private Finance Initiative）や指定管理者制度の導入、包括外部監査制度や新地方公会計制度改革の動向などは、こうした改善の顕著な一例である。
　しかし、わが国における財務と会計に関する一連の改革は、必ずしも財務

の専門家や会計専門職（Accounting Profession）が担ってきたものではない。また、財務管理や会計学の理論が駆使されて推し進められてきたわけでもない。公認会計士や財務管理理論、会計学の研究者が、地方自治体の行財政改革に関与してきた程度は、依然として非常に低いと言わざるを得ない。ところが、地方自治や民主主義の先進国英国では、日本と異なって、地方自治体の行財政改革に財務管理や会計の高度な専門的知識が浸透している。ここに、既成の概念にとらわれないわが国自治体改革の新しい改革のベクトルが見出せるのではないだろうか。

　英国勅許公共財務会計協会（Chartered Institute of Public Finance and Accountancy：CIPFA）は、約120年間にわたって、英国内の地方自治体の財務管理と会計の諸問題に取り組んできた会計団体である。CIPFAが資格試験を行ない、資格の認定を行なっている勅許公共財務会計士（Chartered Public Finance Accountant：CPFA）は、世界でただ一つの公共部門を専門とする会計士に与えられる資格称号である。CIPFAはCPFAの公共部門における広範な活動を支援するために、数多くのミッションをもち、積極的な活動を展開している。

　たとえば、CIPFAは、英国の地方自治体が財務諸表を作成する際の会計基準の設定を行なっている。もちろん、イギリスの地方自治体会計は発生主義を導入している。そして、2010年度には、CIPFAの国際部長キャロライン・リカットソンが本書へのメッセージで示唆したように、自治体の会計基準に国際会計基準審議会（International Accounting Standards Board：IASB）の国際財務報告基準（International Financial Reporting Standards：IFRS）が全面的に導入されようとしている。

　IFRSは一般に、民間企業を対象とした国際財務報告の基準であり、これを自治体会計に導入しようとする動きは、民間部門の会計と公共部門の会計の間に垣根を立てないセクター・ニュートラルの考え方を徹底しようとするものである。わが国では少なくとも現時点において、民間企業の財務会計基準やIFRSを地方自治体の会計に導入しようとする機運はまったくない。まだまだ、現金主義に発生主義的な発想をわずかでも導入しようと模索の時期が続くと予想される。複式簿記の導入に関しては、さらにその先の作業とな

る。それと比較すると、英国の地方自治体における財務報告は多くの点で極めて先進的である。

　CIPFAはこの他にも、地方自治体等公共部門の財務管理や会計専門職の養成を積極的に行なっている。人材育成のための教材開発や研修システム、先進実務事例の紹介、ベスト・プラクティスの普及には長い時間をかけている。会計団体としての国際的な活動も盛んで、IFACで主要な役割を果たすことや、CIPFAと同様の公共部門の財務管理や会計を専門とする会計団体の設立支援を英国外で行なっている（たとえば、ザンビア勅許公共財務会計協会）。定期刊行物やインターネットを通じた統計サービスなどの提供にも、積極的に取り組んでいる。

　約500の英国の地方自治体には、1972年地方自治法で最低1名の職業会計士（CIPFAをはじめ英国内の6つの会計団体のいずれかが認定する会計士の資格を有する者）を管理職として庁内に配置しなければならないとされている。実際には、多くの地方自治体で、2名以上の職業会計士が勤務している。CIPFAのCPFA資格に限定しても、約5000名が地方自治体に勤務している。それゆえに、英国内の地方自治体には平均して約10名のCPFAが勤務している計算になる。

　実は、CIPFAのCPFAはイングランド・ウェールズなどの勅許会計士協会の勅許会計士（Chartered Accountant）とほぼ同等の専門的能力を想定されており、これらの勅許会計士協会は、日本公認会計士協会と密接な関係にある。つまり、日本の公認会計士に概ね相当する専門的能力をもつCPFAが英国内では、一自治体当たり平均で10名程度管理職や職員として勤務しているわけである。

　本書の企図は、英国の地方自治体でどれほど財務管理と会計に関する専門的知識が普及し、地方自治体の外部からのガバナンスと内部におけるマネジメントに活用されているのかを説明することにある。そのため本書では、まず第1章で、CIPFAの123年に及ぶ歴史・経緯を振り返り、団体組織としてのCIPFAの形成と発展の足跡を確認する。第2章では、CIPFAのミッション、活動、ガバナンスの仕組み、マネジメント体制、事業内容などについてその概要を整理し、会計団体としてのCIPFAの実相に迫る。第3章で

は、CIPFA が重要な役割を果たしている英国の地方自治体に関する財務会計（財務報告）基準の設定について、その法的根拠や関連する規則、ガイドラインなどの内容を確認し、英国の地方自治体が置かれている会計環境についての理解を深める。

　第4章では、CIPFA の実相を地方自治体の会計基準設定団体としてだけではなく、広く自治体の財務管理全般の問題に関して活動する団体であることを確認する。CIPFA はしばしば、地方自治体の会計基準設定団体として認識されているが、それは CIPFA の一部であってすべてではない。CIPFA の F は財務管理（Financial Management）の F である。地方自治体におけるすべての業務は財務管理の問題と関連している。それゆえ、地方自治体の改善改革は、財務管理の問題と切り離して理解してはいけない。第4章では、CIPFA のこうした思いを結集させた『地方議員のための自治体ファイナンス』という書物の概要を整理し、地方自治体の財務管理問題の複雑性・多面性を確認する。そして最後の第5章では、第4章までの考察をベースにして、日本版 CIPFA の創設に向けた私見を展開する。

　以上のように本書の第1目的は、CIPFA という組織をできる限り詳細に考察し、次に、わが国の自治体行財政改革に関連する諸問題を解決するためには、日本版 CIPFA の創設を検討することが重要であると主張することにある。本書の特徴はまた、後半半分を参考資料とした点にある。第1章から第5章までの考察と関連性が深く、日本版 CIPFA 創設の必要性を啓蒙する上で有用なデータやヒアリング内容などを、本書ではカラー写真とともに最大参考資料として提供している。本書は、これまでわが国でほとんど研究の対象とされなかった CIPFA を研究対象に取り上げ、今後より多くの研究者や公認会計士、政府（特に、総務省）関係者、地方自治体関係者に、CIPFA についての関心をもっていただくことを第2の目的としている。それは、こうした CIPFA についての啓蒙と啓発が、第1の目的を実現するには不可欠と考えられるからである。

　地方自治体の行財政改革は、非常に長い道のりで、それは終わりのない道のりかもしれない。本書は、英国の勅許公共財務会計協会の日本版を創設して、財務管理や発生主義に基づく財務会計基準設定の切り口から、既成の概

念にとらわれない一つの地方自治体改革のベクトルを示唆せんと試みている。もとより浅学菲才の身には、本書の研究テーマは非常に大きく、やっとその端緒を小著に集約できたという段階にすぎない。それでも、CIPFA というまったく日本ではその存在さえ理解されていない英国特有の公会計団体を紹介することを通じて、わが国の地方自治体改革とその発展に、わずかなりとも貢献することができればと念じている。

　本書の出版に際しては、関西学院大学出版会の皆さんに、カラー写真の挿入をはじめ、非常に多くの筆者の希望をかなえていただいた。関西学院大学からは、2008年度関西学院大学研究叢書出版助成金を給付され、本書を関西学院大学研究叢書第131編として発行する配慮をいただいた。また本書は、平成19～22年度文部科学省科学研究費補助金基盤研究A（一般）「産官学連携による日英自治体のNPM実態調査と改革を推進するケース・メソッドの開発」（研究代表者：筆者）の研究成果の一部でもある。ここに記して感謝申し上げる次第である。

　　2009年1月25日

　　　　　　　　　　　　　尼崎市役所に勤務した亡き父を想い

　　　　　　　　　　　　　　　　　　石　原　俊　彦

目　次

刊行に寄せて　　1
メッセージ　　4
はしがき　　7

第1章　CIPFAの創設と発展
　　　　　——任意団体から慈善団体へ............................17

1　CIPFAの歴史を考察する意義
2　CIPFAの創設
　　ロッチデールとマンチェスター
　　CIPFAの理事長
3　法人化とその構成
　　会員資格
　　会計団体の統合の動き
　　会員数の増大
　　名誉会員と会計技術者
　　海外の会員数
4　年次総会と年次会議
　　年次総会
　　マスコミ
5　他の会計専門職団体との関係
　　国際会計基準委員会（IASC）
　　会計団体合同諮問委員会（CCAB）
6　CIPFA123年の歴史 ― 概観 ―

第2章　CIPFAのガバナンスと活動
　　　　　——専任職員の雇用と年金問題........................45

1　発展の可能性と組織管理の重要性
2　CIPFAの目的と戦略マップ
　　CIPFAの行動目的
　　CIPFAのバランス・スコアカード
　　事務総長によるプレゼンテーション
3　CIPFAのガバナンス

　　　　　　ガバナンスの基本構造
　　　　　　CIPFAの理事長
　　　　　　CIPFAの常任委員会と規則委員会
　　　　　　CIPFAのマネジメント構造
　　　4　CIPFAの活動
　　　　　　勅許公共財務会計士（CPFA）
　　　　　　出版事業
　　　　　　表彰事業
　　　5　CIPFAの財務状況
　　　　　　CIPFAの経営状況
　　　　　　CIPFAの貸借対照表

第3章　英国自治体の財務報告と会計基準
　　　　　── CIPFAのSORPを中心として 71

　　　1　英国のセクター・ニュートラルとCIPFA
　　　2　財務管理責任者の設置と制定法
　　　　　　1972年地方自治法
　　　　　　1982年制定法
　　　　　　1989年制定法と「適切な会計慣行」の概念
　　　　　　1998年地方自治体監査委員会法
　　　3　2003年会計監査規則と適切な慣行
　　　　　　会計報告書
　　　　　　2003年ガイダンス
　　　　　　　◇規則4 財務管理の責任─適切な慣行─
　　　　　　　◇規則5（1）会計記録と統制システム
　　　　　　　◇規則6 適切な内部監査の慣行
　　　　　　　◇規則7（1）会計報告書─適切な慣行─
　　　　　　　◇規則9（3）(A) と9（3）(B) その他の会計報告書─適切な慣行・
　　　　　　　　年次報告書の利用─
　　　4　CIPFAのSORP
　　　　　　英国会計基準審議会（ASB）による会計基準の設定
　　　　　　SORP
　　　　　　SORP設定の方針と実務規範
　　　　　　地方自治体版SORP遵守の法的根拠
　　　　　　地方自治体版SORPの概要
　　　　　　BVACOP
　　　　　　コリンの実務的見解
　　　5　英国における地方自治体会計基準設定の新展開
　　　　　　IFRSへのコンバージェンス
　　　　　　CIPFAリカットソン国際部長の整理
　　　6　英国における地方自治体会計基準の家

第4章　『地方議員のための自治体ファイナンス』
　　　　── CIPFA の標準的な財務管理のテキスト 107

1　地方自治体における財務管理のフレームワーク
2　英国地方自治体における財務管理の基本構造
　　経常的支出
　　資本的支出
　　自主決定方式
　　PFI
3　ガバナンスとアカウンタビリティ
4　公共サービス供給のパートナーシップ
　　地方公共サービス合意
　　新しい地域内合意
5　CIPFA が普及する地方治体の財務管理とは

第5章　日本版 CIPFA の創設
　　　　──地方自治体会計基準の設定と財務管理 131

1　地方自治体財政の深刻化と会計・監査機能の強化
　　会計改革の必要性
　　監査機能の充実
　　予算統制と決算統制
　　日本版地方自治体監査委員会の設立
2　現金主義会計からの脱却
　　現金主義会計と単式簿記
　　修正現金主義会計の考え方
　　出納整理期間の必要性
　　現金主義会計と不正・誤謬
3　発生主義会計の有用性
　　住民が納めた税「金」の適切な管理
　　『決算統計』の限界
　　費用と収益の対応
4　財務管理の重要性
　　政府保証と担税権
　　現金主義・発生主義と財務管理
5　CIPFAJ の創設に向けた取り組み
　　地方自治体会計専門団体創設の必要性──発生主義と財務管理
　　簿記教育の重要性
　　日本公認会計士協会への期待
　　日本内部監査協会への期待
　　三井住友銀行（SMBC）への期待
　　ネットワーク型 CIPFAJ の構築
6　発生主義会計と財務管理に基づく地方自治体改革

資料編 *163*

 参考資料 **1** CIPFA 歴代理事長 *165*
 参考資料 **2** CIPFA 事務総長によるプレゼンテーション *170*
 参考資料 **3** CIPFA 事務総長へのインタビュー *189*
 参考資料 **4** 2008 年 CIPFA 理事 *206*
 参考資料 **5** Technical Manager の募集広告 *208*
 参考資料 **6** Consultant の募集広告 *209*
 参考資料 **7** CIPFA 出版目録 *210*
 参考資料 **8** 勅許公共財務会計士（CPFA）試験受験用の学習教材 *232*
 参考資料 **9** LAAP 一覧（2008 年 12 月現在） *239*
 参考資料 **10** 英国地方自治体財務・会計用語解説 *242*

 あとがき *277*

第1章

CIPFAの創設と発展
——任意団体から慈善団体へ

1 CIPFAの歴史を考察する意義

　1885年に誕生した地方自治体財務会計部長協会（Corporate Treasurers and Accountants Institute：CTAI）は、英国勅許公共財務会計協会（Chartered Institute of Public Finance and Accountancy：CIPFA）の前身である。この団体は、地方自治体の財務と会計に関する実務的な業務をサポートする目的で、多くの地方自治体関係者（主として財務部長や会計部長などの要職にあった者）が組織化を推進し、彼ら自身がCTAIの活動を支えた任意の組織で、当初、CTAIの構成メンバーは、都市部の規模の大きな地方自治体関係者が中心であった[1]。

　CTAIは1901年には、会社法の規定に基づいて最初の法人化が行なわれ、組織の名称を市町村財務会計部長協会（Institute of Municipal Treasurers and Accountants：IMTA）と改めた。この名称は、1973年までの72年間、使用されることになる。その後1959年には、英国王室による設立認可（Royal Charter：王室憲章）がIMTAに与えられた（これによってIMTAは慈善団体として認定を受けたことになる）。1973年10月には再度、王室憲章が与えられ、IMTAから勅許公共財務会計協会（CIPFA）へと組織名称が再び改められた。この二つの王室憲章に合わせて、CIPFAは慈善団体（Charity）として、地方自治体をはじめとする公共部門の財務、会計、監査、コーポレート・ガバナンスなどに関する会計専門職団体としての地位を確立し、今日的な組織構造や運営手法への萌芽が確立されたのである。

　CIPFAは世界でただ一つの公共部門を対象とする会計士資格（CPFA：

Chartered Public Finance Accountant）を授与する団体でもある。現在のCIPFAは英国王室憲章を得て慈善団体として法人化されているが、1885年当時は大規模自治体の財務や会計の幹部のための任意団体であった。この間、CIPFAは現在に至るまで120年以上の歴史をもっている。CIPFAのこの長い歴史を振り返ることで、公共部門の会計士資格の導入や地方自治体会計基準の設定、監査やガバナンスの領域への進出などの経緯について、有益な示唆を得ることができる。また、この間の地方自治体財務会計基準の設定や英国内の他の会計5団体との関係、CIPFA自体の国際的展開の状況などを整理することで、会計団体の設立当初から今日的状況に至るまでの協会活動の概要を整理することができる。

　日本には、CIPFAに相当する地方自治体の会計と財務に関する基準設定や人材育成等を行なう組織は存在しない。もちろん、公共部門で活躍する会計士のための資格も存在していない。それでもここ数年、総務省や日本公認会計士協会が、地方自治体の公表する決算書の改革について議論をスタートさせ、わが国地方自治体では2009年秋から総務省方式（改訂モデルもしくは基準モデル）による新決算4表の作成が求められている。しかしながら、決算書の作成のみで今日の地方自治体が直面する厳しい行財政環境を克服することは困難である。地方自治体が今日の困難に真正面から立ち向かって歩むためには、財務、会計、監査、ガバナンス、そしてITなどに関する専門的知識の普及と財務会計基準設定などの制度改革を行なうことが必要である。英国ではこの役割をCIPFAが中心となって果たしてきた。CIPFAのような組織をわが国にも設置することで、わが国地方自治体のマネジメントとガバナンスに大きな改革のうねりが生じるかもしれないのである。本書では「日本版CIPFAを構築することが、わが国地方自治体の行財政改革や経営改革には不可欠である」という主張を行なうために、各章における考察と整理を行なっている。

　本章ではまず、「日本版CIPFAの構築」という本書の主張を整理する準備的考察として、日本版CIPFAを設置する際の問題点や困難の解決を、英国の先進事例から学ぶこととする。その際、CIPFAが設立された1885年から1985年までの100年間の経緯を記した『The History of The Chartered Institute of Public Finance and Accountancy 1885-1985』[2]の内容を最

初に渉猟する。また同時に、1985年以降のCIPFAの年次報告・決算書『Annual Report and Accounts』の内容から、2008年に至るまでの123年間のCIPFAの歴史を整理する。

図表1-1は、本章で主たる検討の対象とする『CIPFA100年の歴史：1885-1985年』の目次である。『CIPFA100年の歴史』は、2008年9月に筆者がCIPFAの本部（ロンドン）を訪問した際に、事務総長のSteve Freer氏から手渡された1冊の文献である。CIPFAという組織を考察の対象として取り上げた研究は、わが国ではこれまで存在していない。また、CIPFAの歴史について記述された英国内の文献や英語文献もほとんど存在しない。その意味で、同書はCIPFAが創設されて100年経過した1985年に、当時のCIPFAの有志が取りまとめた誌数120頁あまりの小冊子ではあるが、研究対象としての学問的価値は非常に高い[3]。

図表1-1 『CIPFA100年の歴史』の目次

```
序文（はしがき）
プロローグ
1  CIPFAの創設
  (i) 1885年 (ii) 創設者達 (iii) 地方自治体の状況（当時）
2  CIPFAの発展
  (i) 法人化と綱領
  (ii) 王室憲章
    (a) 1959年 (b) 統合の空白期間 (c) 1973年
  (iii) 会員数の拡大
    (a) 正会員（フェロー）(b) 準会員 (c) 研修生 (d) 名誉会員
    (e) 会計技術者 (f) 海外の会員
  (iv) 適格性の拡大 (v) 地理的拠点の拡大 (vi) 証明書、紋章、徽章
3  会員の分布
  (i) 支部―国内 (ii) 支部―海外 (iii) 準会員の部 (iv) 研修生の組織
  (v) 組織と会員の関係
4  ガバナンスの構造と拠点
  (i) 事務職員と理事会 (ii) 委員会と経営管理構造 (iii) 施設
5  教育、研修、試験―1973年まで
  (i) 試験―国内 (ii) 試験―海外 (iii) 受賞（表彰）(iv) 研修
  (v) 職業的専門家としての継続的な教育
6  教育、研修、試験―1973年以降
7  CIPFAの社会連携
  (i) 委員会と調査 (ii) 調査研究と開発 (iii) 外部の団体との関係 (iv) 統計書の発行
  (v) 専門家としての活動 (vi) 広報活動 (vii) 他の会計関連団体との協働
8  財務的な計算
9  エピローグ
付録1 歴代理事長一覧  付録2 歴代名誉事務総長、事務総長、理事一覧
```

2 CIPFA の創設

ロッチデールとマンチェスター

　CIPFA の年次総会（Annual General Meeting：AGM）の前に毎年発行されるハンドブックには、CIPFA の歴史が簡潔に紹介されている。そこでは、「CIPFA は、地方自治体財務会計部長協会（Corporate Treasurers and Accountants Institute）という名のもと、1885 年に設立された。CIPFA は 1901 年会社法のもとで、市町村財務会計部長協会（Institute of Municipal Treasurers and Accountants）として法人化され、1959 年には設立認可（Royal Charter）を得た。勅許公共財務会計協会（CIPFA）への名称変更のための補足的な認可（王室憲章）を得るための請願は 1971 年に提出され、1973 年 10 月に承認された。

　英国における最も古い職業的会計団体の一つとして、CIPFA は地方自治体にその起源を有している。CIPFA は、1885 年 10 月にロッチデール（Rochdale）で開催された会合において創設された。この会合の内容は、同年 12 月 8 日にマンチェスター市役所で開催された地方自治体財務会計部長協会の委員会へと引き継がれた。この委員会は、『地方自治体の財務や会計に関連する諸問題についての議論、意見や経験の交換、各会員の効率的な業務の推進』という目的をもって開催された。市町村、県の部局、その他の類似した団体の会計を担当する責任者として、誰もが十分な適格性をもたない時代に、自治体の財務や会計部門において重要な地位にある職員には、職務上の困難への対応が必要であった。CIPFA は創設期において、地方自治体におけるそうした財務や会計の責任者が任意に構築した協会であったのである。

　毎年、特に第 2 次世界大戦以降、CIPFA の組織はますます拡大し、地方自治体や公共団体などの多くの異なった分野で、会員が業務に従事している。CIPFA の名称と目的に影響を与えた最近の変化は、このプロセスの継続である。この変化はおおよそ、地方自治体や公共行政の構造と役割の変化によって引き起こされたものである。公共部門の成長、その構成の変化、そして、これらの構成要素間の相互関係はすべて、英国における CIPFA へのニーズを実現化するのに貢献している。CIPFA の活動は、広範な関心を

もって社会から注目されている。またCIPFAは、公共サービスのさまざまな領域にも進出し、一般的な実務と財務会計と管理のための基準を開発している」。

以上の引用からも明らかなように、CIPFAの前進となる団体の創設は、1885年12月に遡ることになる。同月11日（金）の『マンチェスター・ガーディアン』誌には、次の記事が掲載されている。

「ここ数年間、地方自治体の財務責任者は、地方自治体の財政に関連する疑問を議論するため、コミュニケーション手段を確保する必要性を感じている。マンチェスター市役所では、その必要性を解決する目的から委員会が開催された。多くの地方自治体財務責任者、会計責任者が参加したなか、次の自治体からも代表が参加した。サルフォード（Salford）、シェフィールド（Shefield）、ボルトン（Bolton）、ハル（Hull）、ダービィー（Derby）、ハッダースフィールド（Huddersfield）、ロッチデール、ハリファックス（Halifax）、ウィッガン（Wigan）、サウスポート（Southport）、アストン・アンダー・リム（Ashton-under-Lyme）、バロウ・イン・ファーネス（Barrow-in-Furness）、クロイドン（Croydon）。また、欠席を謝罪する手紙が、他の重要な都市からも寄せられた。

シェフィールドの会計部長であるB・ジョーンズ（B. Jones）氏が、投票で議長に選任された。ロッチデールの会計部長であるジョン・エリオット（John Elliot）氏からは短い報告が読み上げられた。その後、協会が創設された場合、招待された人々の75％が、この協会に参加することに同意している、ということが明らかにされた。ジョーンズ氏の提案で協会を創設することが決定され、その名称は、地方自治体財務会計部長協会とされた。

ジョーンズ氏は、この協会が参加したさまざまな団体に大きなサービスを提供するであろうと述べた。議論の後、規約規範（Code of Rules）が採択された。バルトンの財務部長であるジョージ・スワインソン（George Swainson）氏が、この協会の初代理事長に選出された。お礼の挨拶のなかで彼は、協会の資本、政府への納税申告、所得税の再評価など、議論が

必要とされる重要な課題がいくつもあると述べた。また、シェフィールドのB・ジョーンズ氏は副理事長に指名された。ロッチデールのジョン・エリオット氏は、当該年度の名誉事務総長に指名された」。

ここで、スワインソンとエリオットの略歴について確認しておこう。ジョージ・スワインソン（初代理事長）は、CIPFAに名を残した多くの先駆者たちと同様に、ファーネス市（Furness District）の出身である。彼は1840年にウルバーストンで生まれ、早い時期に法律のトレーニングを受けた。1862年、クリセロエ（Clitheroe）の事務主任となり、1865年には、アクリングトン地方健康局と埋葬局の事務担当者に任命された。1868年、ハロゲート改善委員会の事務担当者に任命され、翌年には、ハッダースフィールドの会計部長となった。1875年12月、ボルトンの財務部長に任命され、1908年に健康上の理由で退職するまで、ここにとどまった。スウェイソンは、1885年から1897年までCIPFA理事会（Council）のメンバー（理事）で、1887年から1897年まで名誉事務総長、1885年から1887年の間は初代理事長を務めた。

ジョン・エリオット（初代名誉事務総長）は1852年にネルソンで生まれ、20歳のとき、ネルソン地方局（Local Board）の会計担当者に任命された。5年後、オールダームの会計部次長となり、その3年後には、ロッチデールの会計部長になった。また1895年には、サルフォードの財務部長に任命された。エリオットは1885年から1893年まで、そして、1896年から1905年の間、CIPFA理事会のメンバーであり、1885年から1888年は初代名誉事務総長、1889年から90年は理事長を務めた。

CIPFAの理事長

ここで、CIPFAの直接的な歴史からは少し離れることになるが、CIPFAの歴代の理事長について確認しておく。巻末の参考資料1は、CIPFAの歴代事務総長の氏名と所属する機関の名称とタイトルを整理したものである。参考資料1からは、CIPFAが創設された当初から相当の期間、地方自治体の財務部長（Borough Treasurer, City Treasurer）や会計部長（Borough

Accountant, City Accountant)、監理部長（Comptroller）に在職中の幹部職員が、ボランタリーで協会の理事長を務めたことが読み取れる。組織が創設されて当分の間、この組織の円滑な運営と大きな成果を実現するために、自治体に勤務する財務部長や会計部長らが、CIPFAの前身となる組織で献身的に、奮闘努力された姿を思い起こすことが、ここでは重要である。

近年、CIPFAの理事長は地方自治体関係者以外にもNAO（National Audit Office：会計検査院）やNHS（National Health Services：国民医療サービス）、地方自治体監査委員会（Audit Commission）の関係者が含まれるようになってきた。CIPFAの創設は主に、地方自治体の財務や会計・経理の責任者たちによって達成されたものであるが、CIPFAの活動領域の拡大を反映して、より広範な公共部門から近年の理事長も誕生している。これらの状況はいずれもCIPFAの公共部門における諸活動の拡大を反映したものと理解することができる。CIPFAの中核となる公共部門は地方自治体である点に変化はないが、CIPFAが社会貢献する公共部門は確実に拡大されている。歴代の理事長の所属やタイトルからは、こうした点を読み取ることができるのである。

3　法人化とその構成

会員資格

歴史的なロッチデールの会合から16年後の1901年、地方自治体財務会計部長協会は、市町村財務会計部長協会（Institute of Municipal Treasures and Accountants：IMTA）と組織名を改め、有限責任会社として法人化された。1915年以前は、協会のフェロー（正会員）は、市町村やそれに類似する団体の会計責任者に限定されていた。1932年にはその資格が特定の自治体の財務担当責任者にも解放され、1953年には地方自治体全般の財務担当責任者にも解放された。そして、1959年の王室憲章以降は、会員は政府組織や省庁、その他の類似の組織にまで広げられた。

1973年には、CIPFAに追加の王室憲章（Royal Charter）が与えられ、その時に付則5（Bye-Law5）が作成された。この付則では、英国に存在する他の5

つの会計団体の資格のいずれか一つに合格した者や、公共団体において財務または財政の上級職員であるものをIPFA（Institute of Public Finance Accountant）の合格者として選ぶ権限を理事会に与えることを認めた。また、新たな付則6では、公共の財政や会計に大きく貢献する学術者や上級職員をメンバーとして選ぶ権限を理事会に与えることを認めた。これらを受けて、1985年時点で、付則5による会員が151名、付則6による会員が85名誕生している。

もちろん、IMTAの会員資格の取得については、この付則だけではなく、試験制

写真1-1
2007年2月のCIPFA憲章と付則

度が導入されていた。1903年の試験開始、1905年の最初の最終試験によって、組織の制限的なメンバーシップ条項が設けられた。1901年の規則では、会員資格を次のように整理している。

① 会員（Member）になる者は申請時点で、市町村や類似の団体の会計責任者でなければならない。
② 準会員（Associate）になる者は申請時点で、市町村もしくは類似の団体で、財務もしくは会計部門で主要な立場にいなければならない。
③ 研修生（Student）になる者は、上記の部門の所属でなければならない。

1901年当時、準会員になる者は限定されており、地方自治体の会計部門で責任ある立場にある者のみであった。しかし1905年、最終試験に合格した者はすべて申請で準会員になることができるようになった。これにより、試験によって以前より多くの地方自治体の財政や会計部門のスタッフが準会員になるケースが増加した。1909年の年次集会によって、1909年の7月1日以降、試験合格者以外は準会員に認められなくなった。また、1919年10月に改正された規則によって、最終試験合格者以外は会員に選ばれないこととなった。そして、1945年には、試験合格者以外が会員になる道が完全に閉ざされることになった。

会計団体の統合の動き

こうした会員の動向に加えて　IMTA では 1966 年に、理事会がイギリスの主要な会計専門職団体との協議を行ない、組織を他の会計専門職団体と統合することについての検討を行なった。そこでは、ICAEW（イングランド・ウェールズ勅許会計士協会）、ICAS（スコットランド勅許会計士協会）、ICAI（アイルランド勅許会計士協会）、ICWA（原価労働会計士協会：Institute of Cost and Works Accountants）と IMTA が、地理的に 3 つの組織で一つの会計専門職団体を編成し、教育基準や人材育成、専門領域の強化という方向性で、民間企業、業界、公共サービスに貢献することを目標とした統合についての議論が行なわれた。この協議は 5 年以上繰り返された。

統合の問題は大きな範囲で考察され、各々参加する組織内部で主要な同意が形成された。これにより、1970 年代の半ばには、各組織のメンバーに最終提案の合意が促された。しかし、ICAEW はこの最終提案に反対し（その他のすべての団体は合意したが）、結局、統合は実現されなかった。統合が不成立に終わるという経験によって強化された IMTA の理事会は、将来に向かって確固として歩むことを決意した。会計専門職団体統合の協議は、複雑で難解なものであったが、CIPFA の前身である IMTA は、これらを通じて非常に高い評価を得てきた。

こうしたなか、1973 年 10 月の追加的な王室憲章には、CIPFA が果たすべき主要な目的について、次のように述べている。

① 公共部門の財務と会計に関する科学を発展させること。
② 公共部門の教育を推進すること。
③ これらに関連する調査と研究を推進し、その成果を出版すること。

会員数の増大

1886 年 6 月にノッティンガムで開催された最初の年次総会では、21 人の会員と 2 人の準会員が出席した。当時の協会の定数は、会員 60 人と準会員 8 名であった。1895 年には、はじめて会員の定員が 100 名にまで拡大された。1900 年には会員数は 154 名に達したが、1909 年まで 250 名には届かなかった。その後、定員数の増加によって、1941 年にははじめて会員数

が300名に達した（1914年から1974年まで正会員のことをフェローと呼称された）。地方自治体だけではなく、広く公共団体の職員を組織に加えるという拡大や、公共団体や地方自治体の最高財務責任者を準会員に加えることによって、会員数は増加した。フェローの人数も急激に増加し、1960年までに755名に達した。1973年には、フェローとアソシエーツという会員資格の区分が中止された。この時には、IMTAには1360名のフェローがいた。フェローに対しては、FIMTA（Fellow of the Institute of Municipal Treasure and Accountants）という名称の利用が認められていた。

図表1-2　IMTAの会員数（フェロー）

単位：名

西暦（年）	1925	1936	1960	1974
メトロポリタンとホーム・カウンティ	-	173	339	-
ロンドン	-	-	-	83
ノース・テムズ	-	-	-	128
サウス・テムズ	-	-	-	129
ミッドランド	-	-	-	169
ミッド・ウエスタン	-	48	122	169
ノース・ウエスタン	-	95	203	210
ノース・イースタン	-	69	135	-
ノーザン	-	-	-	67
ヨークシャーとハンバーサイド	-	-	-	119
スコットランド	-	31	88	226
サウス・ウェールズとイングランド西部	-	35	115	145
合　　計	273	451	1002	1367

（付記）ホーム・カウンティはロンドン近郊の地方自治体をさす。

1905年に最終試験が開始されるまで、準会員の人数の増加はそれほど大きなものではなく、当時、84名であった。しかし、その後加速度的に増加した。1925年には288名、1948年には1000名を超え、1960年には2385名となった。1973年には、5181名以上のアソシエーツ（準会員）がいた。準会員に対しては、AIMTA（Associate of the Institute of Municipal Treasure and Accountants）という名称の使用が認められていた。

図表 1-3　IMTA の準会員数（アソシエーツ）

単位：名

西暦（年）	1933	1939	1960	1974
ミッドランド	41	70	298	806
ミッド・ウエスタン	-	-	-	130
ノース・ウエスタン	77	135	345	603
ノーザン	-	-	70	244
サザン	39	84	131	-
ヨークシャーとハンバーサイド	-	-	-	370
スコットランド	-	-	64	138
メトロポリタンとホーム・カウンティ	74	228	700	-
サウス・イースト	-	-	-	1250
ウェセックス	-	-	-	271
サウス・ウェールズ	-	32	92	225
イングランド西部	-	-	90	235
合　　計	231	549	1790	4272

　1903 年の試験の実施によって、新たなメンバーのクラスが導入された。彼らは入学試験に合格し、最終試験に合格していない研修生（Student）である。1910 年の研修生の数は 132 名であったが、1919 年の総数はわずか 66 名に減少した。しかしその後は、着実に急激に増加していき、戦争前の 1939 年には最大となって 1115 名の研修生がいた。戦争中は研修生の数は下降したが、1943 年の新たな試験と直接最終試験を受ける制度によって、1948 年には最大の 2273 名に研修生の数は達した。

　1973 年、新しい登録研修生制度によって、大幅な変更が行なわれ、研修生クラスは入学試験に合格したことを定義するものではなくなった。資格認定を受けるまで、正式に組織に登録した時点から、学生は登録研修生となったのである。1972 年、研修生の数は 4117 名となり、1975 年に 4892 名に達するまで着実に増加した。しかし、1980 年の終わりまでは急激な減少が進み，その時点では 1193 名の学生が登録していた。大きな下落の原因は、第一に、規則の運用結果によって試験までの期間が制限されたことと、第二に、追加的な王室憲章によって会計技術者（Accounting Technician）とい

図表 1-4　IMTA 研修生の数（1974 年）

単位：名

ロンドン	3304
ミッドランド	1400
ノース・イースタン	1132
ノース・ウェスタン	1442
スコットランド	441
サウス・ウェールズ	560
イングランド西部	463
ノーザン・アイルランド	66
合　　計	8808

う第 2 階層の資格が導入されたからである。

名誉会員と会計技術者

　後述のように 1886 年、会員は所属する地方自治体の首長や財政委員会の委員長・副委員長を招待して年次総会（Annual General Meeting：AGM）に同行することが認められた。これにより、1894 年の年次総会から名誉会員（Honorary Fellow）の制度がはじまった。最初に選ばれた名誉会員は、リバプール市長のルース・ボーリング（Rt. Hon. Bowring）である。名誉会員の最大数は 460 名に達したが、1953 年の年次総会において、規則は生涯の名誉会員として組織や地方自治体に特別な貢献をした人に変更された。この時には、31 名の名誉会員が改めて選出された。1973 年、そのポストは 27 名で凍結され、最終の人数は 1985 年時点で 11 名まで減少した。最後の名誉会員には、バーミンガムの財務責任者であるフランシス・ステフェンソンが選ばれた。

　協力的なメンバーの創造ということで、IMTA には会員構造の下の階層に会計技術者（Accounting Technician：AT）の制度が設けられている。会計技術者の役割は、財政的・会計的サービスや情報を提供することによって、会計専門職として仕事を完全に行なうこと、と定められている。会計技術者規則は 1975 年 1 月に定められ、最小の規則と保証されるサービスの期間についての規定が設けられている。会計技術者計画は 1976 年 1 月 1 日に実施され、理事会は年齢に関する最小の規定と資質・実務経験の規定に達している志願者 576 名に直接資格

を与えた。また、1981年の1月1日、CIPFAは会計技術者協会（Association of Accounting Technicians：AAT）の設立をICAEWやICMA、公認会計士協会（Association of Certified Accountants：ACA）とともに支援協力した。AATはAFTAや後にACCAから独立する会計専門職協会（Institute of Accounting Staff：IAS）の後継団体でもある。IASがもつ権利と名誉は、CIPFAが支援した会計技術者の資格として残っている。

海外の会員数

CTAI、IMTA、CIPFAなどの会員資格（メンバーシップ）は、海外へも広まった。1902年に南アフリカとオーストラリア、1907年にラングーン、1910年にカルカッタ、1915年にシエラレオネ、1916年にタンザニアにCIPFAの会員資格者は広まっている。1919年、オタワとトロントの財政局を含む6人のカナダ人の財政責任者がメンバーシップに選ばれた。米国カナダ市町村財務責任者協会（The Municipal Finance Officers' Association of the United States and Canada）と南アフリカ市町村財務会計部長協会（The Institute of Municipal Treasurers and Accountants in South Africa）の設立によって、多くのメンバーが自然に無理もなく去って行った。1979年、南アフリカの協会は50周年の記念を祝福した。また、現在においても、CIPFAと南アフリカやザンビアの公共財務会計協会との間には、密接な交流関係が維持されている。

第2次世界大戦後のアフリカやその他の地域の地方自治体の発展も、海外の会員メンバーを増加させた。1960年1月には、23人の正規会員（フェロー）と83人の準会員（アソシエーツ）、46人の学生が海外に存在した。1960年代において興味深いことは、IMTAの資格試験合格者が英国からカナダの州や地方政府に就職したことである。彼らの多くは高い地位を得た。海外におけるIMTAのメンバーを通して、オーストラリアからカナダ、ウガンダ、バージン諸島、ザンビアまで、どれほど多くの国に、IMTAの会員が存在するかを見ることは魅力的なことであった。なお、これらの地域や国は、ビジネスに英語を使用しており、以前の強い英国の影響と関連がある地域である。

1973年の追加王室憲章で定められた組織の方針は、英国で保証された教

育と訓練プログラムのみである。英国で保証された方法を、海外の研修生が二次的にアレンジすることによって、場合によっては、満足な状況を得ることも可能であろう。しかし、IMTA は、長い期間をかけてそれを国際的なものにすることとは考えておらず、それぞれの国の固有の会計資格認定を生み出すことを望んでいる。このことがうまく機能するまでは遅々としたものではあったが、いくつかのアフリカ諸国（ケニヤ、タンザニア、ジンバブエ）では、それが実施されてきた。最も記録されるべきことは、1984 年 7 月 27 日、ZIPFA（Zimbabwean Institute of Public Finance and Accountancy）として知られる、新しい公共財政と会計の団体がジンバブエで設立されたことである。それはジンバブエ全体の公共団体をカバーし、独自の専門的トレーニングスキームを発展させている。

　異なった海外の運営状況において、英国での訓練（資格）がそのまま適合すると保証することは容易なことではない。しかし、CIPFA 理事会はその資源の限りにおいて助言と助力を喜んで行なうとしている。また、長年にわたって、CIPFA はその会員数を増やすだけではなく、地方自治体と公共団体のすべての業務をカバーできるようにその範囲を広げている。

4　年次総会と年次会議

　現在の年次会議（Annual Conference）は、それ以前の年次総会（Annual General Meeting : AGM）から派生したもので、第 1 回は 1886 年 6 月 22 日にノッティンガムで 23 名の会員の出席で開催された。議事進行は簡単なもので、その年の業務について名誉事務総長（Honorary Secretary）からの口頭報告があり、理事長の演説、団体内の会計と監査についての紙面報告が副理事長から行なわれた。公的な法人は招かれなかったが、ノッティンガム市議会の財務委員会の委員長は出席されて挨拶を行なった。

　最初の年次総会で、「協会の会員は、毎年の年次総会に参加してもらうために、市長、財政委員会の委員長または副委員長を、招待することが承認された」という結論が出された。この時点から、1973 年まで続いた CIPFA の

名誉会員（Honorary Membership）の制度がはじめられることになる。名誉会員は、すべての年次総会に出席する資格をもち、その議事に参加するが、CIPFA の運営に関わるいかなる議題に対しても、検討に参加したり投票したりする資格を有しない。彼らは 1 年ごとに選ばれ、CIPFA と良好な関係にある者は、何年もの長い間再選され続けた。

年次総会

年次会議への参加者は徐々に増加していった。1900 年に 97 人の会員と 28 人の地方自治体の代表者が出席していたが、1920 年までにこの数は増加し、1923 年には保健相の代理人が招待され、1934 年には CIPFA の会員ではない地方自治体の最高財務責任者も招待された。1939 年には 675 人が招かれたが、そのうち 300 人近くは非会員で、1959 年には 1351 人が招かれて 500 人は非会員だった。

1889 年まで、年次会議の会期は 1 日だけであった。しかし、1914 年には 2 日間に増やされ、1919 年には 3 日間に拡大された。以降、実務上の目的に沿って変更も行なわれたが、1983 年、開催期間は火曜日から木曜日の 3 日間に定着した。年次会議は 1906 年から年次総会から分離されて開催されている。この年、会員たちは純粋に内部の問題や実務については、外部に閉じたセッションでの会議を始めた。このことは 1970 年代に入っても続き、年次総会（AGM）は時間的にも場所的にも分離されて開催されている。

年次会議は、地方自治体から CIPFA に対する、そして、CIPFA から来客と会員に対するホスピタリティ（歓迎の気持ち）を示す良い機会となっている。CIPFA の前身が年次会議ではじめておもてなしを受けたのは 1890 年のクロイドン区（Croydon Corporation）からであって、CIPFA の前身の代表者たちが昼食会に招かれた。1980 年代の景気の悪化にもかかわらず、代表者たちへの市民の歓迎やおもてなしは広がっていき、他方で、経費削減のために縮小を行なわなければならないという要請も強くなっていた。

CIPFA のはじめての年次晩餐会（Annual Dinner）は 1886 年に行なわれた。参加者は、普段は会議が開かれた地域の自治体のメンバーに制限されていたが、1920 年代以降、CIPFA の招待者リストは、中央政府の主要な官

僚、他の会計団体や連携する専門家の団体、国の政治家や大学教授、テレビのパーソナリティや国のサービス提供機関から選ばれた者へと拡大していった。理事長のレセプションは1912年から実施され、1930年以降は毎年行なわれるようになっている。

写真1-2　CIPFA2007年 年次会議の晩餐会
スコットランドCIPFAの女性財務リーダー達

写真1-3　CIPFA2007年 年次会議の晩餐会
中央の女性は2006年の理事長 Caroline Gardner 氏
一番左は、地方自治体監査委員会の Michael O'Higgins 会長

以上のように CIPFA が発展していくのに伴って、年次会議は、当初は地方公共団体財務委員会（Local Authority Finance Committee）の職員と会員がともに参加して行なっていたが、後に、公共サービス内全般についての研修を含むように拡大され、共通のテーマに関して議論する開かれた場として、長い間評価を得ることとなった。このように CIPFA の会議は優れた模範であり、常に多くの参加者を有した。

マスコミ

1970 年代、マスコミ報道機関が公的サービスに対して、特に地方自治体に対して悪意をもっていた時代、CIPFA が全国的な報道のヘッドラインに乗せることに失敗していたことは、表面上、ありがたいことであった。しかし、CIPFA の上級役員や会員たちは、理事会の見解などを、ことあるごとに機会を見つけてメディアに乗せようとしていた（しかし、常に失敗していたわけである）。幸いなことに、CIPFA の役員たちは、現在では従来よりも広く知られようになっており、以前に比べて CIPFA の代弁者としてより注目され、テレビやラジオで見かけることは、CIPFA にとってまぎれもなく好ましいこととなっている。

さて、年次会議に提出される文書のなかでは、『年次報告書』が、CIPFA の業務に加えて最近の経済・財政状態や財務的な方向性についても非常に詳しく説明を行なっており、会員や研修生にとって非常に価値あるものとなっている。年次報告書は具体的な情報の宝庫で、CIPFA 周辺にあるさまざまな利益について知ることができる。年次報告書により、従来 CIPFA 理事会が行なっていた仕事が、最近では各 AGM により行なわれていることがわかる[4]。

CIPFA が担う公的な役割が増大したことによって、事務総長部門が CIPFA のトップ層を強化する必要が生じている。年数がたつにつれて、もし CIPFA の活動を成功させたいと考えるのであれば、本格的な PR の技術が本質的に必要だということも次第に認識されるようになってきた。失敗は悲惨な結末を招く。それゆえ 1974 年、理事会は、さまざまな方法で CIPFA の資格や機関がより広く知られ、どのようにすれば CIPFA の新しい名前を築き上げることができるのかということについてのアドバイスを受けるた

め、公的関係のコンサルタント事務所に業務委託を行なった。この委託を続けたことにより、現在ではその努力が実を結んでいる。たとえば、大学や技術専門学校でCIPFAの教育や訓練の説明を行なうために開かれたキャリア・アドバイスのための会議は、公的機関やCIPFAの資格に大いに興味をもっている学生たちの大きな反応を引き起こした。このことによって、キャリアに注意を払う若い男女を、公的なサービス部門へと導くことになったのである。

5 他の会計専門職団体との関係

国際会計基準委員会（IASC）

CIPFAは1960年代後半、他の会計団体との統合の議論を行なっていた期間も、組織の通常の発展過程の一部として、視線を外に向けた活動を行なっていた。本質的に、そして会員からの圧力を通じて、組織は自治の絆を強めていたのである。

理事長のボウデル氏（Mr. W. Bowdell）は1972年、シドニーで開かれた国際会計士会議（International Congress of Accountant）に参加した。この会議から5年後の1977年には国際会計士連盟（IFAC：International Federation of Accountants）がミュンヘン会議で設立された。1972年の会議には世界中の会計団体が参加していた。CIPFAはそれ以前から国際会計士会議に参加し、他の国際会議の開催地での研究活動に貢献していた。

ICAEWの会計基準運営委員会（Accounting Standards Steering Committee）がこの間に立ち上げられた。すぐに公会計の基準がこの新しい組織の領域内に設置されるということが明らかになった。会計審査会（Accounting Panel）がその任務を任せられた。同時期には、国際的な姉妹機関によって、国際会計基準委員会（International Accounting Standards Committee：IASC）が立ち上げられ、CIPFAは英国の諮問委員会を代表して参加した。この時点において、CIPFAはすでにその資金を最大限に使っていたため、問題は、国際的な代表になるための経費を引き続き負担する余裕があるかどうかということだった。

慎重に考慮された結果、CIPFA 理事会の出した結論は、もし、公的サービスについての会計士のリーダーとして卓越した地位を保ちたいと CIPFA が望むのであれば、CIPFA には IASC から撤退する選択はないということであった。そのため、CIPFA は、IASC の設立メンバーとしてはじめての国際会計基準である「Disclosure of Accounting Policies」（会計方針の開示）へ貢献した団体となった。これは、CIPFA の歴史のなかでも決定的な瞬間であった。

会計団体合同諮問委員会（CCAB）

1975 年にはもう一つ、英国国内で協働を意識して展開する投機的な事業が発生した。次に掲げる英国の 6 つの主要な会計団体によって、会計団体合同諮問委員会（Consultative Committee of Accountancy Bodies：CCAB）が設立されたのである[5]。

① イングランド・ウェールズ勅許会計士協会
　（Institute of Chartered Accountants in England and Wales）
② スコットランド勅許会計士協会
　（Institute of Chartered Accountants of Scotland）
③ アイルランド勅許会計士協会
　（Institute of Chartered Accountants in Ireland）
④ 公認会計士協会
　（Association of Certified Accountants）
⑤ 原価管理会計士協会
　（Institute of Cost and Management Accountants）
⑥ 勅許公共財務会計協会
　（Chartered Institute of Public Finance and Accountancy）

CCAB の主要な機能は、これら 6 団体間の共通関心事について協議し、組織間の協力がうまくできている分野の進展を監視し、共通した利益のある事柄について、政府の部局や EEC（欧州経済共同体）[6] に対して連携して陳情抗議を行なうことである。CIPFA は、これらの活動に熱心に参加している。

1976 年、英国の会計基準委員会（Accounting Standards Committee：

ASC）が設立された。CIPFA は、従前から ASSC の委員会に参加はしていたものの、委員ではなかったが、今回は ASC の設立と同時に2議席を得て本委員となった。それぞれの参加団体はすべての適当な会計基準を適用することを誓約し、CIPFA 理事会の他の職業専門会計士の団体との関わりは強くなっていった。これにより、CIPFA の会員はすべての点で、十分に情報を得ることが可能になった。1982年、ASC は公会計の問題に特化した小委員会を立ち上げ、CIPFA はこの小委員会とその部会グループで大きな存在感を示した。すべての CCAB を構成する団体は相互に入り組んだ関係にあったため、他の会員となっている団体においても同様ではあるが、CCAB で多数派に必ずしも属しているわけではなかった。しかしながら、小委員会の立ち上げは、CCAB の枠内ではじめて、公的セクターについて組織的に検討されることが許されたことを意味したのである。

1977年には CCAB の保護のもと、監査実務委員会（Auditing Practice Committee）が設立されたことで、監査の重要性も認識された。CIPFA は当初は委員にはならず、参加できる範囲で会議に出席していただけであったが、1982年に委員になる申請が認められた。連結倫理委員会の創設では、CIPFA はより大きな役割を担った。

年月を経て、CCAB や ASC、IASC のような機関の働きは非常に広範囲なものとなってきており、1970年頃には想像もつかなかったくらい1980年代後半には会計団体間の関係が築かれていった。歴史にできることは、変遷がいかに偉大なことかどうかということを判断することである。しかし、大きくなりつつある会計団体間の競争による圧力は、将来の進歩を拘束するかもしれないという点には、留意しなければならない。

6　CIPFA123年の歴史 ―概観―

本章では、CTAI の設置から IMTA、CIPFA の創設、そして今日に至る概要を考察してきた。ここまで概観してきた1985年までの『CIPFA100年の歴史』の内容と、1986年以降の CIPFA『年次報告書・年次会計報告』

(Annual Report and Accounts) の内容に基づいて、CIPFA の 123 年の歴史（1885 年～ 2008 年）を年表として整理したのが図表 1-5 である[7]。

ここでは、本章のまとめとして、図表 1-5 を踏まえて次の点を整理しておくこととする。これらはいずれも、第 2 章以降における論究の準備的考察であり、第 5 章で本書の結論として言及する日本版 CIPFA の構築に際して留意しておかなければならない重要な事項である。

① CIPFA は CTAI として設立された。CTAI は、当時、地方自治体における財務や会計の問題に取り組んでいた地方自治体の財務部長や会計部長によって設立されたインフォーマルな組織に過ぎなかった。また、組織の運営も、こうした創設者達のボランタリーに寄るところが非常に大きかった。

② しかし、CTAI への入会希望者は徐々に拡大し、IMTA として改組される 1901 年には、会員数は 200 名に近づいていた。IMTA の法人化はそれでも、会社法の規定で進められ、IMTA は公共的な性格をもつ組織としてはまだ、認められていなかった。

③ IMTA の組織としての地道な努力は 1950 年代まで続き、1959 年 1 月 6 日に王室公認による設立認可（Royal Charter：王室憲章）を取得したことで、慈善団体として公共性を帯びることになった。

④ IMTA は英国内のその他の会計団体との統合に 1960 年代後半積極的に取り組んだが、失敗している。2005 年にも CIPFA は他の会計団体（ICAEW）との統合を目指したが失敗している。

⑤ 英国における会計団体の統合は 2 度の失敗を経験しているが、CCAB のように会計団体間の連携を模索する動きは、その反面、非常に活発である。

⑥ また、1973 年に国際会計基準委員会（IASC）、1977 年に国際会計士連盟（IFAC）が創設されるなど、英国外における会計団体の協働も活発で、CIPFA はいずれの組織にも積極的に関与している。

⑦ 1976 年に CIPFA が ASSC に参加したことで、英国内には会計基準委員会（Accounting Standards Committee：ASC）が設置された。また、1990 年には財務報告協議会（Financial Reporting Council：FRC）

と会計基準審議会（Accounting Standards Board：ASB）が創設され、英国内の民間部門と公共部門の会計基準の設定が同じ団体において行なわれるというセクター・ニュートラルの考え方が、英国内で形成された。

⑧　CIPFA の協会としての活動は、英国内にとどまらず、カナダ、南アフリカ、ジンバブエなどの諸国に及んでいる。ビジネス言語として英語が用いられている地域や国家では、CIPFA の活動が相当に浸透している。

図表 1-5　CIPFA と英国における会計基準設定の歴史
― 1882 年～ 2008 年 ―

西　　暦	CIPFA や英国の地方自治体会計に関連して発生した出来事
1882 年	○　市町村法（Municipal Cooperation Act）
1885 年	○　10 月 CIPFA の前身が Rochdale で地方自治体財務会計部長協会（The Corporate Treasurers and Accountants Institute）として発足
	○　Rochdale の会計部長 John Elliott 氏を 12 月の会合で名誉事務総長に選出（メンバーは全員が Borough（市町村）の関係者）
	○　12 月 8 日 Manchester で自治体財務会計部長協会の第 1 回総会　Balton の財務部長 George Swainson 氏を初代理事長に選出
1886 年	○　6 月 Nottingham で第 1 回年次総会開催（60 名の会員と 8 名の準会員が出席）
1888 年	○　地方自治法（Local Government Act）
1891 年	○　はじめてメンバーに County（県）の関係者が参加
1894 年	○　名誉会員（Honorary Fellow）制度の導入
	○　Liverpool 市長の Rt.Hon.Bowring 氏 がはじめての名誉会員に
	○　地方自治法によって District の制度が制定される
1895 年	○　会員（フェロー）の定員を 100 名まで拡大
1896 年	○　機関紙 Financial Circular を発行（第 1 号は 8 頁）
1899 年	○　10 月 理事会で王室憲章による設立認可（Royal Charter）の取得について議論するものの、枢密院からは設立認可には適していないとの助言
1900 年	○　会員数が 154 名に
1901 年	○　地方自治体財務会計部長協会の名称を、会社法の規定に基づいて市町村財務会計部長協会（The Institute of Municipal Treasurers and Accountants：IMTA）として法人化以降、1973 年に CIPFA を名乗るまでこの組織名称が使用される
1902 年	○　南アフリカとオーストラリアに会員誕生（その後、カルカッタ、シエラレオネ、タンザニアへと CIPFA の会員は拡大）
1903 年	○　研修生（Student）制度の導入
1909 年	○　会員数 250 名を超える

第 1 章　CIPFA の創設と発展　39

西　暦	CIPFA や英国の地方自治体会計に関連して発生した出来事
1910 年	○ 研修生 132 名（1919 年には 66 名に減少）
1913 年	○ 9 月 理事会が南アフリカに支部設置を了解 （具体的な設置は 15 年後の 1928 年）
1919 年	○ カナダに IMTA の会員誕生
1935 年	○ 機関紙 Financial Circular を Local Government Finance に名称変更
1936 年	○ 王室憲章による設立認可について理事会が検討するものの、枢密院は再度の申請拒否
1939 年	○ 研修生 1115 名に（戦時中減少）
1941 年	○ 会員数 300 名に
1948 年	○ 研修生 2273 名（戦後、研修生が増大）
1953 年	○ 最大 460 名に達した名誉会員制度と見直し、改めて 31 名が選出される
1957 年	○ 王室憲章による設立認可について 3 度目の検討を開始
1959 年	○ 1 月 6 日 王室公認による設立認可（Royal Charter：王室憲章）を取得
1960 年	○ 60 年代を通して、試験合格者がカナダの州や地方政府に就職し、高いポストを得る
1966 年	○ CIPFA 理事会で会計団体の統合に関する議論が開始される
1969 年	○ ICAEW『1970 年代の会計基準に関する趣意書』を公表
1970 年	○ ICAEW が会計基準運営委員会（Accounting Standards Steering Committee：ASSC）を創設　その後、ICAS と ICAI が ASSC の共同支援者になる
	○ 英国における会計専門職団体の統合の失敗
1971 年	○ ACCA と CIMA が ASSC に協賛
	○ 勅許公共財務会計協会（CIPFA）への名称変更のための認可を得る請願を提出
	○ CIPFA 内部に監査審査会（Audit Panel）を設置
1973 年	○ 国際会計基準委員会（IASC）設立 CIPFA は英国の諮問委員会を代表して参加
	○ 10 月 追加的王室憲章（Royal Charter）を与えられる 勅許公共財務会計協会（CIPFA）への名称変更
	○ 名誉会員制度（この時点で 1360 名）の廃止
1974 年	○ 会計団体諮問委員会（Consultative Committee of Accountancy Bodies：CCAB）が設立される（英国の 6 会計団体から構成される）
	○ 機関紙 Local Government Finance を Public Finance and Accountancy に名称変更
1975 年	○ 英国に会計専門職団体諮問委員会（CCAB）が誕生
	○ CIPFA は次の会計専門職業団体とともに CCAB に参加 公認会計士協会（ACA）　原価管理会計士協会（ICMA） イングランド・ウェールズ勅許会計士協会（ICAEW） アイルランド勅許会計士協会（ICAI） スコットランド勅許会計士協会（ICAS）

西　暦	CIPFAや英国の地方自治体会計に関連して発生した出来事
1975年	○ 研修生4892名（その後、資格取得方法に変更があって減少し、1980年代の終わりには1193名に）
1976年	○ CIPFAがASSCに協賛（英国6会計団体すべてがASSCに協賛となる） ○ 2月 ASSCが会計基準委員会（Accounting Standards Committee：ASC）に改編 ○ ASCがCCABの一つの委員会となる（CIPFAからも2名の委員を派遣） ・この時点で、ASCの主要な任務は、財務報告に関する会計基準を検討し、CCABを構成する6つの会計専門職団体に標準的会計実務書（Statement of Standard Accounting Practices：SSAP）とその解説書を提案することとされた ・ただし、SSAPはCCABを構成する6つの団体の理事会がすべて承認した場合に限って公表されることとされたため、ASC自体にSSAPの公表の権限はなかった ・また、ASCそのものに法律的な地位が保証されておらず、SSAPに準拠して業務を行なう会計士の活動を通じて、間接的に、会計規範としての役割を果たすにとどまるなどの問題が潜在していた ○ 会計技術者（AT）の資格が認定される
1977年	○ 国際会計士連盟（IFAC）設立　CIPFAも参加
1980年	○ 強制競争入札（CCT）の導入（以降、自治体の経常会計は発生主義へ移行） ・落札自治体の該当部門は発生主義による利潤計算を求められた ・CCTに臨むにあたっても、自治体は民間企業と同様のコスト計算（発生主義会計）が求められた
1981年	○ 季刊機関紙 *Public Money* 発刊 ○ ワッツ・リポート（Watts Report）がCCABに提出される
1982年	○ 7月 地方自治財政法（Local Government Finance Act）により地方自治体監査委員会（Audit Commission）が設置される ○ ASCに公会計の問題を取り扱う小委員会を設置：CCABの枠内で公会計の問題を検討する組織的に検討することが許された
1984年	○ 7月 ジンバブエ公共財務会計協会（ZIPFA）発足：ZIPFAは国内すべての公共団体をカバーし、人材育成を担う
1985年	○ 会社法において財務諸表の「真実かつ公正な概観（True and Fair View）」に関する規定が設けられる（会社法旧228条(2)、現在は第226A条(2)） ・これを受けて、ASCのSSAPの規定は、「真実かつ公平な概観」かどうかを見る一つの判断指針となる（リトル・ジョン事件とその判決）
1988年	○ 11月 ASCの抜本的見直しを求めるディアリング（Dearing）・レポートが公表される（ASC体制からASB体制への転換を推進した報告書となる）
1989年	○ 会社法上に財務報告協議会（Financial Reporting Council：FRC）・会計基準審議会（Accounting Standards Board：ASB）・財務報告審査会（Financial Reporting Review Panel：FRRP）の法的地位を明確にする規定が設けられる（会社法第245A・B・C条）

第 1 章　CIPFA の創設と発展　　41

西　暦	CIPFA や英国の地方自治体会計に関連して発生した出来事
1990 年	○ FRC の設置（FRC は、会計基準の公表を指揮・監督する機関）
	○ FRC 設置に伴って、英国会計基準委員会（ASC）が会計基準審議会（ASB）に再編される（ASB は FRC の下位組織として、会計基準を設定・公表する機関に） ・ASB が設定公表する会計基準は、財務報告基準（Financial Reporting Standards : FRS）とされた
	○ ASB の小委員会として、緊急問題専門委員会（Urgent Issues Task Force : UITF）の設置　UITF は適用書（Abstracts）を公表する
	○ 22 本の SSAP は ASB によって一括採択される
	○ ASB の再編に伴い、SORP（Statement of Recommended Practice）として認定される地方自治体会計実務規範（Code of Practice on Local Authority Accounting）の改訂が行なわれる
1991 年	○ 2 月 FRC の下部機関として FRRP が設立の認可を得る（FRRP は、会計基準や 1985 年会社法の会計規定から離脱する事例を審査する）
	○ 英国の経済不況の影響で CIPFA でも 20 名の職員を解雇
1992 年	○ 会員数 1 万 1332 名
1993 年	○ 会員数 1 万 1619 名
1994 年	○ 地方自治体の資本会計が発生主義に移行
	○ 会員数 1 万 2002 名
1995 年	○ 継続的専門職業開発（Continuing Professional Development）サービスの導入
	○ 勅許公共財務会計士（Chartered Public Finance Accountants : CPFA）の称号使用が認められる
	○ 会員数 1 万 2368 名
1996 年	○ 『The Councillors' Guide to Local Government Finance』初版発行
	○ 公認会計士協会（ACA）が、勅許公認会計士協会（ACCA）となる
	○ 会員数 1 万 2709 名
1997 年	○ 4 月 CE（事務総長）に David Adams 氏が就任
	○ 9 月 会員向け『Spreadsheet』発刊（隔月発行）機関紙
	○ 会員数 1 万 3057 名（研修生 2323 名）
1998 年	○ 7 月 地方自治体白書『Modern Local Government : In Touch with the People』
	○ 1998 年 地方自治体監査委員会法制定 第 27 節「国務大臣は勘定記録や決算書の様式・作成方法・証明などに関する規則を設定する権限を有する」
	○ 『The Councillors' Guide to Local Government Finance』再版発行
	○ 会員数 1 万 3271 名（研修生 2086 名）
1999 年	○ CIPFA では、ウェブサイトのアクセス数が、年次報告書の重要報告数値となる

西　暦	CIPFA や英国の地方自治体会計に関連して発生した出来事
2000 年	○ 初頭 強制競争入札（CCT）を廃止
	○ 4 月 CE（事務総長）に Steve Freer 氏が就任
	○ 4 月 ベスト・バリュー制度の導入
	○ 9 月 地方自治体緑書『Modernising Local Government Finance』
	○ CIPFA が Best Value Accounting – Code of Practice を完成
2001 年	○ 5 カ年計画（2001–2005 Development Strategy）が策定される
2002 年	○ 6 月 地方自治法案（Local Government Bill）を公表
	○ 国際会計士連盟（IFAC）の国際公会計基準（IPSAS）プロジェクトを強く支援
	○ 12 月 地方自治体白書『Strong Local Leadership – Quality Public Services』
	○ 会員数 1 万 3521 名（研修生 2412 名）
2003 年	○ 4 月 2003 年会計監査規則（Accounts and Audit Regulations）発効
	○ 2003 年会計監査規則ガイダンス（Guidance）発行（国務大臣）
	○ 2003 年地方自治法（Local Government Act）成立
	○ 会計専門職としての品質（Professional Accountancy Qualification：PAQ）の立ち上げ
2004 年	○ 3 月 Sir Michael Lyons『Well Placed to Deliver? Shaping the Pattern of Government Service』（Lyons' Review）
	○ FRC の翼下に監査実務審議会（Auditing Practice Board：APB）、会計専門監督機関（Professional Oversight Board for Accountancy：POBA）、会計調査懲戒審議会（Accountancy Investigation and Discipline Board：AIDB）が入る
	○ ICAEW と CIPFA との合併に関する協議が進められ、ICAEW との合併については、2005 年 10 月に会員投票を実施することが決定される
	○ CIPFA Financial Management Model の発表
	○ CIPFA Good Governance Standard for Public Services（新基準）の発表
2005 年	○ 10 月 CIPFA と ICAEW の合併の可否を問う会員投票（双方会員の 66.7% の賛成が必要なところ、CIPFA が 86.7%、ICAEW が 65.7%）
	○ 年間の新規登録研修生数が 1000 名を超える
	○ 会員数 1 万 3565 名（研修生 3194 名）
2006 年	○ 10 月 地方自治体白書『Strong and prosperous communities』
	○ 中期計画『CIPFA Development Strategy 2006–10』を発表
2007 年	○ 中期計画を達成するために国際部長の Caroline Rickatson ら 4 名の新部長を任命（CIPFA の部長ポストは 6 つでそのうち 4 つを新規に任命）
2008 年	○ 国際財務報告基準（IFRS）の内容にそって、地方自治体に対する SORP の内容を改定する作業に着手

【CIPFA に関する基本情報】

正式名称：勅許公共財務会計協会（Chartered Institute of Public Finance and Accountancy）
略称：CIPFA
法人化：王室憲章による非営利法人（Charity by Royal Charter）
慈善団体登録番号：231060

【注】

1） Rowan Jones and Maurice Pendlebury, *Public Sector Accounting*, 5th ed., Prentice Hall, 2000, p. 9.
2） Tom Sowerby, *The History of The Chartered Institute of Public Finance and Accountancy 1885-1985*, CIPFA, 1984.
　　本書は、関西学院大学大学院経営戦略研究科博士課程後期課程における 2008 年度の研究指導（担当：石原）で文献渉猟の対象とされた書物である。本章の記述内容は、この研究指導で本書に取り組んだゼミナリステンとオブザーバー参加した 6 名の博士後期課程進学希望者の粗訳を基にしている。本章における記述は、以降、『上掲書』の説明に基づくものである。ただし、本章全体が、本書の内容に基づいた CIPFA100 年の歴史の概説であるために、各記述についての詳細な注記は省略した。
3） 本書の学問価値に関しては、Rowan Jones and Maurice Pendlebury, *op. cit.*, p. 270 に同書の参考文献としてリストアップされていることからも明らかである。
4） 第 2 章でも考察されるように、CIPFA 内部には現在、多数のパネル（審査会）や審議会、委員会が設置されており、毎年定期的な会合の開催を通じて、拡大された CIPFA のさまざまな活動とガバナンスを行なっている。従前、小規模のインフォーマル団体であった頃、一部の会員によってマネジメントされていた内容が、今日では非常に多数の会員と事務職員の手で推し進められている。
5） CCAB が創設された背景には、1960 年代後半の英国内における会計諸団体の統合に関する検討があったことを、ここでは忘れてはならない。統合は困難ではあったが、CCAB のような共同組織体が構築された、と理解することが重要である。なお、ACA と ICMA はその後勅許を受けて ACCA と CIMA となった。
6） EEC はその後、EC（欧州共同体）、EU（欧州連合）とその形態を発展させた。
7） 年表の作成は、Tom Sowerby, *op.cit.*, CIPFA, 1984 に基づいて行なった。1985 年以降については、CIPFA が毎年発行する *Annual Report and Accounts* の理事長声明や名誉財務担当理事（Honorary Treasurer）の声明を参考にした。また、英国国内の会計基準設定や会計専門職団体の動向については、Rowan Jones and Maurice Pendlebury, *op.cit.*, 5 th ed., Prentice Hall, 2000 を参照にした。この他、齊野純子『イギリス会計基準設定の研究』同文館出版、2006 年の第 1 章と第 2 章と、竹下譲・稲沢克祐他『イギリスの政治行政システム』ぎょうせい、2002 年の第 3 章、稲沢克祐『英国地方政府会計改革論』ぎょうせい、2006 年を参考にした。

第2章

CIPFAのガバナンスと活動
――専任職員の雇用と年金問題

1 発展の可能性と組織管理の重要性

　本章の目的は、英国の地方自治体会計と財務管理に大きな影響を及ぼしているCIPFAのガバナンスと活動の状況を整理することにある。この整理を通じて、日本版CIPFAの構築を企図した論点整理が可能になる。CIPFAは第1章で考察したように120年以上の歴史を経て今日の現状や活動に至っている。その制度を即座にわが国に導入することは困難かもしれない。しかし、英国のパブリック・セクターや会計業界におけるCIPFAの顕著な貢献を垣間見れば、日本版CIPFAの構築を目指して、そのあり方について検討することは、非常に意義あることと考えられよう。本章では、第1章で整理したCIPFAの長い葛藤の経緯を踏まえ、現時点におけるCIPFAのガバナンスと活動の現況を考察する。

　2007年6月から1年間CIPFAの理事長を務めたジョン・バトラー（John Butler）氏（写真2参照）は、歴代の理事長の多くがそうであったように地方自治体の財務部門の責任者（ヨークシャー州東ライディング県の財務・IT部長）である。バトラー氏は、2007年の年次報告決算書（Annual Report and Accounts：ARA）冒頭の理事長挨拶で、次のように最近のCIPFAの活動を整理されている[1]。

　「実りある前進と大きな成功をとげたCIPFAグループの今年度のハイライトを紹介できることを、私は非常に名誉なことであると感じています。
　私は、CIPFAの今年の活動を次の3点に要約したいと思います。まず

第1に、今年度は、リニューアル（Renewal）の1年でした。CIPFA の執行部（management team）に、ドリュー・カレン（マーケティング・コミュニケーション）、クリス・ハリス（経営管理）、キャロライン・リカットソン（国際）、ジョン・サンダース（商業サービス）の4人の新任部長が任命されました。新任部長の4名は、2006年–2010年の CIPFA 成長戦略の実施に向けて全力で取り組んでいます。この取り組みは非常にパワフルで、大きなエネルギーと勢いを伴っています。

これに関して、長きにわたって CIPFA に多大な貢献を残し去ったジュリー・コーツとフィリップ・ラムデイルに心から感謝の意を表明したいと思います。そして、彼らの今後の成功を祈念いたします。

第2は**機会**（Opportunity）です。CIPFA は厳しい競争環境のなかで活動しています。2007年にはいくつもの点で、英国の公共サービスにとって非常に厳しい資金決済に関する報告が見られました。こうした状況はしかしながら、CIPFA の活躍する機会（チャンス）を制限するものではなく、新しい扉を開くものです。CIPFA と会員は、効率性と VFM を改善し、高い業績をあげている公共サービス組織の財務管理とガバナンスの問題を解決するのに重要な役割を果たすことができるのです。

CIPFA の役割は、何も英国だけに制限されるものではありません。世界中の先進国および発展途上国には、CIPFA が対象とする専門知識や専門性に対する潜在的需要があります。

機会（チャンス）をとらえ、CIPFA の潜在的能力を十分に具体化するために、CIPFA はより多くの技術を必要としています。この点に関して、適切なパートナーシップを作り上げることは重要な要素であり、イングランド・ウェールズ勅許会計士協会やカナダ公認管理会計士協会との関係強化は、このために進められたものです。CIPFA の未来は、この部分に垣間見られると思います。

CIPFA の最後のテーマは、**信頼**（Confidence）です。成長戦略は、公共部門の財務管理と会計に関する主導的な協会として、CIPFA が世界の桧舞台での地位を確立することを企図しています。CIPFA は、このような地位を得ることができるのでしょうか。私は、これらの目標は、十分に CIPFA の能力の範囲内

であると考えています。CIPFA には、世界中で多くの意思決定者の優先順位づけに貢献する相当の実績があります。CIPFA が、慎重に利益を管理し続けることができるならば、CIPFA の名声と影響力は、今後、数年後にわたって非常に大きく成長すると確信しています。

　最後に、私はこれらを可能にしているすべての関係者にお礼を申し上げたいと思います。CIPFA には、高品質な公共サービスこそが本当に重要なのである、という CIPFA の核心的な信念を共有している職員、自発的で優秀なボランティア、多くの友人および支援者がいます。過去 12 カ月にわたって、私はまさにこうした人々との連携がどのくらい協力的であるかを間近に見てきました。すべての皆さんの支援に感謝し、これらが長く続くことを祈念いたします」。

　ジョン・バトラー理事長の挨拶文は、CIPFA のさらなる発展の可能性と慎重なガバナンスとマネジメントの必要性を示唆している。民間部門と同等に、現在、CIPFA を取り巻く英国内の公共部門の環境は厳しい。しかし、その困難さのなかに CIPFA が発展する可能性をさらに見出そうとするスタンスに、CIPFA という組織のたくましさと、公共部門に貢献するという自負を感じ取ることができる。また、こうした発展を支える基盤として、組織管理の重要性に言及されている点が特徴的である。第1章で確認されたように CIPFA は慈善団体（Charity）として設立の法的根拠を有している。過大な商業ベースのビジネス展開はもとより回避しなければならないが、非政府組織であるがゆえに、政府等からの補助金を当てにすることもできない。非常に難しい組織運営が CIPFA には求められているのである。

2　CIPFA の目的と戦略マップ

CIPFA の行動目的
　2006ARA（表紙裏）では、CIPFA の目的として次の3点を挙げている。①公共部門の財務を改善し、ベスト・プラクティスを奨励する。②諸

規則を設定し、会員を支援する。③研修生の教育と訓練を行なう。また、2002ARA（18頁）では、CIPFAの目的として次の4点が説明されている。①公共財務と公会計に関する学問を発展させること。②公共財務と公会計に関する教育を推進すること。③公共財務と公会計に関する調査・研究成果を出版物として公表すること。④会計諸団体との連携を深めること。CIPFAの目的はこのように年次とともに微妙な変化を示している。しかしながら、最新のCIPFAのミッションは、毎年の年次総会で会員向けに配布されているCIPFA憲章と付則（写真1-1）で確認することができるように、毎年繰り返される若干の変更にもかかわらず、大きな変化もなく、次の5点に集約されている。

①　地方自治体などの公共部門のための会計基準の設定
②　関係諸団体との連携
③　地方自治体などの公共部門のための財務管理の普及
④　公共部門の専門資格（CPFA）の認定
⑤　公共部門の会計や財務管理に関する教育・訓練

　これらのCIPFAの目的のうち、①についてはCIPFAの目的として最も一般的に認知されている機能である。第3章ではこの問題に焦点を当てた考察が行なわれる。また、②の目的も①の目的と密接関連する部分が多く、①と同様に第3章で詳細に検討される。③の目的については、第4章で取り上げられている。そこでは、CIPFAの標準的な財務管理のテキストである『地方議員のための自治体ファイナンス』の内容について詳細に考察されている。
　本章では、残された④⑤の目的に関する若干の考察を行なうとともに、これらの行動目的を円滑に推進するためのガバナンス構造について整理する。

CIPFAのバランス・スコアカード

　CIPFAは、2006ARA（表紙裏）で、図表2-1のような業績評価のためのスコアカードを提示している。ここではたとえば、
　○　会員と研修生の視点→ 成長と学習の視点
　○　基準設定の視点→ 業務プロセスの視点

○ 組織の経営資源の視点 → 財務の視点

とそれぞれに視点を読み替えることで、バランス・スコアカードと同様の戦略マップのイメージでCIPFAの行動目標を相互関連的に理解することができる。CIPFAでは図表2-1の4つの四角を領域（area）と呼び、それぞれの領域で目標（target）の達成を目指すと説明を加えている。

こうした戦略マップの発想で整理できる戦略目標（strategic purpose）を、CIPFAは、2007ARA（表紙裏）で次のような簡潔な文章で述べている。

「CIPFAは、公共の福祉のために、公共サービスに対して、高度な基準設定と優れたガバナンス・財務管理を提供します」。

ここにおいて、CIPFAの究極的な目標が地方自治体等公共部門における、会計基準の設定、ガバナンス（管理会計や内部監査を含む）、財務管理の3点に大きく集約されることが理解されるのである。

図表2-1　CIPFAの戦略マップ

会員と研修生の視点 会員と研修生への 教育・訓練・人材開発	顧客の視点 顧客のニーズと期待を 満足する
基準設定の視点 公共部門における高度な基準設定と ベスト・プラクティスの奨励	組織の経営資源の視点 組織内の人材開発と 経営資源の有効活用

事務総長によるプレゼンテーション

参考資料2と3は、CIPFAのミッション、行動目的や目標について、CIPFAの事務総長であるSteve Freer氏自らのプレゼンテーションや発言を集約した貴重な内容を含んでいる。CIPFAのFは「財務」のF。事務総長をはじめ、CIPFAの関係者とのミーティングなどにおいてもしばしば言及されるのが、この引用である。

地方自治体等の公共部門でどのような改革・改善を追求する場合において

も、財務管理の問題を看過して、改革・改善を成し遂げることは困難である。会計の問題も内部監査やガバナンスの問題も、財務の問題を抜きにして考えることなど不可能である。しかし、わが国の地方自治体では、このことが強調されるケースは非常に稀であった。政策形成や政策立案の議論においても、財務の問題に付言することなく結論を導出するといった実務が繰り返されてきたのではないだろうか。

CIPFAはいくつものミッションの追求を企図している。しかし、すべてのミッションのなかで、地方自治体等の公共部門を構成する組織内部における「ミクロ」の「財務管理」の問題が最も重要であると事務総長は繰り返されている。地方自治体の財政を「マクロ」の視点で「地方財政」の問題として吟味するだけではなく、「ミクロ」の視点で「地方自治体財務管理」の問題として吟味することの重要性を、事務総長のプレゼンテーションとインタビューは伝えている。

3　CIPFAのガバナンス

ガバナンスの基本構造

CIPFAにおける最高意思決定機関は、理事（Council Member）から構成される理事会（Council）である。理事会は毎年6月に開催される年次総会（Annual General Meeting）で選出される21名の理事、7つのCIPFA地域機関の代表である7名の理事（各地域機関で選出。8つの地域から7名が選出されている）、行政経験等を考慮して推薦される8名の理事から構成されている。この他、理事長（President）、副理事長（Vice President）、名誉財務担当理事（Honorary Treasurer）、直前理事長（Past President）が役員と呼称されており、理事会を構成している。結果、CIPFAの理事会は、総勢40名で構成されていることになる。なお、理事会は、執行機関ではなく、中長期の計画や戦略を承認する機関である。

図表2-2は、2002/2003年のCIPFAの役員と理事のリストである。また、本書の中頃のカラー写真7-2「2003年CIPFA理事会メンバー」は、

第2章 CIPFAのガバナンスと活動　51

2002年度（2003年6月まで）と2003年度（2003年6月から）のCIPFA役員と理事の集合写真である。CIPFAは、理事会を毎年5回開催している。このカラー写真に収められた理事とその所属組織における諸般の活動が、英国の地方自治体等における財務管理、監査、ガバナンス、内部監査の発展を支える基盤となっているのである。

図表2-2　2003年CIPFAの役員と理事

	2003年 役員	
President（理事長）	Hilary Daniels（25）	(from June 2003)
	Roger Tabor（18）	(until June 2003)
Vice President（副理事長）	Mike Barnes	(from June 2003)
	Hilary Daniels	(until June 2003)
Honorary Treasurer（名誉財務担当理事）	Brian Smith	
Past President（直前理事長）	Roger Tabor	(from June 2003)
	Chris Hurford	(until June 2003)
	2003年 理事	
Clark Bailie (until June 2003)	Ken Finch（9）	Declan McDonagh
Mike Baish	Caroline Gardner（16）	Jaki Meekings * （4）
Ken Barnes (from June 2003)（13）	Kirsten Gillingham * （19）	Ian Owen (until June 2003)
Mike Barnes (untile June 2003)（24）	Clive Grace (from June 2003)	Jeff Pipe
Brian Berry (until June 2003)	Richard Harbord * (from June 2003)	David Poynton（22）
Chris Bilsland（17）	Chris Harris（10）	Margaret Pratt (until June2003)
Anne Britton（20）	Chris Hurford (from June 2003)（7）	Tony Redmond（11）
Liz Burst*	Lyn James（23）	Brian Roberts (from June 2003)（6）
John Butler	Trevor Jones (from June 2003)（1）	Jaki Salisbury (until June 2003)
Phil Butlin（5）	Bob Kerslake (until June 2003)	Trevor Saimon（8）
Dermot Byrne (from June 2003)	Anna Klonowski (from June 2003)	John Sandbach (until July 2003)
David Clark (from June 2003)（3）	Roger Latham * （2）	Gerald Vinten * （14）
Diane Colly	David Loweth *	Jhon Walton (until June 2003)
Jane Cuthbertson (from October 2003)	Peter Martin (until June 2003)	Mike Weaver (until June 2003)
Valerie Davidson (from June 2003)（21）	John Matheson（12）	Derek Yule (until June 2003)
Tim Day	Caroline Mawhood（15）	

* 2003/2004 Audit Committee Members

CIPFAという組織を考察するときに、理事会を構成する理事に関する分析を行なうことは、非常に重要なことである。参考資料4には、2008年度（2008年6月から1年間）のCIPFA理事会を構成する役員と理事の詳細が整理されている。そこでは、役員と理事の所属団体についてのデータも掲載されている。そこからは、2008年度のCIPFA理事会は、（不明者を除き）地方自治体職員が14名、会計検査院と地方自治体監査委員会から各2名、財務省から1名、大手監査法人から3名が選出されていることが理解される。この他、NHS（国民医療サービス）やロンドン市交通局に所属する関係者の存在も、垣間見ることができる。また、大学教授や農業を営む1名も理事会のメンバーに選出されている。理事は、各種の審議会や委員会（訳出に当たっては会議体の実態を考慮して、boardも委員会と訳している）のメンバーとして、CIPFAの最上級のガバナンスに関与することになる。

　2008年度のCIPFA理事会の構成員のポストであるが、その大半が、所属地方自治体等において部長（Director）級の職員となっている。一部の地方自治体からは、事務総長（Chief Executive）やその経験者がCIPFAの理事に就任している。また、会計検査院からは副院長が理事長に就任されている。監査法人からの理事もパートナーに相当するポストからの選出が多い。ここではまた、CIPFAの理事会構成者の多くが、実務家であるという点に留意したい。大学関係者がわずか1名という点、退職者がごく一部しか含まれていない点など、CIPFAの理事会は、現時点で実際の実務に責任者として従事している幹部職員（役員）を中心に、構成されている組織であると整理することができる。この点は、1885年に、財務の諸問題に対する具体的な対応を有志で議論し、自分たちであるべき方向性や実務慣行を形成しようとしたCIPFAの創設者達の姿に似ている。CIPFAの大きな特徴は、「現在」「実務に」「責任者」として関わっている実務家が、組織ガバナンスの根底を支えているという点にある。

CIPFAの理事長

　CIPFAを代表する理事長は、毎年6月に開催の年次総会で選出され、1年ごとに交代を繰り返している。理事会が実質的な執行機関ではないのと同様に、理事長が具体的な日常の業務執行に関与することもほとんどない。CIPFAの理事長は、CIPFAの象徴的存在として、英国内の会員、研修生、

関係機関等との交流に、任務の重きを置いている。

　参考資料1は歴代のCIPFAの理事長の一覧である。理事と同様に理事長に選出される人物にも、一定の共通点がある。設立から1970年代までの理事長の多くは、英国内の地方自治体の財務部長、会計部長などの職にある者が大半であった。ところが、1980年代以降になるとその傾向は弱くなり、従来は地方自治体の部長職にとどまっていたものが、事務総長にランクアップされるケースが散見される。また、地方自治体監査委員会の副検査官（ナンバー2、1990年）、地方監査局の副監査官（ナンバー2、2001年）、スコットランド会計検査院の副院長（ナンバー2、2006年）、会計検査院副院長（ナンバー2、2008年）など、地方自治体ではなく中央政府等の関係者が理事長に就任するケースも増えてきている。

　また、歴代の理事長のなかには、大英帝国勲章の第3位、第4位、第5位に叙せられた者も多い。この傾向は、1980年代半ば以降は途絶えているが、1940年代から60年代にかけては、相当の叙勲者が存在する。

　以上から、CIPFAの理事長職は名誉的な職制として認識すべきものではある（1970年代以降、その傾向は顕著になっていると思われる）が、CIPFAの社会的な地位が向上するにつれて、単に地方自治体の財務部長や会計部長のネットワーク組織の代表という位置づけから、CIPFAのよりフォーマル（たとえば、会計基準に相当するSORPの設定など。SORPについては第3章で詳述される）で、より広範な社会貢献活動が評価されるのと比例して、理事長職に就任する人物のポストが、地方自治体から政府等を含めた自治体以外の関係者へ、また、部長級から事務総長や組織のVIPクラスへと変化している傾向を垣間見ることができる。

CIPFAの常任委員会と規則委員会

　CIPFAのガバナンス構造は、2007年ARA（20頁）によると、図表2-3のような委員（審議）会に細分化されている。理事会は年5回の会合を通じて、CIPFAの中長期計画と情勢に対して方向づけを行なう責任をもつ一方で、その他の重要なガバナンス上の意思決定は、図表2-3に説明されている各種の委員（審議）会に権限委譲されている。

図表2-3 2007年CIPFAのガバナンス構造

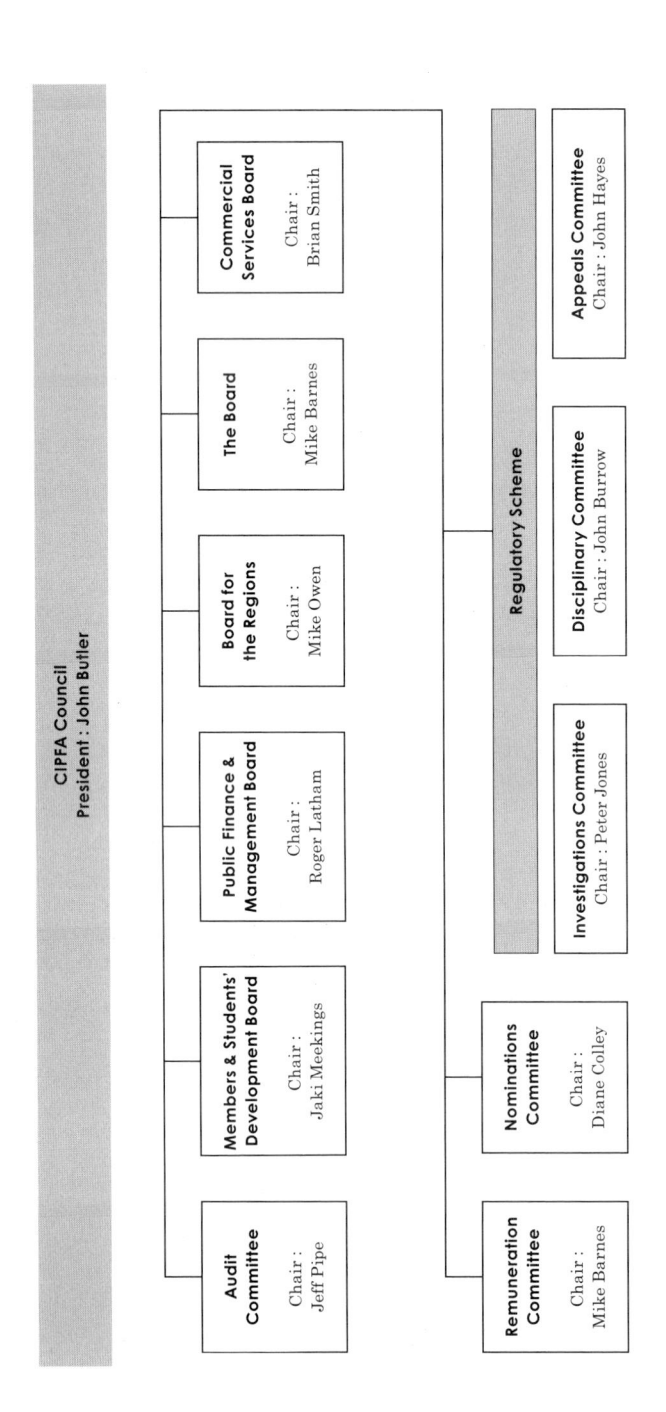

CIPFA Council
President : John Butler

Audit Committee
Chair : Jeff Pipe

Members & Students' Development Board
Chair : Jaki Meekings

Public Finance & Management Board
Chair : Roger Latham

Board for the Regions
Chair : Mike Owen

The Board
Chair : Mike Barnes

Commercial Services Board
Chair : Brian Smith

Remuneration Committee
Chair : Mike Barnes

Nominations Committee
Chair : Diane Colley

Regulatory Scheme

Investigations Committee
Chair : Peter Jones

Disciplinary Committee
Chair : John Burrow

Appeals Committee
Chair : John Hayes

図表2-3で説明されている各種の委員（審議）会は、大きく常任委員会と規則委員会（Regulatory Scheme）に区分することができる。ここでは、各種委員会等の内容を簡単に整理しておこう。

|常任委員会|

　監査委員会（Audit Committee）……CIPFAの内部統制やCIPFAの外部監査人の選任等に責任をもつ委員会。委員会は7名の委員（この委員数は変動している）から構成され、理事会で選出される。委員にマネジメント・チームの関係者が参加することはない。また、7名の委員は、どの主要な委員（審議）会の委員長や副委員長を兼務することもない。

　執行委員会（The Board）……2005年までは経営管理委員会（Management Committee）と呼称されていた委員会。CIPFAの日常の経営管理全般についてレビューを行ない、マネジメント・チームにアドバイス等を行なっている。

　研修委員会（Members & Students' Development Board）……CIPFAの会員と研修生に関するすべての政策に責任をもつ委員会。2005年以降は、会員の継続的な職業的専門家としての教育に関しても責任を有している。

　公共財務・公共マネジメント委員会（Public Finance & Management Board）……CIPFAを代表して各種の委員会や政府委員会に参加する委員会。CIPFA/LASAAC合同委員会（第3章で考察するSORPを策定する委員会）へのサポートなどを行なっている。

　地域委員会（Board for the Regions）……CIPFAには8つの地域組織がある。地域委員会はこれらの8つの地域組織に関する諸問題に対応する。特に、地域組織における会員と研修生に対する研修プログラムやコースの設定は、この委員会の主要な任務となっている。

　商業サービス委員会（Commercial Services Board）……2005年にはIPF委員会と呼称されていた委員会。主としてCIPFAの完全子会社であるIPFの運営について責任をもつ委員会。

　報酬委員会（Remuneration Committee）……事務総長と部長、さらには、子会社の非執行役員の報酬について合意する委員会。

指名委員会（Nominations Committee）……CIPFAのマネジメント・チーム（執行部）を構成する部長や上級部長、事務総長の指名を行なう委員会。

規則委員会

調査委員会（Investigations Committee）……懲罰対象になるような会員の行為等を調査する委員会。

懲罰委員会（Disciplinary Committee）……会員に対する処罰を決定する委員会。

再審請求委員会（Appeals Committee）……懲罰を受けた会員からの再審請求を検討する委員会。

CIPFAのマネジメント構造

　CIPFAの日常の業務執行は、執行部（Executive Management Team）がその責任を担っている。執行部には、事務総長（Chief Executive）のもとに、経営管理部長（Resource Director）、教育研修部長（Education and Training Director）、政策・技術部長（Policy and Technical Director）、商業サービス部長（Commercial Service Director）、マーケティング・コミュニケーション部長（Marketing and Communication Director）、国際部長（International Director）という6名の部長が配置されている（本書中頃のカラー写真「2008年度CIPFA執行部」を参照されたい）。各部長のもとには、次長（assistant director）、課長（manager）などの管理職、そして、上級スタッフ（senior staff）、一般スタッフ（staff）が勤務している。執行部に勤務するこうした職員の数は、おおよそ350名～400名の間で推移している。

　CIPFAが地方自治体などの財務管理や会計の世界で大きな貢献を果たしている背景には、執行部を支える事務総長以下の多数の優秀なスタッフの存在によるところが大きい。彼らは、地方自治体等の関係者ではなく、CIPFAに雇用されている職員である。また、その多くが常勤の職員である。地方自治体等で実際に財務管理や会計の実務を経験した職員や、地方自治体監査委員会からの出向でCIPFAに勤務している課長級の職員もいる。

　参考資料5は、ロンドンのCIPFA本部が募集した地方自治体の財務管理、ならびに、地方自治体の会計・財務報告を担当する2名の課長級職員（Technical

Manager）の募集広告である。参考資料6は、北アイルランドの支部組織で募集された主任コンサルタントとコンサルタント補佐（Training Consultant）の募集広告である。課長級職員と主任コンサルタントに対しては年間5万ポンド、コンサルタント補佐に対しても年間3万ドルの報酬が保証されている。この広告への応募希望者には、第3章で考察を行なうCCABに属する6つの会計団体のいずれか一つの会計士資格の保有が求められている。為替レートによって実際に意味する金額を想像することが時には困難になるが、2年ほど前のイギリスポンドの為替相場は1ポンド約200円であった。したがって、CIPFAは課長級職員の募集に年間1000万円の給与を補償していることになる（もちろん、この他にも後述のように年金等の対応も行なっている）。

　会計団体の活動は、通常、その会計団体の会員資格をもつ会計士のボランティアと、彼らを支える比較的少数の事務職員によって運営されることが多い。実際、日本公認会計士協会においても、専任職員として協会に勤務する公認会計士の数はごく少数で、実際の運営は多くの公認会計士のボランティアによって支えられているのではないだろうか。しかし、CIPFAには、参考資料の5と6の広告からイメージされるように、相当の報酬で高度な専門的能力をもった会計士等を専任職員として雇用するシステムが存在している。理事会はCIPFAの会員から選出された理事から構成されているが、彼らが行なっているのはガバナンスであって、執行部が関与するような日常の業務については、理事は一切関わっていない。後述のように、CIPFAが数多くの印刷物を出版したり、統計サービスやインターネットを通じた情報提供を積極的に行なう背景には、このような専任職員の存在とそれらをマネジメントしている執行部の存在があることを忘れてはならない。

　また、商業サービス部長のポストは、CIPFAの完全子会社であるIPF[2]の執行全般について責任をもつポストである。このポストは実質的に、IPFの社長職に相当するポストであり、CIPFAの執行部の一員として位置づけられている一方で、CIPFAそのものの活動とは別個に、IPFを通じて英国内を中心とした地方自治体等の公共部門に財務管理に関連する各種のサービスを提供している。

4 CIPFA の活動

勅許公共財務会計士 (CPFA)

　CIPFA の活動で最も重要な事業は、勅許公共財務会計士 (Chartered Public Finance Accountant:CPFA) の資格試験を実施することである。図表 2-4 は、CPFA 試験の科目別合格率の推移である。

　現在、CPFA 試験を受験するケースは、すでに相当の会計実務経験を有する場合と、そうではない一般的な場合に区分することができる。まず、相当の実務経験を有する場合（会計技術者協会：AAT の会員資格を有する等の場合）には、図表 2-4 のファースト・トラック (Fast Track) 試験を受験することになる。その合格率はおおよそ 50％前後で、その他の試験科目と比較すると合格率はやや低くなっている。しかし、ファースト・トラックの 1 と 2 の試験に合格すれば、あとは、職業的専門家としての適格性を問う最終試験 (Final Test of Professional Competence) に合格しさえすれば、その受験生は CPFA の資格を得ることになる。

　これに対して、一般的なケースは、大学を卒業して地方自治体等に勤務し、数年の実務経験を経た後、自治体等に勤務を続けながら、その自治体の研修予算等を利用して CIPFA の研修センター (CIPFA Education and Training Centre:CETC) で専門的知識の習得を続け、3 年程度をかけて CPFA の資格試験に合格する場合である。このケースでは、大学レベルのサーティフィケート (Certificate) と大学院レベルのディプロマ (Diploma) に区分される合計 11 つの科目に合格しなければならない。サーティフィケートでは財務報告、管理会計、財務管理・システム・手法、財務会計の 4 つの科目、ディプロマでは、監査と保証、リーダーシップとマネジメント、財務業績報告、ガバナンスと公共政策、意思決定会計、公共財務、税務の 7 つの科目が課されている。平均的な合格率は、ファースト・トラックよりもサーティフィケート、サーティフィケートよりもディプロマのほうが高くなっている。

　受験に際しては、受験生のバックグラウンド（大学で何を修得したかな

ど）によって、一部の科目の受験免除が認められることもある。また、この CPFA の資格試験は、日本国内のブリティッシュ・カウンシルで受講できる可能性もある[3]。なお、参考資料 8 では、サーティフィケート・レベルの管理会計と財務会計でどのような学習内容についての理解が求められているのかを整理している。参考資料 8 からは、興味深いことに、CIPFA のサーティフィケート・レベルの財務会計と管理会計が、わが国で実際に実施されている資格試験と比較すると、おおよそ日本商工会議所の簿記検定試験 1 級の会計学・工業簿記・原価計算に匹敵していると推察することができる（厳密には、商業簿記のレベルは 2 級を上回るものの、1 級の水準は求められていないように思われる）。

出版事業

CIPFA の重要なミッションの一つに、財務管理、会計、内部監査等についての専門的知識とベスト・プラクティスの開発・普及がある。CIPFA では、このミッションを推進するための広範な印刷物の出版事業に積極的に取り組んでいる。参考資料 7 では CIPFA が現在出版している印刷物全般を対象に内容等の分析を行なっている。

CIPFA の出版事業は、単行本の発行にとどまらない。定期的な刊行物として IPF が発行する『Public Finance』と、CIPFA 自体が発行している『SPREADSHEET』は、多くの CIPFA 会員と地方自治体等の関係者にとって有用な情報源として活用されている。CIPFA はこの他にも、年間 65 ポンド程度の購読料と引き換えに、メールを通じて配信される『AUDIT VIEWPOINT』というマガジンを発行している。また、各種の統計情報や規則類に関する情報提供をインターネットを通じて行なっている（有料）。

CIPFA の出版物は、全体的に非常に専門性が高く、その内容は一般の市販本からは入手できないタイムリーな情報、入手源泉が非常に限られている

写真 2-1　『Public Finance』

図表 2-4 CPFA 試験の科目別合格率の推移

Professional Accountancy Qualification	June 2004	December 2004	June 2005	December 2005	June 2006	December 2006	June 2007	December 2007
Certificate	%	%	%	%	%	%	%	%
Financial reporting	59	46	52	62	68	54	64	65
Management accounting	70	67	71	63	62	55	65	79
Financial management, systems and techniques	64	57	66	62	60	50	73	62
Financial accounting	80	77	53	73	64	67	78	72
Diploma								
Audit and assurance	n/a	84	60	74	71	57	70	66
Leadership and management	n/a	67	61	67	71	69	70	73
Financial performance reporting	n/a	63	67	54	53	59	57	67
Governance and public policy	n/a	n/a	74	68	68	60	69	83
Accounting for decision-making	n/a	n/a	66	60	64	64	74	49
Public finance	n/a	n/a	73	81	69	77	69	75
Taxation	n/a	n/a	69	77	72	65	78	93
Final Test of Professional Competence								
Finance and management case study	n/a	n/a	59	66	61	65	68	57
Strategic business management	n/a	n/a	69	70	67	62	72	72
AAT Fast-Track								
Fast-Track 1	n/a	n/a	59	47	41	33	47	50
Fast-Track 2	n/a	n/a	35	63	46	45	63	60
Professional 2 *(old syllabus)*								
Financial Reporting & Accountability	66	44						
Accounting for Decision Making	57	57						
Business Strategy & Management	71	59						
Public Policy & Taxation	77	63						
Professional 3								
Finance and Management Case Study	58	62						
Project	48	65						

情報を中心に編集されており、その価額はかなり高価な印象を受ける。出版物のなかには、単行本形式だけではなく、CD-ROM 形式で販売される印刷媒体もあり、CD-ROM の価額は邦貨に換算すると 10 万円を超える非常に高価なものも存在する。

出版事業は CIPFA の貴重な収入源として位置づけられている。

写真 2-2 『SPREADSHEET』

また、出版量と比較して必ずしも十分とはいえないテクニカル・スタッフが中心となって編集などの作業に従事しているからであろうか、論述の重複など、一部にではあるが編集の粗雑なケースも散見される。それでも、CIPFA の出版物は、英国内の地方自治体関係者にとっては非常に情報価値や利用価値の高いものが多く、ほとんどの地方自治体で CIPFA の出版物は一通り購入されているというのが現状である。

CIPFA の出版物は法律や規則、政令、省令などを編集したものではなく、一定の執筆方針のもとで通常の単行本と同じようなイメージで出版されているものが非常に多い。CIPFA における調査や研究の成果が、CIPFA の出版物として公表されているという構図がここには存在している。その意味で CIPFA の出版事業は、一般民間会社の出版事業と遜色のない編集・販売活動を行なっていると言える[4]。

表彰事業

CIPFA は地方自治体等の財務管理や会計の発展、また、CPFA 資格の取得のための学習などのプロセスで、大きな業績（社会的な貢献だけではなく、個人的な努力を含む）を上げた会員、研修生等を対象に、年次総会の席で華々しい表彰制度を設けている。表彰の対象は、主として CPFA の資格取得等で努力を重ね、優秀な成績を残した研修生等を対象にする表彰（prize）と、顕著な社会貢献を果たした会員等を対象にする顕彰（award）に区分することができる。

CIPFAでは、年次総会の華々しい会場で理事長から大きな記念のカップなどを手渡すセレモニーが、大々的に執り行なわれている。CIPFAの存在とこうした表彰等の事業については、直接的な関係がないように思えるかもしれない。しかし、たとえば顕彰については、CIPFAの教育活動や研修活動に顕著なボランティアとしての貢献を果たした人材を積極的に表彰の対象としている。これによって、CIPFAの事業にボランティアとして貢献する人材の労をねぎらい、より多くの優秀な人材をCIPFAの活動に招聘することが可能になっている。CIPFAは王室憲章によって慈善団体としてその設立が認可されている団体である。完全子会社のIPFを有するとはいえ、商業活動の範囲には一定の限界がある。顕彰や表彰の制度は、あまり規模の大きくないCIPFAに少しでも多くの優秀な人材を確保するための有効な手立てとして認識する必要がある。また、英国はそうしたボランティア活動を熱心に行なう国なのである。

　CIPFAにボランティアとして参加し顕著な貢献を果たした人材を対象とする顕彰（award）には、次の4種類がある。

① 公共報告・説明責任賞（Public Reporting and Accountability Award）……公共部門における情報の公開、報告、説明責任の遂行などで顕著な業績、ベスト・プラクティスなどを残した者を対象とする。

② ハリー・ペイジ卿記念賞（The Sir Harry Page Merit Award）……公的部門の会計や財務管理の専門的な知識に関して顕著な貢献を果たした者を対象とする。

③ トム・ソワビー賞（Tom Sowerby Award）……1973年度のCIPFA理事長であったトーマス・ソワビー氏によって設立された賞で、CIPFAの研修生に対して顕著な貢献を果たした者を対象とする。

④ クリフ・ニコルソン革新優秀賞（The Cliff Nicholson Award for Innovation and Excellence）……地方自治体、政府機関、NHS、大学、高等教育などの監査業務で顕著な業績を上げた者を対象とする。

　また、図表2-5は、CPFAの資格取得等で勤勉に学習して優秀な成績を残した研修生を対象に実施される表彰（prize）で2004年に表彰された受賞者の一覧である。1等賞から5等賞までの表彰は、少々、ランクづけを強

く意識しすぎるような印象を残すものの、CIPFAのトレーニングをCETC（CIPFAの研修機関）で受講し、一定の成績を残した受講生には、大きな励みになる表彰制度であると多くのCIPFAの関係者は指摘している。

図表2-5　2004年CIPFA表彰者

First place and prize Arthur Collins Memorial Medal	Ian Joynson Atos KPMG (November sitting) CETC South East
Second place and prize	Rachel McKechnie Audit Commission (November sitting) CETC West of England
Third place and prize	Simon Perks KPMG (November sitting) CETC West of England
Fourth place and prize	Jonathan Treadway Atos KPMG (November sitting) CETC South East
Fifth place and prize	Amana Humayun PricewaterhouseCoopers (November sitting) CETC South East
Richard Emmott Memorial prize for the best performance in the Case Study	Catherine Kendall Leicester City Council (June sitting) Nottingham Trent University
Eric Gilliland Memorial prize for the best Project	Amana Humayun PricewaterhouseCoopers (November sitting) CETC South East
Audit Commission prize	Rachel McKechnie Audit Commission (November sitting) CETC West of England
Health Service prize	Chris Varney St Georges Healthcare NHS Trust (June sitting) CETC South East
Jack Woodham prize for the best Project in the Advanced Diploma	Kim Graves London Borough of Islington CETC South East

5 CIPFA の財務状況

　CIPFA は、王室憲章に基づいて設立が認可されている慈善団体である。それゆえに、容易に予想されることではあるが、CIPFA 自体の経営状況あるいは財政状態は、厳しい財務的環境での活動を前提としており、決して余裕のあるものではない。しかし、それでも CIPFA は IPF のような商業活動を行なう完全子会社を通じて、事業の推進について不可欠とされる一定の財源等を確保している。ここでは、本章のまとめとして、CIPFA の経営状況と財政状態を概観することとする。

CIPFA の経営状況
　図表 2-6 は、CIPFA の経営状況を年度比較したものである。2006 年度以外は黒字決算である。歳入項目は大きく会員会費、コンサルタント事業（advancing public finance and promoting best practice）、教育研修事業の 3 本を柱としている。また、これに CIPFA とは独立した IPF の商業活動から得られる収益が、CIPF 全体の歳入の 60％を占めている。歳出は商業活動と教育・研修事業で歳入にほぼ均衡する金額が計上されているものの、この 2 つについては黒字を計上している。しかし、コンサルタント事業では、若干の赤字決算となっている（2007 年度）。歳出にはこの他、基準設定やガバナンスのコストが計上されている。これらのコストは会費収入で財源充当するという考え方で整理すれば、CIPFA の経営状況はおおよそ収支均衡の状態を維持していると整理することができる。
　2006 年度を除く 3 つの年度で黒字決算となっている点も、こうした経営状況の分析から概ね妥当なものと考えられる。CIPFA の経営状況を改善するためには、長年赤字の続いているコンサルタント事業の収支改善が、重要な課題として認識される必要がある。

第2章 CIPFA のガバナンスと活動 65

図表 2-6
CIPFA グループの財務活動報告書 (STATEMENT OF FINANCIAL ACTIVITIES FOR THE GROUP)

	Total 2007 £000	Total 2006 £000	Total 2005 £000	Total 2004 £000
Incoming Resources				
Incoming resources from charitable activities:				
Membership subscriptions	2,815	2,784	2,696	2,654
Advancing public finance and promoting best practice	6,852	6,298	6,314	4,514
Educating and training student members	4,649	4,882	4,823	3,623
Regulation and supporting members	–	4	15	–
	14,316	13,968	13,848	10,791
Incoming resources from generated funds:				
Trading subsidiaries' income	24,640	24,140	23,398	26,139
Legacy	61	116	–	–
Interest received	292	230	222	171
	24,993	24,486	23,620	26,310
Other incoming resources:				
Other	31	44	39	69
Total Incoming Resources	39,340	38,498	37,507	37,170
Resources Expended				
Charitable activities:				
Advancing public finance and promoting best practice	8,154	7,520	7,338	5,830
Educating and training student members	6,341	6,532	5,989	5,103
Regulation and supporting members	1,520	1,711	1,416	1,336
	16,015	15,763	14,743	12,269
Cost of generating funds:				
Trading subsidiaries' expenses	22,346	22,314	21,852	23,937
Governance:				
Governance costs	506	490	680	577
Total Resources Expended	38,867	38,567	37,275	36,783
Net Incoming/(Outgoing) resources before other recognised gains and losses	473	(69)	232	387
Other recognised gains/losses:				
Gains on revaluation of fixed assets	445	1,290	1,112	318
Actuarial (loss)/gain on defined benefit pension scheme	(2,616)	4,878	(3,195)	(3,319)
Net Movement in Funds	(1,698)	6,099	(1,851)	(2,614)
Reconciliation of Funds				
Fund balances brought forward at 1 January as reported	(1,282)	(7,381)	(5,530)	7,814
Prior year adjustment – pension liability	–	–	–	(10,730)
	(1,282)	(7,381)	(5,530)	(2,916)
Fund Balances carried forward at 31 December	(2,980)	(1,282)	(7,381)	(5,530)

図表 2-7 CIPFA グループの貸借対照表（BALANCE SHEETS）

	Group 2007 £000	2006 £000	2005 £000	2004 £000	2003 £000
Fixed Assets					
Intangible assets	–	91	285	428	–
Tangible assets	10,243	9,945	8,410	7,320	7,087
Investments	8	8	9	8	8
	10,251	10,044	8,704	7,756	7,095
Current Assets					
Deferred tax	43	47	49	52	–
Stocks and work in progress	351	609	515	448	617
Debtors	8,646	6,424	5,728	6,114	7,591
Cash at bank and in hand	2,326	3,764	4,005	3,315	1,976
	11,366	10,844	10,297	9,929	10,184
Creditors: amounts falling due within one year	(6,920)	(6,890)	(6,633)	(7,018)	(7,507)
Net Current Assets	4,446	3,954	3,664	2,911	2,677
Total Assets Less Current Liabilities	14,697	13,998	12,368	10,667	9,772
Long Term Liabilities					
Creditors: amounts falling due after more than one year: Mortgage loans	(1,703)	(1,760)	(1,814)	(1,865)	(1,958)
Net Assets excluding pension liability	12,994	12,238	10,554	8,802	7,814
Defined benefit pension scheme liability	(15,974)	(13,520)	(17,935)	(14,332)	–
Net Liabilities including pension liability	(2,980)	(1,282)	(7,381)	(5,530)	–
Funds					
Restricted funds	50	48	47	45	43
Unrestricted funds:					
Designated funds	7,535	7,036	5,695	4,535	4,172
Other charitable funds	5,409	5,154	4,812	4,222	3,599
Total Funds excluding pension liability	12,994	12,238	10,554	8,802	7,814
Pension reserve	(15,974)	(13,520)	(17,935)	(14,332)	–
Total Funds including pension liability	(2,980)	(1,282)	(7,381)	(5,530)	–

CIPFA の貸借対照表

　単年度の収支ではなく、120年以上にわたる CIPFA の活動の集大成は、貸借対照表を通じて財政状態の視点で分析することができる。図表2-7は、CIPFA グループの貸借対照表である。一般の民間企業とは異なって、CIPFA にはそれほど多くの負債が計上されているわけではない。流動負債と固定負債の合計は、おおよその金額で850万ポンド程度で、純資産（資産－負債）に相当する金額は、2005年に1000万ポンドを超えて以降も順調に増加し、2007年には1300万ポンドに迫っている。ここ数年、CIPFA の財政状態は顕著に改善し、順調な推移を示していると考えられる。

　しかし、CIPFA の経営において今後大きな課題として認識されているのが、従業員に対する年金支払のための準備金の確保である。貸借対照表でも明らかなように、順調に見える CIPFA 財政状況（純資産が負債の2倍近く存在する）も、従業員等への年金支払に必要な財源の内部留保のことを考えると、一挙に深刻な状況にあることが明確となる。年金支払準備のために必要な財源相当の全額が、資産として形成されていない深刻な状況は、ここ数年顕著に改善の兆しを示している。しかし、2007年の数値を見ても、CIPFAの財政は298万ポンド（1ポンド150円の計算で約4億5千万円）の財源不足（民間企業でいえば債務超過）の状態にある。

　もちろん年金支払準備は、ここ数年の間に支払が求められるものではない。その意味においては、CIPFA の財政には資金繰りの問題も含め、経営における深刻な状況にはないと判断できよう。しかしそれでも、年金の支払準備は、どのようなタイミングにおいても確定債務分をきちんと支払うことができるような準備を行なうことが、そもそも求められている内容である。

　従業員等への年金支払のための準備の問題は、実は CIPFA のミッションの遂行やそのための組織構造と密接な関係をもつ問題である。すでに本章の考察でも明らかにされたように、CIPFA には350名から400名の職員が雇用されている。彼らのなかには、財務管理、管理、ガバナンス、内部監査などの専門領域で高度な知識を有するテクニカル・スタッフが多数含まれている。CIPFA の強みは、専門領域のスタッフを職員として抱えているという点にある。この部分を会員の尽力やボランティアに依存するのではなく、職

員としてスタッフを確保することが、CIPFA の強みなのである。しかし、強みはこうして弱点にもなる。従業員等への退職年金支払のための準備の問題は、CIPFA の強みを引き続き維持していくためにも、何らかの解決の方法が模索されなければならない重要な問題となっている。

【注】

1) 本章の考察は主に、CIPFA が毎年 6 月の年次総会で配布する年次報告決算書（Annual Report and Accounts）に基づいている。年次報告決算書は、たとえば、2007 年 6 月から 2008 年 6 月までの 1 年間の報告が、2007 年度版年次報告決算書として公表されている。本書（特に第 1 章と第 2 章）の執筆に際して筆者は、1885 年から 1985 年までの 100 年間については、Tom Sowerby, *The History of The Chartered Institute of Public Finance and Accountancy 1885-1985*, CIPFA, 1984 を、そして 1985 年以降の CIPFA の状況については、毎年発行されている年次報告決算書の内容を分析した。本章では ARA に基づく記述の大半は、注記の箇所が非常に多くなることから省略したが、特に重要な部分については、2007ARA（3 頁）「2007 年の年次報告決算書の 3 ページ」という様式で本文中に記すこととする。

2) CIPFA には、IPF のような完全子会社だけではなく、研修業務を権限委譲する CETC や『Public Finance』を発行する Public Finance 社などのグループ組織が存在する。

① Public Finance 社
3 Robert Street, London WC2N 6RL, Tel: 020 7543 5600
Public Finance 誌を毎週発行。同誌の購読者は 20,915 名（2008 年 6 月）。
日本での年間購読は航空便で約 165 ポンド（2～3 万円）。

② IPF（Institute of Public Finance Limited）
Subsidiary wholly owned by CIPFA
Registered Office : 3 Robert Street, London. WC2N 6RL

③ CETC（CIPFA Education and Training Centre）CIPFA のホームページでは、CETC を次のように説明している。
CETC is part of the CIPFA group and was established in 1986 to provide added value courses for the CIPFA suite of qualifications including the Professional Qualification, the Postgraduate Diploma in Public Finance and Leadership, and the International Certificate and Diploma in Public Accounting and Audit.

3) 筆者は、2008 年 11 月にロンドンの CIPFA 本部を訪問の際に、Paul Myner 氏から、日本国内での CPFA 試験の受験可能性についてのアドバイスをいただいた。筆者は、「正確に確認したわけではないが、日本国内で CPFA の資格試験を受験できる可能性があるのではないか」というその際のアドバイスに基づいて、2009 年 1 月にブリティッシュ・カウンシルに日本国内における CPFA 試験の受験可能性につい

て照会のメールを送信した。以下は、それに対する返信として受領したメールの内容である。「私ども British Council では、英国の公的な団体として、英国の教育機関や資格授与団体からの依頼を受けて、さまざまな試験を英国国外で行なっております。日本でも ACCA を受験したいというご要望があり、毎年試験を行なっております。ですので、CIPFA の試験も私どもで行なうことは可能でございます。しかしながら、過去5年のデータを調べても日本の British Council で CPFA を実施した記録が残っておりませんでしたので、実際に行なうにあたっては、実施時間や登録手続などについて事前に CIPFA と確認を取る必要があります。私どものオフィスでは、業務上の理由で添付いたしました時間内でのみ試験を行なっておりますが、ACCA は、British Council との間に合意があり、例外的に各国で同じ時間帯で行なうようになっております。おそらく CIPFA も同じような措置が必要になるかと思います」。また、「石原様がこれから行なっていかれる CPFA を日本でも紹介していくというお仕事を、英国の公的な文化交流団体として出来るだけお手伝いできればと思っております。不明な点はどうぞお気軽にお問い合わせください。ブリティッシュ・カウンシル試験部」という追記もいただいた。

4) メール等で配信される CIPFA からの印刷物のなかには、無料で入手できるものもある。CIPFA E-newsletters と呼ばれるものがそれである。大学等の研究者や大学院生が CIPFA の研究を始める第一歩は、E-newsletters を入手することであるといっても過言ではない。CIPFA は次のニュースレターを無料で配信している。
http://www.cipfa.org.uk/corporate/subscribe.cfm
   ① CIPFA e-newsletter (monthly)
   ② CIPFA Annual Conference e-newsletter (seasonally)
   ③ Conference, Seminar and Publications e-newsletter (bi-monthly)
   ④ Exhibitions e-newsletter (bi-monthly)
   ⑤ Further and Higher Education e-newsletter (bi-annually)
   ⑥ Health Panel e-newsletter (bi-monthly)
   ⑦ International e-newsletter (quarterly)
   ⑧ Social Care Panel e-newsletter (bi-monthly)
   ⑨ Student & NSF e-newsletter and e-alerts (monthly and seasonally)
   ⑩ Trainee Job Vacancy e-alerts (monthly)

第3章
英国自治体の財務報告と会計基準
── CIPFA の SORP を中心として

1 英国のセクター・ニュートラルと CIPFA

　CIPFA は、英国における地方自治体の財務報告と会計基準の設定に大きな役割を果たしている。英国地方自治体における外部財務報告の基礎となる会計基準設定の詳細は、関連する制定法、規則、会計基準、勧告実務書、実務指針などの内容を整理することで明らかになる。CIPFA は英国の地方自治体会計基準を設定する団体であると一般に理解されている。CIPFA がそのような機能を果たしている背景には、どのような法的根拠があるのだろうか。本章の目的は、この点について考察を展開することにある。本章の整理を通じて、CIPFA により策定された SORP（Statement of Recommended Practice：勧告実務書）が、英国地方自治体の会計基準の設定で実質的に中心的な役割を果たしていること、また、CIPFA の SORP が軸となって英国地方自治体の財務会計基準を設定していることが解明されることになる[1]。
　ここで、本章における考察の背景について整理しておこう。実は、英国の地方自治体における財務報告や会計報告書の作成が、どのような法的要請と実務慣行に基づいて行なわれているかについて、わが国ではいまだ十分な研究が行なわれているわけではない。もともとわが国会計学界には、公会計や地方自治体会計を研究する研究者の数がごく少数にとどまっているという現状がある。それでも、アメリカやドイツの公会計や自治体会計についての研究は、これまでも一定数その成果が公表されてきた。しかし、英国の公会計、特に、地方自治体会計を研究対象にした体系的な成果（著書）は、ほとんど公表されていないのである[2]。それゆえに、現在の英国地方自治体の会

計基準設定が、何を法的な根拠としてどのように制度的に、また、実務的に具現化されているのかを解明しようとする場合には、相当に広範囲の文献等を渉猟する必要がある。

本書では第1章で、CIPFAの歴史とあわせて、英国における会計基準の設定について、その時系列的な経緯を整理した。そこでは、1974年に設立された会計基準委員会（ASC）が、英国でははじめて、体系的な会計基準の設定に取り組んだことと、ASCが策定した会計基準は、標準会計実務書（SSAP）として公表・体系化され、1990年までの間、主として民間企業を中心とした財務会計基準として実務的に活用されたことを確認した。1990年に入ると、ASCが担っていたミッションは、会計基準審議会（ASB）が引き継ぐことになり、ASBの公表する財務報告基準（FRS）は、特に民間企業では、1985年の会社法で用いられた「真実かつ公正な概観」（True and Fair View）を実現するための要件とみなされている[3]。

英国における会計基準設定の大きな特徴は、SSAPやFRSのような民間企業を主たる対象として策定された会計基準を、地方自治体等の公共部門を主たる活動のテリトリーとするCIPFAのような会計団体が、承認しているという点である。第1章で整理されたように、FRSはCIPFAを含む6つの英国内の会計団体（の理事会）がその内容を承認した場合に、成立し公表されることになる。英国では公共部門の会計と財務管理に深く関わっているCIPFAが、ASCやASBの構成員としてSSAPやFRSのような会計基準の設定に関与し、その内容をパブリック・セクターでも尊重しているのである。

民間部門と公共部門で根底に存在する会計基準に差異がないというセクター・ニュートラルの状況は、実は、CIPFAがSSAPやFRSの策定に関与していることが、重要な背景として潜在している。IFRSへの収斂や会計基準の統一が議論されている今日、セクター・ニュートラルの考え方は、公会計にこれまで大きな関心を寄せてこなかった国際会計の研究者にも注目されている。英国には、CIPFAのような公共部門の財務管理と会計に専門化した会計団体が存在しており、CIPFAの存在がセクター・ニュートラルの思考に非常に大きな影響を及ぼしている。

本章では、こうした英国特有のセクター・ニュートラルの状況を踏まえ、地方自治体の財務報告や会計基準の設定が、地方自治法をはじめとする法的根拠等によって、どのように体系的に整備されているのかを考察する。ま

た、CIPFA が英国自治体の財務報告や会計基準の設定の深部に関わっていることを確認する。英国内においても CIPFA は非常にユニークな存在であり、もし、英国全体の会計基準の設定や英国地方自治体の財務報告が、諸外国にない特徴を示しているとすれば、それは CIPFA が、他では垣間見ることのできない公共部門（地方自治体）に特化した会計と財務管理を取り扱う会計団体であるという状況から派生するものである。

2　財務管理責任者の設置と制定法

1972 年地方自治法

図表1-5では、CIPFA と英国における会計基準設定の歴史・経緯のなかで、現在の英国における地方自治体財務会計基準の設定に関連する流れを見出すことができた。本章では、現在の英国における地方自治体会計基準設定の根源となる制定法の規定を、1972年地方自治法第151節に求めることとする。そこでは図表3-1のように、自治体に財務管理（Financial Management）の責任者を設置することが求められている。財務管理の責任者を設置しなければ、その先の財務報告や会計基準の設定は非常に困難である。英国の地方自治体では、1972年の地方自治法の規定により、財務管理の専門的知識をもつ幹部職員（単に職員ではなく、責任者・幹部職員という部分が重要である）の設置が要請されている。英国における地方自治体の財務報告や会計基準の設定に関する一連の議論では、こうした財務管理責任者の配置という規定を原点に位置づけることで、より具体的な制度的・実務的展開への端緒とすることができる[4]。

図表 3-1　1972 年地方自治法第 151 節

Without prejudice to section 111 above, every local authority shall make arrangements for the proper administration of their financial affairs and shall secure that one of their officers has responsibility for the administration of those affairs.
第 111 節の規定を損なうことなく、すべての地方自治体は、財政状況を適切に管理するための調整を行ない、財政状況の管理について責任をもつ幹部職員を配置すべきである。

ところで、現在、英国の地方自治体における外部報告義務や会計帳憑の作成管理は、財務管理責任者の設置を求めた1972年地方自治法以降、次のような法的要請等に基づいて修正・展開されている。これらの法律が、地方自治体の財務管理や会計にどのような規定を定めているのかを、以下において確認することにしよう。

- 地方自治法（Local Government Act）[5]
    1982年　1985年（情報接近に関わる）　1986年　1988年　1992年
    1999年　2000年　2003年
- 地方自治・計画・土地法（Local Government Planning and Land Act）1980年
- 地方自治財政法（Local Government Finance Act）1982年
- 情報保護法（Data Protection Act）1984年
- 地方自治住宅法（Local Government and Housing Act）1989年
- 地方自治体監査委員会法（Audit Commission Act）1998年
- 情報公開法（Freedom of Information Act）2000年

1982年制定法

　1972年地方自治法以降、1980年地方自治・計画・土地法第2節では、情報公開の重要性について記述するとともに、国務大臣に情報の公開に関する実施規範の策定権限を与えている。この実施規範は年次報告書、人事統計、地方税の徴税に関する情報などを対象とするものであった。

　1982年地方自治法では、1980年地方自治・計画・土地法の流れを受ける形で、地方自治体に、年次会計報告書（Annual Accounts）の公表が義務づけられた。1982年地方自治財政法では、地方自治体の会計記録の作成と管理に関する主な法的事項が定められた。1982年地方財政法第3編では、図表3-2のように「地方自治体監査委員会」、「財務諸表の監査」、「その他・補足」という見出しのもとで、主として地方自治体監査委員会が担う財務諸表監査の議論の一環で会計基準の設定等についての言及も行なわれている。特に、第23節の財務諸表に関する規則には注目する必要がある。

第3章　英国自治体の財務報告と会計基準　75

図表 3-2　1982 年地方自治財政法第 3 編の構成

The Audit Commission
11. Establishment of Audit Commission.
Audit of accounts
12. Accounts subject to audit.
13. Appointment of auditors.
14. Code of audit practice.
15. General duties of auditors.
16. Auditor's right to obtain documents and Information.
17. Public inspection of accounts and right of challenge.
18. Auditor's reports.
19. Declaration that item of account is unlawful.
20. Recovery of amount not accounted for etc.
21. Fees for audit.
22. Extraordinary audit.
23. Regulations as to accounts.
24. Right to inspect statements of accounts and auditor's reports.
25. Audit of accounts of officers.
Miscellaneous and supplementary
26. Studies for improving economy etc. in services.
27. Reports on impact of statutory provisions etc.
28. Furnishing of information and documents to Commission.
29. Miscellaneous functions of Commission.
30. Restriction on disclosure of information.
31. Passenger transport executives and their subsidiaries.
32. Water authorities and National Water Council.
33. Commencement of Part III and transitional provisions.
34. Consequential amendments.
35. Orders and regulations.
36. Interpretation of Part III.

　図表 3-3 の 1982 年地方自治財政法第 3 編第 23 節 (1)(2) は、地方自治法や地方自治体監査委員会法などの制定法 (statute law) の条文に基づいて、規則 (regulation) が制定される根拠となる重要な条文である。第 23 節 (1)(2) の規定は、図表 3-3 のとおりである。特に (1) では、国務大臣は、本

法本編に準拠して財務諸表の監査を受けることが求められている団体に、規則によって財務諸表の継続記録、様式などを規定すると説明されている点、また (2) で、本節に基づいて設定される規則は、団体の状況に対応して異なる規定となることがある、と説明されている部分は留意すべき箇所である。すなわち、この箇所の2つの規定によって、1983年の『会計監査規則』(Accounts and Audit Regulations) が制定され、また、日本的には業種別会計とイメージされるような特殊領域の会計（たとえば、企業会計に対して地方自治体会計）の存在（後述のSORP）が容認されているからである。

1982年地方自治法や地方自治財政法第3編第23節 (1) のもとで策定された1983年『会計監査規則』は、公表用の財務諸表の内容や作成手続を定めており、その発展版である2003年版は後述のように、英国における今日の地方自治体会計の概要を規定している[6]。

図表3-3　1982年地方自治財政法第3編第23節 (1) (2)

23.—(1) The Secretary of State may by regulations applying to Regulations bodies whose accounts are required to be audited in accordance as to with this Part of this Act make provision with respect to—
  (a) the keeping of accounts;
  (b) the form, preparation and certification of accounts and of statements of accounts;
  (c) the deposit of the accounts of any body at the offices of the body or at any other place;
  (d) the publication of information relating to accounts and the publication of statements of accounts;
  (e) the exercise of any rights of inspection or objection conferred by section 17 above or section 24 below and the steps to be taken by any body for informing local government electors for the area of that body of those rights.

(2) Regulations under this section may make different provision in relation to bodies of different descriptions.

1989年制定法と「適切な会計慣行」の概念

その後、1985年地方自治（情報接近）法では、報道関係者を含む市民に、ほとんどの議会や委員会への傍聴が認められた。また、注目すべき制定法として1989年の地方自治住宅法（Local Government and Housing Act）では、第4編「地方自治体の経常会計と資本調達（Revenue Accounts and Capital Finance of Local Authorities）」において、地方自治体における短期と長期の資金調達について詳細に規定している。この法律では、適切な会計慣行（proper accounting practice）という概念がはじめて制定法の上で明記されている。同法第4編第66節「第4編の解釈（Interpretation of Part IV）」では、適切な会計慣行に関連して図表3-4のように述べている。

図表3-4　1989年地方自治住宅法の第4編66節（4）の記述

(4) In relation to a local authority, references in this Part to proper practices are references to those accounting practices—

(a) which the authority are required to follow by virtue of any enactment; or

(b) which, whether by reference to any generally recognized published code or otherwise, are regarded as proper accounting practices to be followed in the keeping of the accounts of local authorities, either generally or of the description concerned;

but, in the event of any conflict in any respect between the practices falling within paragraph (a) above and those falling within paragraph (b) above, only those falling within paragraph (a) above are to be regarded as proper practices.

地方自治体の適切な慣行に関する本編の言及は、次のような会計慣行と関連している。

(a) 地方自治体が法令によって準拠することが求められている会計慣行

(b) 一般に認識されて公表された規範であるなしにかかわらず、地方自治体が会計記録を継続して記帳する際に準拠すべき適切な会計実務とみなされる会計慣行

なお、上記(a)のパラグラフの範囲内にある実務と、上記の(b)のパラグラフの範囲内にある実務の間に何らかの不一致が存在する場合、上記パラグラフ(a)の範囲内にある実務だけが適切な慣行とみなされる。

1998 年地方自治体監査委員会法

　1998 年地方自治体監査委員会法（Audit Commission Act）は、第 27 条の規定で、下記の図表 3-5 に整理された「規則」（Regulation）を制定できる権限を国務大臣に与えている。2003 年『会計監査規則』（Accounts and Audit Regulations）は、1998 年地方自治体監査委員会法の第 27 条の規定に基づいて策定されたもので、現在、英国の地方自治体で実践されている会計制度と監査制度を支える実務的な基盤フレームワークを提供している。2003 年『会計監査規則』は、今日の地方自治体会計のあり方を規定する法的要請を、制定法のレベルから規則のレベルへと転換する最も重要な法的条項である。1998 年地方自治体監査委員会法で、国務大臣に付与された内容には、図表 3-5 のような会計記録と会計報告に関する事項が含まれている。

図表 3-5　1998 年地方自治体監査委員会法第 27 条

- 会計記録の継続的な記帳
- 会計報告書の様式と作成と証明（Certificate）
- 会計記録の保管
- 会計記録と会計報告書に関する情報の公表
- 検査および反論の権利と選挙民へのこれらの権利の告知

3　2003 年会計監査規則と適切な慣行

　地方自治法や地方自治体監査委員会法などの制定法に基づく地方自治体の会計に関する規定は、1998 年地方自治体監査委員会法第 27 条が保証するように、国務大臣の手によって、より具体的な規則（regulation）[7] へとその内容が展開されている。1982 年地方自治法のもとでは、自治体が公表する財務諸表の内容、要求される会計記録、内部統制システム等に関する特別な条件が含まれているが、2003 年 4 月 1 日から施行されている『会計監査規

則（イングランド）』は、1982年地方自治法と1998年地方自治体監査委員会法の規定に基づいて、当時の副首相府（ODPM）が制定したものである。2003年会計監査規則は現在、3度の修正を経て、地方自治体等の会計と監査の内容を規定する重要な規則となっている。

会計報告書

2003年会計監査規則は、第4節 (1) で、地方自治体等の関係団体は、その財務管理が適切で有効であることを保証する責任を有し、リスク・マネジメントを含む健全な内部統制システムを構築しなければならないと説明している。そして、(2) においては、諸勘定についての報告書や歳入と歳出の勘定、残高勘定について、適切な慣行に準拠した内部統制報告書を作成しなければならないとしている。

また、第7節では、「関係団体は、下記を含む会計報告書を毎年、適切な慣行（proper practice）に準拠して作成しなければならない」として、図表3-6に示される会計報告書等の作成を、適切な会計慣行に基づいて行なうことを求めている。

図表3-6　英国地方自治体年次報告書の構成

- 説明序文
- 会計報告書の作成方針
- 会計報告書の作成責任者の声明
- 地方自治体等の活動を説明する次の会計報告書
    ▷ 連結経常会計（Consolidated Revenue Account）
    ▷ 住宅経常会計（Housing Revenue Account）
    ▷ 徴収基金（Collection Fund）
    ▷ 連結貸借対照表（Consolidated Balance Sheet）
    ▷ 純資産変動計算書（Statement of Total Movements in Reserves）
    ▷ キャッシュ・フロー計算書（Cash Flow Statement）
    ▷ グループ勘定（Group Accounts）
    ▷ 別勘定で処理することが求められている基金についての報告書
- 会計記録への注記

英国（イングランド）の年次報告書においては、財務担当責任者は会計報告が会計年度末における地方自治体の財政状況および会計期間における財務活動を適正に表現している旨を、署名し日付を入れて承認しなければならないとされている。また、年次報告書の公開に関しては、2006年3月の『会計監査規則』の改訂で、地方自治体は会計年度終了後6カ月以内に、外部監査が終了しているか否かにかかわらず会計報告書を公表し、関心をもつ者が購入できるように準備しておかなければならないとされている。また、外部監査が終了している場合には監査報告書を、終了していない場合もその旨を、明示しなければならないとした。決算の終了に関しては、決算日から6カ月以内とされていたものを、2004年3月度からは5カ月、2005年3月度からは4カ月に短縮することが、2006年の改訂で求められている。

2003年ガイダンス

2003年『会計監査規則』の内容は、2003年3月に公表されたガイダンスによって補足説明されている[8]。この補足説明についてCIPFAは、「国務大臣は2003年会計監査規則についてのガイダンスを発行した。当ガイダンスは、2003年規則におけるいくつかの変更点を立案した際の背景についても記述している。また、適切な会計慣行の問題と、適切な会計慣行を設計すると一般に認識されている公表された規範について、ガイダンスを提供しようとしている」と解説を行なっている[9]。

これらの解説は、英国における地方自治体会計基準の設定や適切な会計慣行に関する整理を行なう上で、特に重要な記述である。以下においては、この2003年ガイダンスの記述に基づいて、英国における地方自治体の内部統制・内部監査、そして、会計に関する「適切な慣行（proper practice）」が、どのような印刷媒体等に掲載されているのかを整理することにする。これらの印刷媒体等は、図表3-10の第5階層「実務指針」の相当の部分を構成することになる。

◇ 規則4 財務管理の責任——適切な慣行——

地方自治体には、財務管理が適切かつ有効であり、自治体機能の有効な遂行を促進し、同時にリスク管理も包含する健全な内部統制を構築する責

任がある。地方自治体は、少なくとも一年に一度、内部統制システムの有効性をレビューし、適切な慣行にしたがって内部統制報告書（Statement on Internal Control）を公表しなければならない。

地方自治体における内部統制報告書に関して法制化されてない適正な慣行としては、地方自治体監査委員会の年次報告書（Annual Return）や、全国地方自治体評議会（National Association of Local Councils：NALC）と地方自治体職員協会（Society of Local Council Clerks：SLCC）が共同で発行した推薦ガイドライン『イングランドおよびウェールズの自治体におけるガバナンスおよび会計責任：実務家向けガイド』（*Governance and Accountability in Local Councils in England And Wales : A Practioners' Guide*）がある。また、地方自治体監査委員会の年次報告書には、地方自治体が年次内部統制報告書の目的を遂行する記述も含まれている。

財務諸表とともに内部統制報告書を公表するという要請は、財務問題以上に広範な意味を有し、自治体のすべての内部統制システムについてのレビューを要求することになる。しかし、2003年規則が効力をもつようになった時点では、まだ適切な慣行は確立されていなかったことから、CIPFAは、リスク管理プロセスについてのガイダンスを作成するためにグループを結成した。このグループは、協議のためのガイダンスの草案『主な自治体および他の関連する団体における2003年会計監査規則に準拠した内部統制やリスク管理に関するガイダンス』（*Guidance on Internal Control and Risk Management in Principal Local Authorities and other Relevant Bodies to Support Compliance with the Accounts and Audit Regulations 2003*）を作成した。このガイダンスの最終バージョンは、2004年4月に『自治体におけるに内部統制報告書：2003年会計監査規則における要件の充足』（*The Statement on Internal Control : Meeting the Requirements of the Accounts and Audit Regulations 2003*）として発行された。

◇ **規則5（1）会計記録と統制システム**

会計責任者は、自身が決定した会計に関する統制システムが遵守されていることと、団体の会計記録が適正な慣行に沿って維持され更新されていることを確かめなければならない。地方自治体による会計記録の維持に関連した

制定法化されてない適切な会計慣行としては、CIPFAとスコットランド地方自治体会計諮問委員会（Local Authority (Scotland) Accounts Advisory Committee：LASAAC）により発行された『英国における地方自治体会計の実務規範：SORP』（写真3-1）(*Code of Practice on Local Authority Accounting in the United Kingdom : A Statement of Recommended Practice*) と NACL と SLCC の共同で発行された推薦ガイドライン『イングランドおよびウェールズの自治体におけるガバナンスおよび会計責任：実務家向けガイド』（上掲書）がある。

◇ 規則6 適切な内部監査の慣行

地方自治体は、適切で有効な会計記録に関する内部監査システムと適切な内部監査の慣行に準拠した内部統制システムを維持しなければならない。主要な公共部門における内部監査に関連した制定法化されていない適切な慣行は、CIPFAが発行した『英国における地方自治体内部監査の実務規範』（写真3-2）(*Code of Practice for Internal Audit in Local Government in the United Kingdom*) に紹介されている。また、地方自治体に限定すれば、『イングランドおよびウェールズの自治体におけるガバナンスおよび会計責任：実務家向けガイド』（上掲書）に内部監査に関する適切な慣行が紹介されている。

写真3-1　2008年版
『英国における地方自治体会計の実務規範：SORP』

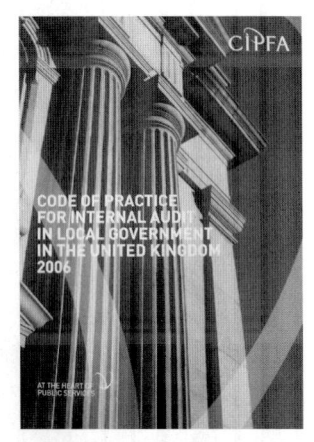

写真3-2　2006年版
『英国における地方自治体内部監査の実務規範』

◇ 規則7（1）会計報告書—適切な慣行—

会計報告書（Statement of Accounts）は毎年作成され、説明的な序文、会計方針の記述、会計報告書の作成責任に関する声明、各種の会計報告書、諸勘定への注記（Notes to the Accounts）などを含まなければならない。

規則7（4）に規定された歳入および歳出の限度額を超える主な公共団体やパリッシュによる会計報告書の作成についての制定法化されていない適正な慣行は、CIPFAにより発行された『英国における地方自治体会計の実務規範：SORP』（写真3-1）に紹介されている。なお、透明性についての関心事として、ベスト・バリュー自治体は、会計報告書とベスト・バリュー業績計画（Best Value Performance Plan）における財務情報の概要との間の重要な差異について、その説明を会計報告書において行なう必要があるとされている。

◇ 規則9（3）（A）と9（3）（B） その他の会計報告書—適切な慣行・年次報告書の利用—

規則9（3）（A）と9（3）（B）によって要求される自治体による会計報告書の作成に関連した法定化されていない適正な慣行は、NALC/SLCCにより発行された『イングランドおよびウェールズの地方自治体におけるガバナンスとアカウンタビリティー：実務家向けガイド』（上掲書）に紹介されている。このガイドは、地方自治体監査委員会によって毎年作成される年次報告書を参照して作成されており、また、住民等へこの年次報告書の利用を推奨している。

4 CIPFAのSORP

ここまでの考察で、1982年地方自治法と地方自治財政法が、自治体が公表する財務諸表の内容、要求される会計記録、内部統制システム等に関する規定を設けており、1998年地方自治体監査委員会法第27条は、そうした規定の内容をより具体的に規定する権限を国務大臣に与えていることが解明された。すなわち、この3つの法律を根拠に、国務大臣（2003年当時は副首相、2006年の改訂時にはコミュニティ・地方自治相）の手によって設定されたのが、2003年4月1日から施行

されている『会計監査規則（イングランド）』である。そして、2003年会計監査規則のガイダンス[10]は、この会計監査規則に基づいて実践される適切な慣行について、具体的な印刷物を例示してその内容を紹介しているのである。

ここでは次に、2003年会計監査規則ガイドラインで紹介された公正な会計慣行として、CIPFAのSORPに関する論点を整理することにする。すなわち、CIPFAのSORP（具体的には、*Code of Practice on Local Authority Accounting in the United Kingdom : A Statement of Recommended Practice*）は、何ゆえに適切な会計慣行と認識されているのであろうか。以下では、この問題を検討する準備として、英国会計基準審議会の活動内容を整理することから始めることにしよう[11]。

英国会計基準審議会（ASB）による会計基準の設定

英国地方自治体の財務報告に関する会計基準の設定は、以上に整理した法律と規則に基づいて展開されている。しかし、すでに確認したように、地方自治法や会計監査規則に規定されている内容は、実際の財務報告の局面においては非常に抽象的なもので、具体的な実務作業の局面では、より具体的な基準や指針が必要になる。

英国国内の地方自治体における財務報告の運用については現在、会計基準審議会（Accounting Standards Board : ASB）が民間企業向けに設定している財務報告基準（Financial Reporting Standards : FRS）に原則として依拠するセクター・ニュートラル（private sectorもpublic sectorも同様の会計基準の適用）の立場が採用されている。

第1章の図表1-5「CIPFAと英国における会計基準設定の歴史―1882年～2008年―」で整理されたように、英国における会計基準の設定は、1970年にイングランド・ウェールズ勅許会計士協会（ICAEW）によって創設された会計基準運営委員会（ASSC）が、英国におけるその他5つの会計団体の合同委員会として再編された時期に遡ることができる。ASSCは、1976年2月には会計基準委員会（ASC）に改称され、1976年から上記6つの会計団体による会計団体合同諮問委員会（CCAB）の一つの委員会として、財務報告に関する会計基準を継続して検討してきた。その際、ASC

は、CCABを構成する会計士協会の理事会に標準会計実務書（Statement of Standard Accounting Practices：SSAP）とその解説書を提案してきた。

ASCによるSSAPの提案方式は、1990年に保証有限責任会社として財務報告協議会（FRC）が設立され、その下部機関としてASB（同様に、保証有限責任会社）が設けられて、会計基準の設定という目的をASBに任務を引き継ぐまでの約15年間継続された。ASCを引き継いだASBの目標は、上場会社およびその他の組織における受託責任の遂行において、投資家、市場および公衆の信頼を維持するというものであった。

このために、ASBは、財務情報の利用者・提供者・監査人の便益のために、財務会計および財務報告の基準を設定し発展させるというミッションを有していた。ASBの設定するFRSに対して、ASCが提案したSSAPは、1990年の時点で22本がASBによって採択された。しかし、その後は新しいFRSがSSAPにとって代わるなどの措置が進められつつ、現在でも効力をもつSSAPが残っている[12]。なお、緊急の会計上の課題については、ASBの小委員会である緊急問題専門委員会（Urgent Issues Task Force：UITF）が適用書（abstaracts）を別途、公表している。これは、会計基準（FRSのこと）とは異なり、法律上の地位を有するものではないが、英国の企業会計では「真実かつ公正な概観」（True and Fair View）[13]を判断する際の基準の一つとされている

ASCとASBが設定・公表する会計基準のもつ法的な根拠については、1989年会社法（Companies Act 1989）に関連する条文を見出すことができる。1989年会社法には、次のような規定が設けられている[14]。

・「会計基準」とは、原則で定める機関が発行する標準的会計実務書をいう（第256条(1)）。
・「会社の年次財務諸表に適用し得る会計基準」とは、当該会社の置かれている状況に適合する基準をいう（第256条(2)）。
・国務大臣に対して、(a)会計基準を公表する機関、(b)会計基準の公表を指揮・監督する機関、(c)会計基準や会社法の会計規定からの離脱を調査し、これらを遵守させるために必要な措置をとる機関を認可する権限を付与する（第256条(2)）。

SORP

　ASB の目標は、財務情報の利用者・提供者・監査人のために、財務会計および財務報告の基準を設定し発展させることにある。それゆえ、ASB は本来、会社の一般目的財務諸表に適用される会計基準を設定している。したがって、特別な産業や特別なセクターにおいては、会計基準を有効に実施するために、さらなる会計上の指針が必要となる。わが国でも通常、業種別会計というイメージで認識される特定領域の会計実体に関する会計指針が、英国では SORP として設定されている。英国のこの指針は、ASB により指針設定が承認された団体から勧告実務書（Statement of Recommended Practice : SORP）という形式で公表されている。それゆえに、CIPFA が公表する実質的な地方自治体の会計基準に相当する SORP 以外にも、英国内には複数の SORP が存在する。

　SORP は、特別な産業や部門（セクター）についての会計慣行に関する勧告実務書であり、特別な産業あるいは部門において普及している特殊要因や履行されている取引に焦点を当てて会計基準や他の法令・規則の要求を補完するものと言える。SORP は、ASB によって発行されるものではなく、ASB によってその目的が承認された産業あるいは部門の団体（SORP 設定団体）によって策定されるものである[15]。

SORP 設定の方針と実務規範

　SORP の策定に関する基本方針として、ASB は次のような指摘を行なっている[16]。ASB は SORP を発行する諸団体を承認している。これらの団体は、下記の事項を満たさない限り、ASB によって承認されることはない。ASB による事前チェックで、SORP の内容は、それぞれの部門や業種の実態を熟知した団体等によって策定される仕組みが出来上がっている。

① 　その業界または部門に、会計基準の明確化やその解釈が必要となる会計または財務報告上の問題がある。
② 　SORP を策定する団体は、関連する所管の財務報告目的について、産業または部門の全体または主要な部分を代表している。
③ 　SORP を策定する団体は、公共のために財務報告の基準を高め、維持

するという ASB の目的を共有している。
④　SORP を策定する団体は、SORP の設定団体承認される際に、ASB の実務規範を遵守することに同意している。
⑤　その業界または部門が他の団体に規制もしくは資金提供されている場合、規制当局あるいは資金提供している団体は、ASB による承認を求めている団体が、SORP をその業界または部門に普及することに同意している。

また、以上のような条件により ASB から承認された SORP 設定団体が、SORP を開発する際には、下記のような点に留意が必要とされている[17]。

①　SORP は、現行の会計慣行に即して開発されるべきである。特に考慮されるべきは、SORP が法の規定、会計基準等に優先するものではないという点である。また、SORP の規定が最新の会計基準等と矛盾している場合は、これらの規定は有効ではなくなる。
②　SORP は、より好ましい会計処理を勧告することで、業界内や部門内の会計処理の相違の範囲を少なくすることを目的とすべきである。また、実践的でかつ適切な場合には、SORP は類似の業界あるいは部門で採用されているアプローチと一致するアプローチを、その業界または部門で採用すべきである。
③　SORP の草案作りは、SORP 策定団体自身か、SORP 策定団体の作業部会によって行なわれなければならない。その過程においては、関連業界または部門の代表、広く公共の利益を代表する独立した外部者、また、可能であれば財務諸表利用者の参加を確保し、十分な専門的な会計支援を受けるべきである。
④　SORP の策定に際しては、関連業界・部門の組織および個人に加えて、その業界・部門で活発に関与している監査人、関連規制機関、政府省庁等との幅広い協議を行なうなど適切な過程を経る必要がある。
⑤　SORP の確定版を発行する前に、SORP 策定団体は公開草案を公表してコメントを入手するための合理的な期間を設けるなど、一般からのコメントを求めなければならない。
⑥　すべての公開草案および確定版の SORP は、公表前にコメントを得

るために、関連する ASB の委員会に提出されるべきである。発表前の段階では、常にこうして委員会に十分な時間を提供し、必要な変更があれば決定し、SORP のなかに取り入れるようにする必要がある。

　ASB は上記の③に関連して「財務セクターおよび他の特殊な産業委員会」(the Financial Sector and Other Special Industries Committee) と「公益組織おける会計委員会」(the Committee on Accounting for Public benefit Entities) の二つの専門的な諮問委員会（Advisory Committees）を設けて、SORP の策定に関する提言を行なっている。図表 3-7 は、2008 年 11 月現在で ASB が承認している SORP の一覧である[18]。

地方自治体版 SORP 遵守の法的根拠

　CIPFA と LASAAC の策定する『英国における地方自治体会計の実務規範：SORP』(*Code of Practice on Local Authority Accounting in the United Kingdom : A Statement of Recommended Practice*) は、このような SORP に対する ASB の要請をクリアして策定されている。ここでは次に、英国の地方自治体の実質的な会計基準を意味する CIPFA/LASAAC の SORP に関して、それがどのような法的整備によって英国内で SORP として認められているのかを確認することにしよう。

　英国には、イングランド、ウェールズ、スコットランド、北アイルランドという4つ地域があり、それぞれに独立した議会を有している。この関係で、CIPFA の SORP を実質的な自治体会計基準として法的に根拠づける条文等は、すべて異なることになる。自治体が会計報告書作成のために適切な会計慣行を構成する上記の英国自治体版 SORP を遵守する義務について、イングランド、ウェールズ、スコットランド、北アイルランド別にその法的根拠を記載すると以下のとおりである[19]。

① 　イングランドでは『2003 年度会計監査規則』と『2003 年地方自治法』第 21 節 (2)

② 　ウェールズでは『2003 年地方自治法第』21 節 (2) と『2005 年会計監査（ウェールズ）規則』

③ 　スコットランドでは『1985 年地方自治体会計（スコットランド）規

第3章　英国自治体の財務報告と会計基準　89

図表3-7　会計基準審議会（ASB）が承認するSORPと設定団体

業界または部門(日本語)	業界または部門(英語)	SORPの名称	SORP設定団体
オーソライズド・ファンド	Authorised Funds	Financial Statements of Authorised Funds	The Investment Management Association
銀行業	Banking	Segmental Reporting	British Bankers' Association
チャリティ	Charities	Accounting and Reporting by Charities	Charity Commission for England and Wales
高等教育	Further and Higher Education	Accounting for Further and Higher Education	Universities UK
保険	Insurance	Accounting for Insurance Business	Association of British Insurers
投資信託	Investment Trusts	Financial Statements of Investment Trust Companies	The Association of Investment Companies (formerly Association of Investment Trust Companies)
リース	Leasing	Accounting Issues in the Asset Finance and Leasing Industry	Finance and Leasing Association
LLPs	Limited Liability Partnerships		The Consultative Committee of Accountancy Bodies
地方自治体	Local Authorities	Code of Practice on Local Authority Accounting in the United Kingdom 2008	The Chartered Institute of Public Finance and Accountancy
オイルとガス	Oil and Gas	"Accounting for Oil and Gas Exploration, Development, Production and Decommissioning Activities"	The Oil Industry Accounting Committee
オープンエンド型投資会社	Open-ended Investment Companies		
年金	Pension Schemes	Financial Reports of Pension Schemes	The Pensions Research Accountants Group
公共登録住宅	Registered Social Landlords	Accounting by Registered Social Landlords	National Housing Federation
ユニット・トラスト	Unit Trusts		

則』と『2003年スコットランド地方自治法』第12節

④ 北アイルランドでは『2005年北アイルランド地方自治法』第24節と『2006年地方自治体（会計監査）（北アイルランド）規則』第4節

また、上記の法律や規則に準拠して作成された会計報告書の監査は、イングランドでは『1998年地方自治体監査委員会法』第5条、ウェールズでは『2004年公的監査（ウェールズ）法』、スコットランドでは、『1973年地方自治法（スコットランド）法』第99節と『2003年スコットランド地方自治法』第12節、北アイルランドでは、『2005年北アイルランド地方自治法第24節』と『2006年地方自治体（会計監査）（北アイルランド）規則』第4節において制定されている。

地方自治体版SORPの概要

英国では、CIPFAとLASAACにより設定された、『英国における地方自治体会計の実務規範：SORP』(*Code of Practice on Local Authority Accounting in the United Kingdom : A Statement of Recommended Practice*) が、自治体公会計基準として採用されている。図表3-8は、地方自治体版SORP（2008年度）の目次（内容）を整理したものである。

地方自治体版SORPとなる上記の書物（COPLAA）は、英国の地方自治体における外部財務報告に関する枠組みを提示しており、開示と表示に関して最小限の必須事項と自治体の財政状態や取引を適正に表示している会計報告書を作成するのに必要となる会計原則や会計実務を規定している。ただし、地方自治体が会計処理を行なう場合に、CIPFAのSORPではカバーされず、現存するSSAPやFRS、UITF適用書、あるいは、その他のSORPによってカバーされる会計処理や情報開示の条件が適用されるような珍しいケースもある。このような場合には、CIPFAのSORPは、FRS、UITF適用書あるいは別のSORPの内容に従うことになる。CIPFAのSORPは、継続的に見直されており、1998年、2000年、2002年に修正されて以降、毎年改訂されている[20]。

ところで、多くの地方自治体は、サービス提供についての伝統的な方法から離れ、官民問わず他の団体との協働で、あるいは他の団体を通して仕事をするケースが増えている。このことにより、地方自治体単体の財務書類のみでは自治体の

活動やコントロールできる資源あるいは直面するすべての財務上のリスクの発現を正しく開示できなくなっている。このことは、連結会計報告書を作成しない自治体はその活動を適正に表示できないリスクが存在することを意味している。

そこで、CIPFAの2004年のSORPでは、新たに連結会計が導入され、2004-05年から強制されている（ただし、移行時の措置として2005-06年からの導入も認められた）。CIPFAの地方自治体会計審査会告示（Local Authority Accounting Panel Bulletin：LAAP）60号と61号では、CIPFAの2004年SORPによって新たに導入された連結会計に関するアプローチの概略が説明されている（LAAP告示の詳細については参考資料9を参照されたい）。

図表3-8　地方自治体版SORP（2008年度）の内容

```
1  序
2  会計の基礎概念
3  会計方針と見積りの技法
4  金融商品（Financial Instruments）
5  単体の会計報告書（Single Entity Statement of Accounts）
   ―　様式と内容
   ―　説明序文
   ―　会計方針の説明
   ―　単体の核となる財務諸表（Core Single Entity Financial Statements）
   ―　核となる財務諸表への注記
   ―　単体の補足的な財務諸表
   ―　年金基金報告書（Pension Fund Accounts）
6  グループ会計報告書（Group Accounts）
   付録1　グループ会計報告書の定義
   付録2　グループ歳入歳出報告書（Group Income and Expenditure Account）
   付録3　単体余剰とグループ余剰の調整
   付録4　グループ損益計算書（Group Statement of Total Recognized Gains and Losses）
   付録5　グループ貸借対照表
   付録6　グループ・キャッシュ・フロー計算書
7  会計報告書の作成責任に関する声明
8  内部統制あるいは内部財務統制の検閲報告書
追録A　会計基準の適用
追録B　関係法令
追録C　例示
       会計報告書の作成責任に関する声明
       会計報告書の作成責任に関する当該団体と最高財務責任者の声明
追録D　例示
       内部財務統制システムに関する声明
追録E　PFIやそれに類似する契約の会計処理
追録F　確定給付年金方式の会計（Accounting for Defined Benefit Pension Schemes）
```

BVACOP

1999年地方自治法では、ベスト・バリュー（Best Value）との関連で財務報告に関する新たな要請が課されている[21]。これを受ける形で、CIPFAは、2000年1月に、はじめて『ベスト・バリュー会計実務規範（*the Best Value Accounting Code of Practice*：BVACOP)』を公表した。CIPFAが発行する『ベスト・バリュー会計実務規範』は、詳細な行政コスト計算など、1999年地方自治法で求められる利害関係者への財務報告に関する指針を提供しているのである。

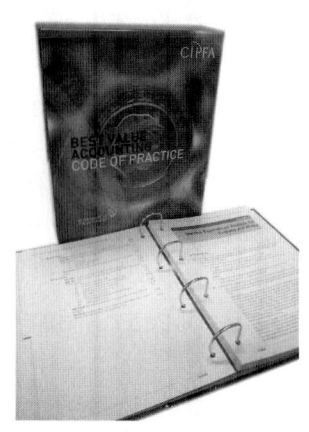

写真3-3
『ベスト・バリュー会計実務規範』

BVACOPはSORPではないもののCIPFAの公式報告書である。1999年地方自治法の要求に基づき、ステイクホルダーに対する財務報告に関連した適切な慣行（proper practice）を構築するものであり、政府の大臣から正式に承認を受けている。2007年度版BVACOPは、イングランド・ウェールズ向けとスコットランド・北アイルランド向けの版を区別し、異なる地域のベスト・バリュー制定ガイダンスにおける取り組みに配慮されており、2007年4月1日から英国全土における自治体の活動に適用されている。BVACOPによってカバーされている主な領域は以下のとおりである。

○ サービスに対する総原価の決定
○ 商業会計の維持と組織内の商業活動の業績の開示に対する必要事項の詳述
○ 事業活動における累積コストについてのサービス毎の歳出分析（Service Expenditure Analysis：SEA）

また、2007年度版BVACOPは、以下の財務情報の作成をすべての自治体に強制している。また、BVACOPの内容は、毎年見直しの対象とされている。

○ 2007-08年度業績指標
○ 2007-08年度会計報告書

○ 2008-09年度予算書
○ 2008年度ベスト・バリュー業績計画書（BVPP）/BVPPの改善計画もしくはBVPPの要約

コリンの実務的見解

　BVACOPが英国の地方自治体会計にどのような影響を具体的に及ぼしているのかに関して、筆者はCIPFA本部で、BVACOPの内容に深い関わりをもっているコリン・ストラットン（Colin Stratton）氏を訪問して聞き取り調査を行なった（2008年11月24日）。ストラットン氏は、地方自治体監査委員会からCIPFAに出向して約5年間の経験を有している。この間、CIPFAの地方自治体会計と財務報告についての専門的なアドバイスを行なう地方自治体の財務報告と会計担当のマネジャーを務め、BVACOPが英国の自治体会計にどのような企図で導入されたのかを、最もよく理解する一人である。この聞き取り調査でストラットン氏は、次のような興味深い示唆を提示された。すなわち、BVACOPは地方自治体会計に財務会計だけではなく、詳細なコスト分析を通じた管理会計の発想を展開しているという指摘である。

　「SORPとBVACOPはともに『規範』である。この規範は、地方自治体における財務諸表の作成のための『適切な慣行』を意味する。SORPは、地方自治体における年次会計報告の作成に関する必要条件を設定している。これに対してBVACOPは、地方自治体のサービス、すなわち、セグメント分析に焦点を当てている。BVACOPに関して、地方自治体は共通のサービス支出分析（SEA）に基づいて、決算数値を公表することが求められている。SEAは、イングランドとウェールズ、スコットランドと北アイルランドそれぞれに別個定められている。イングランドとウェールズの地方自治体に求められているSEAは、図表3-9のとおりである。
　SEAによって、地方自治体はサービス・レベルのセグメントごとにサービス支出を分析することを要求されており、細別レベルでの費用をさらにどのように分析するかは、それぞれの自治体で決定することができる。

BVACOPの支出分析は、自治体間比較を可能にし、これを通じたベスト・バリューの追求が可能になる。BVACOPはSEAによって、地方自治体に管理会計の発想を導入しようと試みるものである」。

図表3-9　BVACOPのサービス支出分析（SEA）

- ◎ 社会福祉（Adult Social Care）
    - ○ サービス戦略
    - ○ 高齢者
    - ○ 65才以下の身体障がい者
    - ○ 65才以下の精神障がい者
    - ○ 65才以下でメンタルヘルスケアが必要な者
    - ○ その外の社会福祉
        - ・評価とケア・マネジメント
        - ・HIV/エイズ
        - ・薬物濫用（中毒）
        - ・亡命希望者
        - ・その他
    - ○ 雇用支援
- ◎ 中心的な事業（Central Services）
- ◎ 児童・教育サービス（Children's and Education Services）
- ◎ 法廷サービス（Court Services）
- ◎ 文化・環境・都市計画サービス（Cultural, Environmental and Planning Services）
- ◎ 消防・救急サービス（Fire and Rescue Services）
- ◎ 高速道路・道路・交通サービス（Highways, Roads and Transport Services）
- ◎ 住宅サービス（Housing Services）
- ◎ 国立公園（National Parks）
- ◎ 警察サービス（Police Services）

◎：サービス（service）　　○：部門（division）　　・：細別（sub-division）

5 英国における地方自治体会計基準設定の新展開

IFRS へのコンバージェンス

現在、国際会計基準審議会（International Accounting Standards Board）が作成する国際財務報告基準（International Financial Reporting Standards：IFRS）を採用済み、あるいは、将来的に採用することを表明している国は、EU 諸国をはじめ、オーストラリア、ニュージーランド、カナダ、韓国、インドなど世界 100 カ国以上に及んでいる。

英国においても、会計基準の国際的収斂（International Convergence）の問題はかなり以前から意識されていた。そもそも、英国は、1973 年の IASC の発足に携わり、ASC 体制のもとでは SSAP において IAS（IFRS の従来の呼称）との共通点や相違点を説明するなど IAS との調和に早くから取り組んできた。さらに、ASB は EU との関係も重視し、2004 年 3 月に公表した討議資料「英国会計基準：IFRS との収斂のための戦略」では、英国会計基準と IFRS との具体的な収斂計画を明らかにした。また、2005 年 3 月に ASB の方針書の公開草案として「変化する環境のもとでの会計基準設定：会計基準審議会の役割」を公表し、このなかで ASB の重要な役割の一つとして、会計基準の方向に関する国際的な議論に対して貢献することを挙げている[22]。

このような状況下において、CIPFA の会計監査基準審査会（Accounting and Auditing Standards Panel）では、政府の財務報告書が、採用された IFRS を適用して作成される際に発生する課題や国際監査基準の明確な進展計画における問題点について論じている。また、2007 年 11 月に CIPFA が発行した『三訂版会計および監査基準：公的サービスの展望（*Accounting & Auditing Standards：A Public Services Perspective,* Fully Revised 3 rd ed. 2007)）』のなかでも、この問題が詳細に検討されている。

ところで、2005 年より EU 域内を本拠とするすべての上場会社グループについては、IFRS 準拠の連結財務諸表の作成が強制されており、また英国では個別財務諸表について 1985 年会社法において IAS に基づいて財務諸表

が作成されることが認められている(第226条(2)(b)および第227条(3)(b))。さらに、英国では、セクター・ニュートラルの立場を堅持していくためには、上記の民間企業における会計基準の動向を、公的機関の会計基準にも反映することが必要となってきた。その結果、中央政府および関連する公的機関については2009年度から、IFRSを公会計基準として採用することが要請されている。

また、英国自治体の公会計基準についても、自治体版SORPを開発してきたCIPFA/LASAACの自治体SORP審議会(CIPFA/LASAAC Local Authority SORP Board)は、2010年度からIFRSの内容を『規範(Code)』として履行する旨の意思決定を公表している。ASBの財報報告基準がIFRSを完全採用した場合や、ASBがIFRS履行に伴う『規範』のようなガイダンスを監督し続けるか否かについては、数々の不確定要素が存在している[23]。

CIPFA/LASAACは、ASBの支援のもとSORPを作成し続けるべきか否かについて熟慮していた。特に、英国会計基準とIFRSの両基準に基づく報告書の期間延長のリスクに繋がる不確定要素が引き金となり、政府の2007年度予算書の公表に続き、自治体SORP審議会は、公会計の実務規範として、従来のASBにSORPとして認定されるというガバナンスの枠組から、財務報告諮問審議会(Finacial Reporting Advisory Board：FRAB)という中央政府およびNHSの会計ガイダンスを監督する独立機関にリンクしたガバナンスの枠組みに、2010年度から移行すべきであるとの暫定的な結論に達した。

この間、CIPFAがイングランド、スコットランド、ウェールズそして北アイルランドの大臣に、このような変更を勧告するかどうかの最終的な意思決定を行なう前に、CIPFA/LASAACは、『自治体公会計における実務規範(SORP)：将来のガバナンスの枠組みに関する協議『*Code of Practice on Local Authority Accounting ('the SORP') Consultation on Future Governance Framework*』を2008年1月に主要なステイクホルダー向けに公表して、2008年3月20日までに各種意見を求めることとした。その結果、ASBによる適正なプロセスの完了後、2009年初夏に公表が計画されている2009年度SORPをもって地方自治体版SORPは終了することとなった。また、同時に新たな

IFRS ベースの 2010 年度からの実務規範の準備は始まっている。

IFRS の自治体公会計基準としての適用に際して、CIPFA/LASAAC は、FRAB に関する責任等についての取り決めのもとで実務規範の設定主体として存続し、CIPFA 自体も"実務家向けのガイダンス・ノート"を引き続き作成していくことになる。CIPFA は英国自治体公会計基準に対して今後も重要な役割を担うことになっている。

CIPFA リカットソン国際部長の整理

本書の執筆に際して、CIPFA のキャロライン・リカットソン (Caroline Rickatson) 国際部長からは、英国の地方自治体会計基準が、英国財務会計基準審議会の財務報告基準（現存する財務会計委員会の SSAP を含む）に準拠した SORP から、IFRS 準拠へと変更する今回の取り組みに関して、その概要を整理する次のような小稿が寄せられた。ここでは、CIPFA の IFRS 準拠への取り組みが、包括的政府会計（Whole of Government Accounts）の誕生への布石として認識されている点に注目したい[24]。

「勅許公共財務会計士協会（CIPFA）とスコットランド地方自治体会計諮問委員会（LASAAC）は、英国の地方自治体会計の実務規範（Code of Practice）の作成と報告に関する責任を負っている。実務規範は、地方自治関係法令に則った英国地方自治体の適切な会計慣行を構成しており、自治体は、年次財務報告書の作成において、この実務規範に準拠しなければならない。現在の実務規範は、英国の財務会計基準に準拠している。しかし、2010 年 4 月 1 日から、実務規範は国際財務報告基準（IFRS）に準拠することになる。

すでに中央政府は、2009 年 4 月 1 日から IFRS に基づいて財務諸表を作成することになっている。それゆえ、地方自治体が IFRS に準拠する 2010 年 4 月 1 日からは、すべての政府組織が IFRS に準拠した財務諸表を作成することとなる。すべての欧州経済共同体（EEC）諸国と同じように、英国の上場企業も 2005 年から IFRS に準拠した財務諸表を作成している。2010 年 4 月 1 日からは、ほとんどすべての英国内における大規

模組織で、IFRSに準拠した会計が実践されることになる。英国会計基準は、国際公会計基準（IPSAS）に対して今後もさらなる役割を果たし続けるために、過去数年間にわたってIFRSとのコンバージェンス（収斂）のプロセスを経験している。数年以内に英国内の公共部門と民間部門のすべての組織は、IFRSに準拠した財務諸表を準備することになる。また、中小団体向けには、簡略化されたIFRS準拠要件が容易される見込みである。

IFRSへの変更は、民間部門と公共部門に多くの課題を突きつけている。両部門を横断する会計基準設定への一貫した動きは、透明性と説明責任の観点から相当な恩恵をもたらすはずである。特に、すべての公的部門の経済活動を反映した包括的政府会計（Whole of Government Accounts）がついには可能となり、公表されることになるであろう。

今後数年間にわたって、英国内でもさらに政府と経済界がIFRSに準拠した会計基準の採用を決定すると予想される。CIPFAはこのような公的部門の財政運営とガバナンスを強化する世界的な流れのなかにおいても、その役割を引き続き果たし続けるのである」。

6 英国における地方自治体会計基準の家

以上本章では、英国（主としてイングランドとウェールズを中心に）の地方自治体における財務報告や会計基準の法的要件、実務的な展開を、関連する制定法、規則、会計基準、勧告実務書、実務指針などの内容を考察することで整理してきた。米国の民間企業に対して適用される「一般に公正妥当と認められる会計原則」（Generally Accepted Accounting Principles：GAAP）の概念をイメージして、英国自治体の財務報告や会計基準を「GAAPの家（House of GAAP）」と同じような階層構造で整理すると、図表3-10のような整理が可能になる。そこでは、「制定法→会計規則→会計基準→実務勧告→実務指針」の連鎖で財務報告と会計処理の諸基準が構築されている。

この連鎖で中心的な役割を果たしているのが、CIPFA/LASAACが策定するSORPである。SORPは図表3-8で整理されたように、ASBが設定す

るFRSを補完するもので、わが国の会計実務でいう業種別の会計基準に相当するものである。SORPの発想を積極的に導入する英国の会計制度は、業種別会計の根底に基本となる会計基準を共有するという構造を有している。これが最近注目されているセクター・ニュートラルの思考と密接に関連しているという認識は、今後、英国の地方自治体会計の新展開を考察する上で、特に重要であろう。

　図表3-11は、本章で考察された制定法、規則、会計基準、勧告実務書、実務指針の相互関係（連鎖）を整理したものである。ここでもSORP、それに、会計監査規則が、英国の地方自治体会計に非常に大きな影響を及ぼしていることを理解することができる。SORPの概念と会計監査規則の要請の交差する部分にCIPFAのCOPLAAが位置している。CIPFAが英国の会計基準審議会により承認されたSORPと、政府（副首相府やコミュニティ・地方自治体省）により制定された会計監査規則の交点となるCOPLAAを策定することを通じて、英国内の地方自治体の財務報告と会計に及ぼしている影響は計り知れない。

　それでもCIPFAはその歩みをさらに推し進めて、国際財務報告基準（IFRS）に準拠したCOPLAA（または、それに類するもの）を2010年までに作成しようとしている。これにより、英国の地方自治体は国際財務報告基準に準拠した財務報告と会計処理を行なうことになる。SORPからの脱却は今後、英国財務会計基準審議会（ASB）の財務報告基準（FRS）のあり方、たとえば、ASBが制定するFRSのIFRSへのコンバージェンスにも大きな影響を及ぼすのではないだろうか。CIPFAは地方自治体を中心とする公共部門に専門化した会計団体として、非常にユニークな存在である。そして、その活動は英国の会計基準や国際公会計基準（IPSAS）のあり方にも大きな影響を与えようとしている。

図表 3-10　英国地方自治体の会計基準の家

第5層　実務指針
BVACOP 等の CIPFA の各種刊行物（参考資料7）
CIPFA 以外の英国会計団体等が発行する各種刊行物
第4層　実務勧告
CIPFA と LASAAC が策定する勧告実務書 SORP（CIPFA/LASAAC, *Code of Practice on Local Authority Accounting in the United Kingdom* 2008, CIPFA）
CIPFA Local Authority Accounting Panel Bulletin（参考資料9）
第3層　会計基準
ASB（企業会計審議会）の財務報告基準（FRS）
ASC（会計基準委員会）の標準会計基準書（SSAP）
第2層　会計規則（付随して発行されるガイダンス等を含む）
2003年『会計監査規則』（Accounts and Audit Regulations）3版
1996年『会計監査規則』（Accounts and Audit Regulations）2版
1983年『会計監査規則』（Accounts and Audit Regulations）初版
第1層　制定法
2000年地方自治法（情報公開の可否決定と非公開の扱い）
2000年情報公開法（情報公開請求、接近する権利）
1999年地方自治法（ベスト・バリューとの関連）
1998年地方自治体監査委員会法
1989年地方自治住宅法「適正な会計慣行（Proper Accounting Practice）」の概念
1988年地方自治財政法
1985年地方自治（情報接近）法（議会や委員会の傍聴）
1982年地方自治財政法
制定法（Statute Law）の条文が規則（Regulation）の内容へと具体化される根拠
第2層の会計規則制定の根拠
1982年地方自治法　年次会計報告書（Annual Accounts）の公表を求める
1972年地方自治法第151節　財務管理の責任者設置を求める
Without prejudice to section 111 above, every local authority shall make arrangements for the proper administration of their financial affairs and shall secure that one of their officers has responsibility for the administration of those affairs.

図表3-11　英国地方自治体の財務報告に係る会計基準の設定

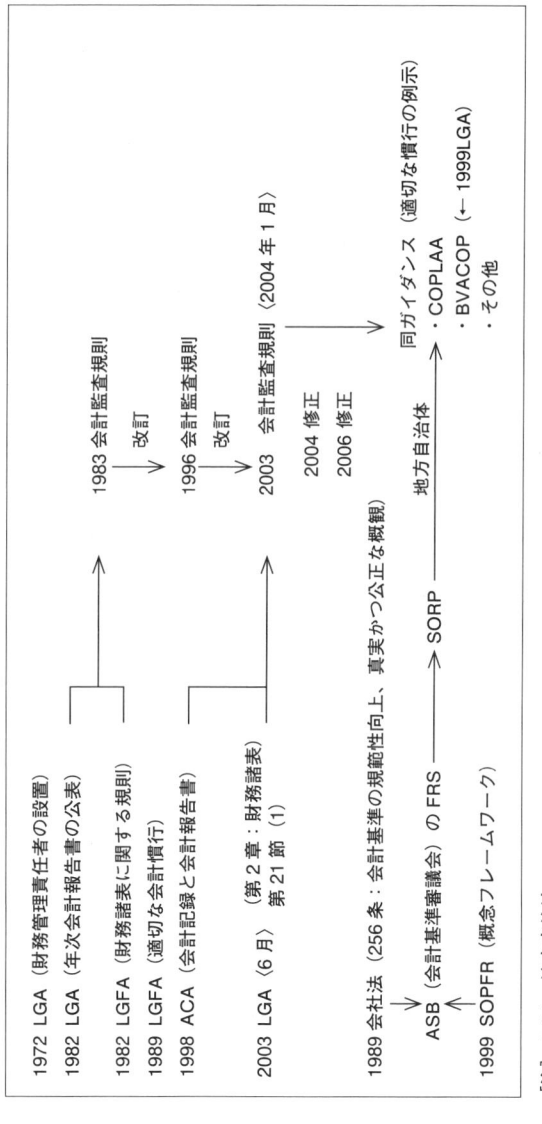

```
1972 LGA（財務管理責任者の設置）
1982 LGA（年次会計報告書の公表）        ┐
1982 LGFA（財務諸表に関する規則）       ├→ 1983 会計監査規則
1989 LGFA（適切な会計慣行）             │       ↓ 改訂
1998 ACA（会計記録と会計報告書）        ┘  1996 会計監査規則
2003 LGA〈6月〉（第2章：財務諸表）              ↓ 改訂
         第21節（1）                       2003 会計監査規則（2004年1月）
                                               2004 修正
                                               2006 修正
1989 会社法（256条：会計基準の規範性向上、真実かつ公正な概観）
                                         地方自治体       同ガイダンス（適切な慣行の例示）
   ↓                                                     ・COPLAA
ASB（会計基準審議会）のFRS ─────→ SORP ─────→    ・BVACOP（←1999LGA）
   ↑                                                     ・その他
1999 SOPFR（概念フレームワーク）
```

[注]　LGA：地方自治法
　　　LGFA：地方自治体財政法
　　　ACA：地方自治体監査委員会法
　　　COPLAA：CIPFA/LASAAC, *Code of Practice on Local Authority Accounting in the United Kingdom*, 2008.
　　　BVACOP：CIPFA, *Best Value Accounting Code of Practice*, 2008.
　　　SOPFR：*Statement of Principles for Financial Reporting*（財務報告原則書）

【付記】

本章は、遠藤尚秀・石原俊彦著「英国地方自治体の財務会計基準設定に関する一考察」『ビジネス＆アカウンティング レビュー』（関西学院大学専門職大学院経営戦略研究科）2009年3月の内容を筆者の責任で大幅に加筆・修正したものである。

【注】

1) 本章では、英国の地方自治体財務会計基準を、米国会計基準の「GAAPの家」（House of GAAP）をイメージして5つの階層で整理した。詳細については、この後の本文と図表3-11を参照されたい。なお、本章の記述の本文は、Anna Capaldi ed., Councillors' *Guide to Local Government Finance : 2008 Fully Revised Edition*, CIPFA, 2008の第17章、第21章、第22章の記述を参考に展開したものである。

2) 英国の公会計については、たとえば、若林茂信著『新アメリカ・イギリス公会計論―制度と実務―』高文堂出版社、1987年がある。しかし、この20年間、英国の地方自治体会計に関係する書物は、わが国では発行されていない。

3) すなわち、FRSや一部存続しているSSAPに準拠することが、「真実かつ公正な概観」を有するということを意味する。

4) 英国の地方自治体では現在、CIPFAやCIMAなどの会計士資格をもつ職員を最低1名は雇用しなければならないとされている。CIPFAの歴史が、120年以上前の会計部長や財務部長のインフォーマルな会合であったことからも推察されるように、地方自治体に財務管理（や会計等）の専門家を幹部職員として配置することが、地方自治体の財務管理、財務報告、会計基準の設定には不可欠である。

5) Local Government Actの訳出については、「地方自治法」だけではなく「地方政府法」という訳も相当用いられている。本書では、英文の日本国憲法第8編で、Local Self-Governmentを地方自治と訳していること参考にして、「地方自治法」と訳出した。なお、日本国憲法（原本英語）では、Local Public Entityを、地方公共団体と翻訳している。

6) 『会計監査規則』はその後、1996年と2003年に改訂されている。2003年『会計監査規則』にはガイダンスも発行されており、このガイダンスの規定により、CIPFAから発行されている各種印刷物が、実質的に会計基準の一部を構成することが説明されている。

7) 2003年会計監査規則は、同年の規則（Statutory Instrument : SI）第533号として、副首相府（Office of the Deputy Prime Minister）の政務次官（Parliamentary Under Secretary of State）であるChristopher Leslie氏の署名で公表されている。また、2003年会計監査規則は、2004年規則556号、同年規則3168号、2006年規則564号で修正されている。

8) Office of Deputy Prime Minister, *Guidance on the Accounts and Audit Regulations 2003*, 14 March 2003. なお、2006年規則564号で修正された会計監査規則については、2006年8月にガイダンスが公表された。このガイダンスは、コミュニティ・地方自治省（Department for Communities and Local Government :

DCLG) が作成したものである。このように、1998年地方自治体監査委員会法が規定した（会計や監査関係の規定制定の権限をもつ）国務大臣（Secretary of State）は、当時の政権が会計や監査関係にどのような省庁を編成しているかによって、その担当省が異なっていることに留意する必要がある（副首相府からコミュニティ・地方自治省へ）。

9) Anna Capaldi ed., *op.cit.*, CIPFA, 2008, p. 452.
10) Office of Deputy Prime Minister, *op.cit.*, 14 March 2003.
11) ここでの記述のうち、地方自治体の財務報告と会計基準設定に関する部分以外の箇所については、斎野純子著『イギリス会計基準設定の研究』同文舘、2006年3月の第1章と第2章に依拠している。
12) 2009年1月1日現在、有効なSSAPとFRSは下表のとおりである。

FRSの一覧（2009年1月1日現在）

FRS 29	金融商品の開示	Financial Instruments: Disclosures
FRS 28	関連数値	Corresponding Amounts
FRS 27	生命保険	Life Assurance
FRS 26 (IAS 39)	金融商品の認識と測定	Financial Instruments: Recognition and Measurement
FRS 25 (IAS 32)	金融商品の開示と表示	Financial Instruments: Disclosure and Presentation
FRS 24 (IAS 29)	超インフレ経済下における財務報告	Financial Reporting in Hyperinflationary Economies
FRS 23 (IAS 21)	外国為替レート変動の影響	The Effects of Changes in Foreign Exchange Rates
FRS 22 (IAS 33)	1株当たり利益	Earnings per Share
FRS 21 (IAS 10)	後発事象	Events after the Balance Sheet Date
FRS 20 (IFRS2)	株式その他の資本項目に基づく支出	Share-based Payment
FRS 19	繰延税金	Deferred Tax
FRS 18	会計方針	Accounting Policies
FRS 17	退職給付	Retirement Benefits
FRS 16	カレントタックス	Current Tax
FRS 15	有形固定資産	Tangible Fixed Assets
FRS 14	1株当たり利益	Earnings per Share

FRS 13	金融派生商品およびその他金融商品の開示	Derivatives and other Financial Instruments: Disclosures
FRS 12	引当金、偶発債務、偶発資産	Provisions, Contingent Liabilities and Contingent Assets
FRS 11	固定資産とのれんの減損	Impairment of Fixed Assets and Goodwill
FRS 10	のれんおよび無形固定資産	Goodwill and Intangible Assets
FRS 9	関連会社およびジョイント・ベンチャー	Associates and Joint Ventures
FRS 8	関連当事者の開示	Related Party Disclosures
FRS 7	会社取得における公正価値	Fair Values in Acquisition Accounting
FRS 6	合併と買収	Acquisitions and Mergers
FRS 5	取引の実態の報告	Reporting the Substance of Transactions
FRS 4	潜在的資本商品	Capital Instruments
FRS 3	財務業績報告	Reporting Financial Performance
FRS 2	子会社の会計	Accounting for Subsidiary Undertakings
FRS 1 (Revised 1996)	キャッシュ・フロー計算書	Cash Flow Statements

SSAPの一覧（2009年1月1日現在）

SSAP 25	セグメント報告	Segmental Reporting
SSAP 24	年金費用会計	Accounting for Pension Costs
SSAP 21	リースおよび買取選択権付会計	Accounting for Leases and Hire Purchase Contracts
SSAP 20	外国通貨取引	Foreign Currency Translation
SSAP 19	投資不動産会計	Accounting for Investment Properties
SSAP 17	後発事象の会計	Accounting for Post Balance Sheet Events
SSAP 13	研究開発会計	Accounting for Research and Development
SSAP 9	棚卸資産および長期請負契約	Stocks and Long-Term Contracts
SSAP 5	付加価値税会計	Accounting for Value Added Tax
SSAP 4	政府補助金会計	Accounting for Government Grants

13) 財務諸表の適正性と一般的に呼ばれる概念を、英国の会社法（1985 年）では「True and Fair View」と説明している。同様に英国の地方自治体会計では「proper accounting practice」が、この適正性に相当する概念を形成しているのではないかと推察される。
14) なお、第 256 条 (2) の (a) と (b) は、それぞれ ASB と FRC が該当する。(1) の標準会計実務書は ASC の SSAP をさす。
15) SORP の詳細については、次の文献を参照されたい。Accounting Standards Board, *SORPs : Policy and Code of Practice*, the Accounting Standards Board ,July 2000.
16) *Ibid.*, p. 2.
17) *Ibid.*, pp. 5-11.
18) SORP の明細については、次の文献が参考になる。
    Accounting Standards Board, *SORPs Fact Sheet*, Accounting Standards Board, November 2008.
19) CIPFA/LASAAC, *Code of Practice on Local Authority Accounting in the United Kingdom 2008*, CIPFA, 2008. p. 1.
20) ここでの記述は、Anna Capaldi ed., *op.cit.*, CIPFA, 2008 の第 17 章と第 21 章に基づいている。
21) ここでの記述は、Anna Capaldi ed., *op.cit.*, CIPFA, 2008 の第 17 章と第 21 章に基づいている。
22) ここでの説明は、下記の文献に基づいている。
    Anna Capaldi ed., *op.cit.*, CIPFA, 2008, 第 21 章（特に、446 頁）。
    斎野純子著『イギリス会計基準設定の研究』同文舘，2006 年 3 月，181 頁。
    CIPFA, *Code of Practice on Local Authority Accounting ('the SORP') Consultation on Future Governance Framework*, CIPFA, January 2008. p. 3.
    FRAB Meetings, *Secretariat Paper*,2 October 2008, p.2. を参照。
23) ここでの問題は、英国自治体公会計実務規範『*The code of practice on Local Authority Accounting in the United Kingdom*』が、英国会計基準審議会（ASB）の支援のもと調整され続けなければならないか否かについて、CIPFA の見解を固めるという協議である。
24) 原文は次の URL から入手できる。
    http://ishihara.t.mepage.jp/materials/ishihara/cipfa/

第4章

『地方議員のための自治体ファイナンス』
—— CIPFA の標準的な財務管理のテキスト

1　地方自治体における財務管理のフレームワーク

　参考資料7で整理されたように、CIPFA が地方自治体等の関係者を対象にして発行している印刷物は、市販されているものだけでも 200 タイトルに及んでいる。こうした CIPFA が発行する書物のなかで、現在、英国内の地方自治体関係者から自治体財務管理の基本書として活用されているのが、本章で取り上げる『地方議員のための自治体ファイナンス』(2008年) である[1]。

　CIPFA は、第3章で考察したように、英国の地方自治体において実質的な財務会計基準書となる SORP (勧告実務書)[2] を、英国財務会計基準審議会 (ASB) の規約[3] に基づいて策定する団体として高い評価を受けている。このため CIPFA に対しては、英国自治体向けの財務会計基準を設定する団体としてのイメージが非常に強い。しかし第2章で考察したように、CIPFA のミッションは、これだけにとどまるものではないし、活動も地方自治体財務会計基準の設定以外に多岐にわたっている。たとえば、参考資料2の CIPFA 事務総長スティーブ・フリーア氏のプレゼンテーションのように、CIPFA は、実質的な地方自治体財務会計基準に相当する SORP を設定すると同時に、地方自治体の財務管理 (Financial Management) についても、非常に広範囲な問題設定とその課題解決のための専門技術の開発、啓蒙啓発、浸透を推し進めているのである。

　ここにおいて、地方自治体における財務管理 (Financial Management) の概念と地方財政 (Local Finance) の概念を識別することが重要である。地方財政の問題は、マクロ経済の一つの担い手である地方自治体を一つの集

合体（連結体）として認識し、その経済活動全般について、経済学的な分析を展開する際に用いられる専門用語、または、学問領域を指している。これに対して地方自治体財務管理は、地方財政の構成主体である個々の地方自治体における財務のマネジメントを対象とする学問・概念である。それゆえに、地方自治体財務管理の範疇には、地方財政制度全般（特に税や地方交付税、補助金、起債のシステム）についての理解が不可欠ではあるが、それは自治体財務管理を理解する必要条件の一部でしかない。

地方自治体の財務管理においては、自治体が設定したミッションや目標を、最少の経費で最大の効果（Value for Money：VFM）で実現するという大きな目的がある。財政規律を維持することはもとより重要ではあるが、ミッションや目標の実現を目指しながら、財政規律も意識するというのが、財務管理の課題である。この点に関連して、CIPFA が主張する地方自治体財務管理のモデルは、「組織におけるリーダーシップの役割と VFM を特に強調する」[4] モデルである。地方自治体などの公共部門に属するそれぞれの組織で、組織を構成する構成員が、それぞれのレベルでリーダーシップを意識して、VFM を組織目標として実現しようとする際の一連のフレームワークのことを、CIPFA は地方自治体財務管理（Local Government Finance Management）と定義している。

地方自治体が最少の経費で最大の効果が実現されるように行政サービス[5]を提供するためには、税や補助金、借入金（borrowing）などを通じて確保された財源がまず不可欠である。英国の地方自治体は調達された財源を経常支出あるいは資本支出の形で歳出し、住民に行政サービスを提供している。また、民間資金を活用して公共事業を推し進める視点で、PFI（Private Finance Initiative）の手法が英国では早くから導入され、投資的支出のための財源を確保する重要な手立てとして注目されてきた。この「財源の確保と支出」という財務管理の基本構造のなかで、地方自治体のガバナンスやアカウンタビリティ、予算編成、資産管理、会計、業績評価と報告、ベスト・バリュー、パートナーシップなどの諸問題が、地方自治体財務管理を遂行する上での重要な課題として認識されることになる。

本章の目的は、CIPFA が整理する地方自治体財務管理のフレームワー

クを考察することで、会計基準の設定や会計士資格の認定にとどまらないCIPFAの広範なミッションを概観することにある。本章で取り上げる『地方議員のための自治体ファイナンス』（2008年）は、CIPFAが出版している約200種類の書籍のなかでも最もポピュラーなテキストである。また、「地方議員のための」という書名が語るように、地方自治体の財務管理に関係する最も基本的で重要な内容を整理した書物として評価することができる。同書はさらに、地方自治体財務管理の切り口で、英国の地方自治体が直面してきたニュー・パブリック・マネジメント（NPM）に関する諸般の手法を体系的に整理したコンテンツから構成されている。本書は、その点においても高く評価されるべき書物である。

さて、CIPFAがCGを地方議会議員はじめ、多くの地方自治体関係者を対象に出版しているという点についても、ここで確認しておきたい。すなわち後述のように、これだけの手法や技術、制度的な理解を前提に財務管理に取り組むとすれば、それぞれの地方自治体には相当数の会計専門職や財務専門職が不可欠である。CPFAなどの会計や財務についての専門知識をもつ地方自治体職員の存在こそが、これを可能にしているのである。英国の地方自治体において、非常に高度な会計や財務の専門的知識が導入され、人材の育成が推し進められてきた背景には、120年を超えるCIPFAの歴史がある。CGに集約された英国地方自治体の財務管理に求められる現時点での最高のエキスは、わが国の地方自治体が今後、行財政改革で取り組まなければならない会計や財務に関連する課題とその解決方法を、包括的に示唆するものでもある。わが国の地方自治体改革には、このようなエキスを駆使できる人材の育成が求められている。

写真4-1　CIPFA『地方議員のための自治体ファイナンス』（2008年）

2 英国地方自治体における財務管理の基本構造

　CG は 9 節 31 章 794 頁から構成される大著である。第 1 節第 1 章では、地方自治体の財務管理に関連する最近の変更点に言及し、第 2 節第 2 章では、地方自治体の構造と機能についての解説が行なわれている。第 3 節「英国のフレームワーク」では、2 つの章を用いて「英国の地方自治体財政」「地方自治体財政の概観」について考察を行なっている。

　地方自治体の財務管理に関連する本格的な論及は、第 4 節「経常的支出とその財源」と第 5 節「資本的支出とその財源」で合計 8 つの章を設けることから始まっている[6]。この 2 節計 8 章は、英国地方自治体における財務管理の基本構造について主として地方財政の観点から説明が行なわれている。各章の表題は、次のとおりである。

　　第 5 章　　経常的支出
　　第 6 章　　経常的支出の財源調達
　　第 7 章　　カウンシル・タックスの課税と徴税
　　第 8 章　　非居住用資産レイトの課税と徴税
　　第 9 章　　各種手当の管理業務
　　第 10 章　　資本的支出の統制
　　第 11 章　　資本的支出の財源調達
　　第 12 章　　PFI

経常的支出

　第 5 章から第 9 章では、地方自治体の経常的支出の財源とその歳出についての説明が行なわれている。第 5 章と第 6 章ではまず 2006 年度の予算ベースで、支出の内訳とその財源の内訳が取り上げられている。経常的支出の 52％を人件費が占めていること、13％を個人向け補助金に充当していることなどが、ここでは特徴的である。また、経常的支出の予算から約 9％の投資的支出への振替があることも興味深い。

　経常的支出の目的別分類では、社会福祉（48％）、警察（29％）、個人向け

各種手当（31％）の比率が高くなっている。経常的支出の財源については、カウンシル・タックスはわずか20％にとどまり、財源の多くが政府からの特定補助金（specific grant）と特別補助金（special grant）から構成されている（37％）。この他国内非居住者用資産レイト（NNDR）も財源の17％を占めている。地方自治体の経常的支出の財源は、75％以上が政府からの補助金等によって構成されている。第6章ではその中心となる各種の補助金について詳細な説明が行なわれている。

第7章と第8章では、経常的支出の重要な財源となるカウンシル・タックスと非居住用資産レイト（NNDR）の課税と徴収の概要について説明が行なわれている。現在、非居住用資産レイトの課税権は政府がもっており、地方自治体は政府に代わって非居住用資レイトの徴税を行ない、徴税したレイトを一定の計算に基づいて、政府は地方自治体へ再配分を行なっている。第9章は、経常的支出の目的別分類で大きなウェイトを占める各種手当の管理業務について説明が行なわれている。従来から英国の地方自治体では、こうした個人向けの各種手当の支給業務が、業務のなかでも相当の分量となっていた。2006年度に13％の個人向け手当は、1996年度には20％にも達していたのである。

政府は、特にこの10年、個人を対象とする給付（手当）を削減する方向で政策の調整を行なった結果、現在の英国地方自治体では各種手当の支給事務に関するウェイトは小さくなってきた。その分、地方自治体には、行政サービスの提供を通じて住民の福祉を向上するというミッションが重くのしかかっている。その背景には、1979年にサッチャー政権が誕生して行政サービスの効率的な提供策が模索されたという端緒がある。効率性の流れは、1991年のメージャー政権にも引き継がれつつ、当時の政府は行政サービスの質的な向上を地方自治体にも求めてきた。1997年に誕生したブレア政権は、ベスト・バリュー政策で、この流れを一層加速した。

その結果、行政サービスという媒介を通じて、政府や地方自治体と住民等との関係が重視されるようになり、公共サービスを提供する住民等のパートナーが、行政サービスのVFMにより大きな関心がもてるような施策（たとえば、地方自治体監査委員会の包括的業正規評価：CPA）が導入されるよ

うになってきた。第9章では、こうした状況においても依然大きな地方自治体の支出項目となっている住宅手当（Housing Benefit）とカウンシル・タックス手当（Council Tax Benefit）について詳細な説明が行なわれている。

資本的支出

第10章から第12章では、投資的支出とその財源、ならびに、地方自治体の投資事業に民間資金を活用するPFI（Private Finance Initiative）のスキームについて解説が行なわれている。

英国の地方自治体では、新たな投資的支出の制度が、2004年4月1日から開始された自主決定方式を基に展開されている。ここに至る背景としてまず、1989年の地方自治・住宅法（Local Government and Housing Act）では、投資的支出の内容が次のような項目をリストアップする方法で定義されている。

・土地の取得、改良、区画整理
・道路、建物、その他構造物の取得、建築または取り換え（replacement）
・動産または不動産である工場、機械、設備、車両、船舶の取得、設置または取り換え

1989年地方自治・住宅法では、学校など自治体自らが所有する固定資産への投資、ならびに、慈善団体等のその他の組織・個人への資本補助金（capital grant）が資本的支出とされた。政府からの地方自治体への資本補助金と経常補助金（revenue grant）も区別されている。資本補助金とは、家屋改修補助金など自治体の投資への支出に対して行なわれる補助金である。将来に発生する解雇に伴う増額退職手当など、固定資産以外にも資本的支出とされるものがあった。

2003年地方自治法（Local Government Act）では、1989年地方自治・住宅法の定義とは異なって、明確に資本的支出を特定することを行なわなかった。2003年地方自治法では、担当大臣（Secretary of State）の権限によって、何を資本的支出とするかが規則によって示されると、されたのである。

イングランドとウェールズの資本支出総額は2006年度において、180億ポンドを超え、2001年度と比較すると86%も増加している。イングランド

の資本的支出の動向を見ると、雇用政策を除くすべての資本的支出が増加している。特に増加が顕著なのは、金額ベースでは、教育、交通、一般公共サービス、割合ベースでは環境対策、一般公共サービス、農業、漁業と林業、そして社会保障である。ウェールズの資本動向も年々増加しており、2001年度と2006年度を比較すると97％増加している。

下記で考察する新たな資本システムである自主決定方式（Prudential Rules Systems）によって、自治体は資産管理計画（Asset Management Plans：AMPS）や資本戦略の承認を政府事務所（Government Office）から受ける必要がなくなった。2004年まで政府は債務保証（credit approval）を行ない、長期の借入金の上限を設定し、借入の財務コストに対して歳入援助交付金（Revenue Support Grant：RSG）や公営住宅会計助成金（Housing Revenue Account Subsidy：HRAS）を割り当てていた。債務保証は2004年4月から廃止され、地方自治体の資本投資への政府からの補助は、補助資本支出（資本補助金）〈SCE（C）(Supported Capital Expenditure（Capital Grant))〉と、補助資本支出（経常）〈SCE（R）(Supported Capital Grant（Revenue))〉になった。地方自治体はこうした政府の補助を受けるために、次の予算年度までに自主決定上限を定める必要があるとされている。

自主決定方式

2001年度から2004年度まで、英国の自治体では、3つの異なる資本財政システムが年度ごとに採用されていた。2001年度が1989年地方自治法によるシステム、2002年度は単一資本金制度（Single Capital Pod）、そして、2004年度からの自主決定方式である。自主決定方式は、CIPFAによって設定された実施規範（Prudential Code）をその基礎とする。自主決定方式の特徴は、自治体は自らの財政的余裕度によって資本投資額を自由に設定することができることという点である。

自主決定方式について2003年地方自治法第1編は、
・自治体に対して、CIPFAの実施規範に沿って上限額を設定すること
・新システム下の借入詳細を明らかにすること
・自治体は財政的な余裕と資産の機能に関する目的に適切な自主決定運営

を明らかにすること
・担当大臣により公布されたガイダンスに注意を向けること

を求めている。自主決定方式においても、政府には国内の経済的な理由によって上限額を設定する力が留保されており、また、資本収益について規制を設けることができるとされている。自治体の会計基準については、政府が法定のフレームワークを提供する。自主決定方式の基準として定められているのは、CIPFA の実施規範[7]、経常補助金システム（revenue grant system）、会計基準、そして自治体によって設定される自主基準である。自主決定方式を採用した政府の目的は、自治体が自らの財政的状況によって資本投資を重点課題に対して行なうこと、地方自治体がより良い説明責任を果たすこと、住民の声が決定に反映されることである。

CIPFA の実施規範は 3 年単位の見積り（見通し）を要求している。地方自治体は、財政の余裕性、計画の持続性、計画による VFM、受託責任、サービスの目的、そして、資本支出計画の現実性を考慮しなければならない。自主決定方式は、地方自治体の予算のバランスを取ることによって成立する。政府は地方治体があまりにも過剰な税額設定を行なったときは、キャッピングを設定することができる。自主決定方式においては、自治体は財政の余裕性について、自治体は 3 年間の収益に対する資本財政の割合、資本投資の決定による地方税への影響を考慮しなければならず、また 3 年の期間終了後には実際の収益に対する資本投資の割合を算定しなければならない。地方自治体は、資本投資の見積り、資本財源の獲得の見積り、外部負債の上限、外部負債の運営面での境界を 3 年計画で考えなければならない。また、期間終了後には、前期の予算年度の実際の資本的支出の程度、実際獲得した財源、実際の外部債務を考慮しなければならない。

自主決定方式による計画に関してそれぞれの地方自治体は、計画の余裕性、中期の借入が資本目的に使用されているか、資金運営は保証されているか、CIPFA の資金運用規範（CIPFA Management Code）に則しているか、借入の支払期日の上限と下限を設定しているか、364 日以上の投資の水準を超えているか、などについて確認する必要があるとされている。

ところで、こうした資本的資質の財源確保に関連する一連の動きのなか

で、英国のコミュニティ・地方自治省（DCLG）は2006年6月、自主決定方式における経常的支出（revenue expenditure）の資本化は、国家経済レベルにおいて、ゴールデン・ルールを破るものとしての懸念を増加させていると発表した[8]。経常目的（revenue purpose）のための借入による資本化が目的を阻害するものとなり、借入の代わりに資本収益を使用することも同様に問題であるとしたのである。大臣はこのリスクに対応するために、申請の新たな方式を定めることとなった。

PFI

CGは第12章で、経常目的による借入の資本化とも関連するPFIの諸問題を取り上げている。そこでは、昨今、すべての政党が官民間のパートナーシップの必要性について表明しているが、PPP（Public Private Partnerships）とPFIの2単語の使用がしばしば互換可能と取り扱われて混乱を引き起こしかねない点に留意が必要であるとの指摘が行なわれている。そこでは特に、獲得のツール（procurement tool）としてのPFIと所有形態（ownership structure）としてのPPPを区別することが重要であると指摘されている。

この区別は、特に財務報告において重要である。多くのPFI契約においては長期間にわたり支払いに対する負債、すなわち、政府が責任を有する年度において経常支出から支払わねばならない負債を表示する。対照的に、PPP取引において政府は、当該会社との間に資本関係や資産を有することになる。公的な財源の観点から考察する場合、この区別に焦点を当てることは重要である。CGは、PFIプロジェクトとPPP取引に関するデータを分離し識別することによって、政府は情報の透明性を確保することが重要であると説明している。

3 ガバナンスとアカウンタビリティ

　CGは第6節「ガバナンスとアカウンタビリティ」に、次の6つの章を設けている。これらはいずれも、財務管理を精緻に実践する上で不可欠なモニタリングや情報と伝達などのシステムについて言及した部分である。財務管理の問題を直接的に金融資産や債務に携わる部分に限定せず、そうした取り扱いを、住民に提供する行政サービスを最少の経費で最大の効果を発現するような状況で展開するためのシステムにまで拡大して財務管理の問題を位置づけているのが、CIPFAのCGの大きな特徴である。

　第13章　地方自治体のガバナンス
　第14章　議員と職員の関係
　第15章　最高財務責任者の役割
　第16章　内部監査
　第17章　スチュワードシップと外部報告
　第18章　外部監視

　まず、第13章では、自治体の健全なコーポレート・ガバナンス（監査委員会を含む）の基本原理を概観し、新たな政治マネジメント構造（new political management structure）と、現在の労働党政権が導入した議員のための新たな倫理的枠組みについて検討している。そこでは、次のような事項についての説明が行なわれている。

・行動のためのコミュニティ・コール（Community Call for Action）の導入
・パリッシュ議員、町（town）議員の関心事も含めた議員の新行動規範の問題
・CIPFA/SOLACE ガバナンス・フレームワーク
・議員委員会（Councillors Commission）に関する地方自治体白書の提案

　第14章は、新しい政治マネジメント構造のもとでの地方議員と地方自治体職員の関係に焦点を当てている。そこでは特に、2000年地方自治法で求められている地方自治体における職員の独立性の問題に紙面が割かれてい

る。また、地方自治体職員のなかで財政の最高責任者となる CFO（Chief Finance Officer）の役割については、第 15 章を設け、主に CIPFA が公表した地方自治体の財務部長の役割に関する報告書に基づいた解説が行なわれている[9]。

日本の地方自治体では、英国の財務部長や最高財務責任者に相当するポストとして、財政部長や企画財政部長、あるいは、財政課を所管する総務部長を想定することができる。日本でこうしたポストにつく幹部職員のほとんどは、財政セクションの業務に非常に長く従事した経験をもち、地方財政制度全般とそれぞれの自治体における財政運営の経緯を熟知している。しかしそうした幹部職員のなかには、地方自治体の財政規律を第一義的に重んじるばかりに、肝心の政策や施策、事業を展開することで住民に提供しなければならないアウトプット（行政サービスの質と量）やアウトカム（住民や受益者の満足度）についての配慮が相対的に軽視される傾向も垣間見られる。第 15 章の記述は決して財政規律を最優先して財政運営を進めるべし、というようなものではない。財務管理の問題の一つに最高財務担当者の果たすべき役割があり、第 15 章ではその内容を概説することで、最高財務担当者の職務を財源、効率性、アウトプットやアウトカムの視点で整理している。

第 16 章は、ここ数年の間、CIPFA が特に技術開発に取り組んでいる地方自治体の内部監査の諸問題を取り上げている。そこでは、2006 年会計監査規則（2003 年会計監査規則の改訂版）や CIPFA が策定した実務規範[10]に基づいて、内部監査に関する下記の事項についての解説が行なわれている。

なお、第 18 章「外部監視」では、第 16 章とは対照的に、地方自治体監査委員会が担当する外部監査についての議論が展開されている。そこでは、英国自治体の外部監査人（地方自治体監査委員会）の「監査の範囲は、財務諸表の監査だけではなく、コーポレート・ガバナンスの財務的な局面や業績管理の局面にも及ぶことが期待されている」[11]という点が、言及されている。

・内部監査の範囲
・独立性
・内部監査人の倫理
・監査委員会

- 内部監査人と被監査部門との関係
- 内部監査スタッフの研修と継続的な職業的専門家としての人材開発
- 内部監査戦略と内部監査計画
- 監査業務の実施
- 職業的専門家としての正当な注意
- 内部監査報告
- 内部監査の業績評価と品質管理

　第17章は、スチュワードシップ（受託者責任）を解除するための説明責任（外部報告）をテーマに取り上げた章である。ここでは、第6節から第7節への連結環として、納税者、住民、行政サービスの受益者へのより良い情報提供を推し進める視点から、各種の法的要請や地方自治体白書の内容を紹介している。特に、地方自治体が作成する会計報告書やその作成方法、監査の方法を規定した2003年会計監査規則の内容を詳細に分析している。第17章の内容は、第7節の内容と関連づけて理解することが重要な部分である[12]。

4　公共サービス供給のパートナーシップ

　CGの第8節「サービス供給のパートナーシップ」では、4つの章を設定して、官と民のパートナーシップを通じた公共サービスの実現について考察を行なっている[13]。CGでは、地方自治体における財務管理の問題と関連づけて、パートナーシップの問題を取り上げ、地方公共サービス合意（Local Public Service Agreements：LPSA）、地方内合意（Local Area Agreement：LAA）、地域戦略パートナーシップ（Local Strategic Partnerships：LSP）などの諸問題を取り上げている。それは、パートナーシップを追求・徹底することで、その地域に居住する住民は、より広範囲なサービスをより効率的に享受することが可能になると考えられるからである。

　地方自治体財務管理の問題として、CIPFAのCGがここでパートナーシップの問題にも波及している点には特に留意したい。この部分の正確な理解を通じて、財務管理の範疇を、従来のような財産管理や資金管理という非常に

限定された領域から、CIPFA の CG が体系化する非常の広範な領域まで含むものとして、認識することが可能になるからである。この認識は、CG という書物がもたらす重要な学術的インプリケーションと言えるのである。

地方公共サービス合意

　地方自治体が供給するサービスをより効率的に行なうためには、外部委託や民営化の手法が代表的な手法になる。しかし、外部委託や民営化だけでは、そのサービス供給の担い手となる民間企業等の事情（たとえば、収益性の追求）で、必ずしもすべてのサービスに外部委託や民営化の手法を適用することはできない。ここで純粋民間企業以外の公共サービスの担い手の議論が生じることになる。公共のサービスの担い手として、当該自治体が提供する行政サービスだけではなく、当該自治体を取り巻くその他の自治体や病院などのトラスト（trust）と呼称される組織（筆者注：トラストは英国内で代表的な法人組織形態で、たとえば、英国放送協会 BBC もトラストの形態で運営されている）、警察、商工会議所、NPO、それに民間企業などが連携して（非行政サービスとなる）公共サービスを提供していくことが、公共サービスを住民に提供するための有用な処方箋となる。

　従前、特に 1991 年に保守党のメージャー政権が誕生する頃までは、住民が公共サービスのあり方について強い関心をもつという傾向は、英国ではあまり強くなかった。それは、地方自治体の権限が住宅供給やごみ処理などのごく限られた領域に限定され、地域で提供される行政サービスの内容に自治体やその地域の住民が、積極的に関与できるシステムが構築できていなかったからである。

　しかし、1991 年 7 月に誕生した保守党のメージャー政権は、はじめて市民憲章（Citizen's Charter）の構想を表明した。市民憲章は、政府が市民に対して行政サービス提供の数値目標を事前に約束するもので、政府にとっては、その達成が実質的に義務づけられるという性質をもつものであった。住民も必然的に、政府や地方自治体の提供する行政サービスの内容に、従来以上の関心をもつようになった。この市民憲章の発想は、1998 年に労働党のブレア政権が誕生してからも維持された。それが、公共サービス合意

(Public Service Agreements：PSA）である。

　PSA は、1998 年の包括的歳出見直し（Comprehensive Spending Review：CSR）で導入された制度で、政府全体の鍵となるサービスの改善のための野心的な目標であり、市民に対する明確な約束を含むものであった。それぞれの合意ごとに、各省庁の大臣は目標の達成について説明責任を負い、目標達成に向けた進捗度は、政府によって監視され、各省庁の年次報告書により報告されている。

　この政府が行なった歳出見直しには、地方自治体に対する PSA が含まれていた。しかしそれは、中央政府、地方自治体、地方議会その他の組織が、地域コミュニティに関わるサービスをできる限り効率的に、安全で確実に改善することができることを保障するためのものであった。つまり、PSA は、国の機関の PSA のレベルにとどまっていたのである。

　ところが、2000 年には、地方公共サービス合意（Local Public Service Agreement：LPSA）が導入された。LPSA とは、個々の地方自治体と中央政府との間の自発的な 3 年間の合意である。LPSA は、地方自治体おける特定領域の業績改善の約束（中央政府に対する）と、中央政府によるその改善結果を受けた地方自治体への褒賞の約束から成り立っている。LPSA には、政府が地方自治体の業績改善を支援するということも記載されている。

　この枠組みは、地方自治体協議会（Local Government Association：LGA）の提案「地域の挑戦（Local Challenge）」と政府の各省庁の PSA から発展してきたものである。LPSA は、20 の地方自治体を対象に 2000 年の終わり頃にパイロットケースとして開始され、そして、2001 年 9 月より、すべての上層の地方自治体（県）へと対象が拡大された。そして、第 2 世代と呼称される LPSA は、2004 年 3 月からスタートしている。

　LPSA には、特定の部局横断的な課題に焦点を当て、地域での優先順位の高いアウトカムを含めることができる。行政サービスの品質へのこだわりから一歩踏み出して、アウトカムに言及している点にここでは注目したい。この枠組みはまた、カウンティ、ディストリクトと中央政府、あるいは、議会やその他の機関とのパートナーシップを奨励している。政府は特に、LPSA を締結する上で、地方自治体が単独で行なうよりも業績の改善が期待できる

場合には、地方自治体以外の組織を含めることを期待している。ここで改めて、LPSAを締結する際の本質的な部分を整理すると、次のようになる。
① 地方自治体は、LPSAがない場合に期待される業績を上回る業績の達成が求められる。また、10個以上の目標を達成することを約束しなければならない。
② 中央政府は、地方自治体が成功した場合には報賞を与えることを約束する。
③ 中央政府はLPSAの成功を支援するため、以下のものを提供する。
　—誘い水となる補助金
　—借入限度額の拡大
　—地方自治体が実質的な目標達成に必要と判断した場合、法的あるいは管理的な規制の緩和

2004年3月からの第2世代のLPSAでは、本当にその地域で問題となっている課題を改善するため、その地域の解決策を連携して進展させる地域のすべてのパートナーの参加が非常に重視されている。たとえば、2層制地域においては、カウンティとカウンティ内のいくつかの、または、すべてのディストリクトが協働することが期待されている。第2世代のLPSAでは、政府とLGAは、シャーやカウンティのような上層自治体のLPSAの主要なパートナーは、ディストリクトであると整理している。このため、政府は、参加を希望するディストリクトが実質的に合意形成に参加していないカウンティについては、LPSAについての結論を出すことはない。また、報賞を分け合うことを含めて、カウンティとディストリクトのパートナーシップに基づく意思決定に政府が関与することはない。それらはすべて、地域内でパートナーが決定すべき内容であるとされている。

新しい地域内合意

LAAもまた、中央政府と地方自治体の間の、地域住民の優先順位に応じたサービス提供のための契約である。LAAに関する2005年のガイダンスには、第2世代のLPSAを、どのようにしてLAAの要素として統合させてゆくかについて記述されている。LAAは、2006年の地方自治体白書[14]で布

告され、2008年4月からの改正LAAの導入に伴い、LPSAは消滅した。

地域内合意とは、中央政府と地方自治体との間で締結する当該地域の住民に対して提供するサービスの優先順位の合意である。2004年6月27日に公表された「LAA趣意書（the LAA Prospectus）」のなかで、政府はLAAの重要な狙いとして、次の内容をあげている。

- ○ 中央政府と地方自治体の関係を改善するため
- ○ サービス供給の改善するため
- ○ 効率性を改善するため
- ○ パートナーシップを改善するため
- ○ 地方自治体のリーダーシップを向上させるため

上記の2006年10月の地方自治体白書『コミュニティの強化と繁栄のために』では、LAAのカギとなる次のような重要な提案が行なわれている。

- ○ 地方自治体の戦略的なリーダーシップという役割を強化するための提案
- ○ 地域のパートナーシップを強化するための提案
- ○ パートナーシップを地域での公共サービス提供の中心にするための提案
- ○ サービス提供と住民の生活改善のため強くて明快な協定とするための提案

このような地方自治体白書の提案に続き、地方自治体と健康に関する公的な改善法案『the Local Government and Public Involvement in Health Bill』(2006年12月) においても、2006年地方自治体白書に含まれた多くの提案を実現するための、前段階となる立法が行なわれた。LAAは、地域のサービスを改善し、地域住民の経済的な豊かさを向上させることについて形成される合意である。また、当該地域の公的なセクターと中央政府の間の3年間の合意である。パートナーは、地域戦略パートナーシップ（Local Strategic Partnerships : LSP） [15] の傘の下に集められる。LSPは、その地域の持続可能な地域戦略（Sustainable Community Strategy : SCS） [16] に合意している。SCSとは、その地域の住民がその地域をどのようにしたいのかということについての協議に基づいた長期戦略である。LAAは、SCSの目的を目標に書き換えたものに基づいている。法では、パートナーに対して協力義務を課している。2008年度より開始される地方自治体監査委員会の包

括的地域評価（CAA）の一部として、目標に配慮する義務が監視されることになる。

ところで、LAA は 198 個設定された NI（National Indicators）のなかから、次のような方法で目標を設定することになる。

① 最初の 35 までは中央政府との交渉で設定する。中央政府が提示する 198 の業績指標（NI）のなかから選択する。この 198 個は地方自治体単独または、中央と地方のパートナーシップにより実行されるもので、中央政府のアウトカムとなる。この 198 の指標は、中央政府が一定の業績改善を期待しているものであり、中央政府が優先順位を高く考えているということになる。

② 次の 17 個は国の戦略から設定する。最初の 35 と同じように国のアウトカムとなるものだが、その分野は教育と子供に関するものである。

③ 最後に地域の優先順位の高い項目を追加する。

LAA 締結のための交渉は、まず地域レベルで地方自治体がリードして開始される。中央政府の意見は政府事務所（Government Office：GO）が代表し、自治体、パートナーとともに行なう交渉をリードする。LAA の年次レビューについては、LAA が 3 年間の合意であるため、予定された目標に向けた進捗状況と、目標がその地域と国の優先順位を繁栄し続けているのかということについて定常的なレビューを行なうことが重要とされている。

GO は 2009 年より、自己評価と地方自治体とそのパートナーの業績管理を行なうことになっている CAA を通じて、地方自治体のサービス提供について管轄区域の評価を行なうことになる。また、LAA システムが開始されて、地方自治体における財源の調達状況も変化している。特に、2008 年 4 月より、すべての一般補助金（General Grant）は、LAA の 3 年間を基礎にして割り当てられることになった。また、地域向け補助金（Area Based Grant）のように、使途の目的を問わない一般補助金も登場している。

ところで、LAA[17] が政府と（一つの）地方自治体との間の合意であるのに対して、複数地域合意（Multi-Area Agreement：MAA）のように、地方自治体間のパートナーシップによる自発的な合意も存在している。MAA は、2 つまたはそれ以上の上層の地方自治体またはユニタリー間で締結する

合意である。MAAのパートナーと中央政府は、経済を改善するために集合的なアウトカムベースの目標達成を目指すことになる。集合することによる利点の一つは、大規模インフラ整備のような場合に、地方自治体単独で行なうよりも効率的になることである。MAAは、最初は地方自治体白書によって開始された改革プログラムの一部として導入された。2007年6月の「準国家の経済的発展と再生のレビュー」(Review of Sub-National Economic Development and Regeneration：SNR) においても、MAAを構成する自治体間の協力の重要性が指摘されている。

　SNRで記述された説明によると、行政区域界と経済の市場の境界は一致しない。そのため、地方自治体レベルで扱う多くの政策は、特に経済的な発展に関する政策については、同じ経済圏にあるパートナーと協働で取り組むことが最良となる。したがって、MAAは可能な限り、経済圏の範囲を反映すべきである。また、MAAの境界線は行政上の、あるいは政治上の理由から、ある程度の弾力性もたせることが重要であると、MAAの意義は説明されている。

　MAAの仕組みは、2008年6月から開始されるが、その必要な財源の調達については、いまだ明確な取り決めはない。MAAに含まれる、合意された目標について、どのようにして、必要な資源の調達を行なうのかが考えられなければならないであろう。個々のパートナーは、可能であるならMAAのうち優先順位の高いサービス供給を支えるための主要な財源を調整するか、確保しておきたいと考えているはずである。

5　CIPFAが普及する地方自治体の財務管理とは

　本章で考察の対象とした『地方議員のための自治体ファイナンス』は、CIPFAの出版物のなかでもとりわけ注目に値する書物である。その理由は、本書は勧告実務書（SORP）や実務規範（Code of Practice）のように何ら法的な拘束力をもつものではない。また、ガイダンス・ノートやチェックリストのように実務担当者にとって具体的な業務を推進するうえでの参考書

でもない。それにもかかわらず本書は、CIPFAが発行する代表的な書物としての地位を築いている。

筆者はこれまで、CIPFAの本部に3回訪問調査[18]を行ない、自治体国際化協会ロンドン事務所ではCIPFA事務総長のプレゼンテーション[19]を伺った。CIPFA内部には、私信を交換していろいろな示唆を提供してくれる知人も何名かいる。そうした知己のネットワークのなかで、筆者がCIPFAの関係者に、「英国の会計や財務全般を理解する手引きになるような書物として代表的な書物を推薦してほしい」と質問をすると、全員が例外なく推薦するのがこの『地方議員のための自治体ファイナンス』なのである。

書名に「Management」という用語こそ使用されてはいないが、本書は、まぎれもなく、地方自治体財務管理という概念に、地方財政制度、PFI、会計、内部監査、外部監査、議会や職員、予算編成、アカウンタビリティ、スチュワードシップ、パートナーシップなど、地方自治体全般に関わるマネジメントの手法を包括し、財務管理という概念を中心に地方自治体のマネジメントを整理している。

CIPFA（勅許公共財務会計協会）のFは、財務のFであるという点を特に強調して組織運営、制度設計、社会貢献を行なっている組織がCIPFAであるということを、本書は顕著に示している。CIPFAは財務会計基準の設定だけではなく、広く地方自治体の財務全般について啓蒙、人材育成、実務のサポートを実践するための会計団体である。このように会計やファイナンスといった一般的な公認会計士の専門領域を地方自治体等の公共部門で大きく拡大し、非財務情報や組織のマネジメント、官と民の連携といったパートナーシップの概念まで包括して、CPFA（勅許公共財務会計士）という職業的専門家の活動領域を広げているCIPFAの活動は、国際にも非常に顕著な特徴を現している。

わが国自治体の行財政改革を実現する一つの布石として、日本版CIPFA（CIPFAJとする）の構築を検討する場合、CIPFAJの活動範囲を、財務管理を中心概念として自治体の行財政改革全般に拡大せんとする取り組みが、すでに英国では実践済みであることを、われわれは忘れてはならないのである。本章のまとめとして、ここでは次の点を集約しておくことにしよう。

① CIPFAの活動には、会計基準設定などの会計領域だけではなく、財務管理や監査、ガバナンス、パートナーシップに関連する調査研究、啓蒙啓発、実務支援なども含まれている。
② CIPFAはすべての活動を「財務」や「財務管理」をキーワードにして関連づけている。ちょうどこのことは、バランス・スコアカード（Balanced Scorecards：BSC）の戦略マップ（Strategic Map）で、財務管理の視点が、成長と学習、業務プロセス、顧客の3つの視点に対して制約条件（前提）として位置づけている様子と符合する（図表4-1参照）[20]。

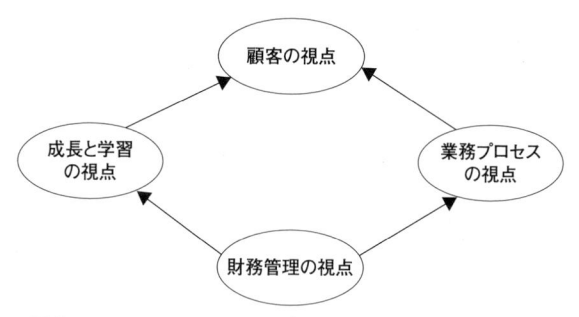

図表4-1 CIPFAのイメージするBSC自治体戦略マップ

③ CIPFAの活動からは、地方自治体の行財政改革には会計や監査といった個別の学問領域の改革のみでは不十分で、それらの連鎖を意識しながら、包括的な改革を推進しなければならないことが理解される。特に、会計、監査、ガバナンス、パートナーシップ、ITのような財務管理の諸問題と密接に関連する学問領域をトータルな目線で整理する結果得られる効果は非常に大きなものになると期待される。
④ CIPFAのように、会計基準設定だけではなく、広く財務管理全般に関連する包括的な領域においてまで活動を進めている会計団体は、おそらく世界に類を見ないと考えられる。
⑤ CIPFAの強みは、本章で考察対象とした書物のように、地方自治体財務管理に関する包括的なテキストを編集し、発行する行動力を源泉としている。CIPFAの職員は約350名に過ぎず、これだけの陣容で、こうした書物の発行を可能にするCIPFAのガバナンスやマネジメントに

も注意を傾ける必要がある。

【注】

1) Anna Capaldi ed., *Councillors' Guide to Local Government Finance* : 2008 Fully Revised Edition, CIPFA, 2008. 以下、本章では同書のことをCGと表記する。なお、本章はCGの記述に基づいて、CGの各章の内容を概観することを目的としている。そのため、詳細な引用の注記は、特に重要な部分を除いて省略している。
2) CIPFA/LASAAC, *Code of Practice on Local Authority Accounting in the United Kingdom 2008 : A Statement of Recommended Practice*, CIPFA, 2008.
3) Accounting Standards Board, *SORPs : Policy and Code of Practice*, ASB, 2000.
4) Anna Capaldi ed., *op.cit.*, p.429.
5) 本書では、行政サービス (government services) と公共サービス (public services) を別個の概念として定義する。行政サービスは官によって提供されるサービスであり、すべて公共サービスの一部を構成するものである。しかし、公共サービスを提供するサービスは、官が提供するサービスにのみ限定されるものではない。官以外の民間部門が非行政サービスとして提供するサービス (たとえば、福祉、医療、教育などのサービス) もまた、公共サービスを構成する重要な要素である。昨今、地方自治体で検討されている協働や参画、コラボレーションなどの概念はすべて、行政サービスと公共サービスを識別することから議論が始まっている。たとえば「民間部門による新しい公共の創出」といった発想は、そもそも、公共サービスの担い手は、官のみに限定されるべきものではないという発想を起点としている。
6) 英国の地方自治体会計、地方自治体財務、地方財政を研究する際に、日本語への翻訳が非常に困難な専門用語に、「Revenue Expenditure」と「Capital Expenditure」がある。日本語の議論で、政府や地方自治体の「歳入」と「歳出」に、「Revenue」と「Expenditure」という英語を当てはめることが一般的であるとすれば、「Revenue Expenditure」は「歳入歳出」となる。しかし、これでは、日本語として意味不明な訳語となる。そこで、英国の地方自治体において、この用語をどのように使用しているのかという視点で、インターネットの検索を行なうと、イースト・サセックス県 (East Sussex County Council) のURLから次のような説明を拾い上げることができる (下線は筆者)。
http://www.eastsussex.gov.uk/yourcouncil/finance/budget/expenditure/

Capital and revenue expenditure

Each year the council has two spending plans, the revenue budget and the capital programme. Together they provide an overview of how the county council plans to spend its money. The two spending plans cover different things:

Capital expenditure – invests for the long-term improvement of services and buys more expensive items <u>that will last longer than a year</u>. Examples include buildings, roads and vehicles.

Revenue expenditure – provides services and buys items <u>that will be used within a</u>

year. Examples include salaries, heating, lighting and small items of equipment.

　このことから、「Revenue Expenditure」と「Capital Expenditure」の翻訳には、「経常（的）支出」「資本（的）支出」という用語を用いることが適当と本書では判断する。もちろん、純粋に会計学的な定義を行なうとすれば、「経常（的）支出」に対しては「臨時（的）支出」であり、「資本（的）支出」に対しては「損益（的）支出」という用語の組み合わせのほうが適当である。また、経済学（財政学）的には「経常（的）支出」に対して「投資（的）支出」という用語が好んで用いられている。しかも、「資本（的）支出」という概念を用いることに関しては、地方自治体会計における資本（純資産）概念のあり方については、たとえば税について、これを主権者からの出資とする考え方と、受益者からの負担（収益的なイメージ）とする考え方が存在するなど、実務的に統一された考え方は存在しないという事情もある。さらに、この２つの用語の翻訳においては、その財源にも波及し、「Revenue Expenditure」の財源が経常的な税財源、「Capital Expenditure」の財源が臨時的な借入等による財源であることに注目して訳出がなされている場合もある。それゆえ、「Revenue Expenditure」と「Capital Expenditure」の訳出には、諸般を省みなければならないという事情がある。本書では以上を総合的に斟酌して、「Revenue Expenditure」と「Capital Expenditure」の翻訳には、「経常（的）支出」「資本（的）支出」という用語を用いることとする。

7) CIPFA, *The Prudential Code of Capital Finance in Local Authorities*, CIPFA, 2003.
8) DCLG, *Capitalisation Directions : Policy and Procedures*, June 2006.
9) CIPFA, *A Statement on the Role of the Finance Director in Local Government*, CIPFA, January 2003.
10) CIPFA, *Code of Practice for Internal Audit in Local Government in the United Kingdom*, 2006,CIPFA.
11) Anna Capaldi ed., *op.cit.*, p.397.
12) 第17章と第7節「マネジメントと報告」で説明されている内容は、その概要をすでに本書の第3章で整理したので、ここでの考察は省略する。なお第7節は、次の5つの章から構成されている。
　　第19章　予算の編成と管理
　　第20章　財産管理と資金管理
　　第21章　会計
　　第22章　業績管理と業績報告
　　第23章　ベスト・バリューと包括的業績評価
13) 4つの章は、第24章「地方公共サービス合意」、第25章「地域内合意」、第26章「地方戦略パートナーシップ」、第27章「料金の賦課と公営企業化」である。ここでの考察は第27章を除いた3つの章を対象としている。また、CGでは第9節として第28章「教育・児童福祉」、第29章「住宅」、第30章「警察」、第31章「社会福祉」を設けているが、特定サービス領域に関わる財源確保のための手法を紹介した部分であり、第8節までの内容と比較すると、個別の各論に関わる部分であり、

自治体の財務管理の体系化という視点では重要ではないので、本書では取り上げない。

14) Local Government White Paper : *Strong and Prosperous Communities*, DCLG, December 2006.
15) 地域戦略パートナーシップ（LSP）は、2000 年地方自治法第 4 節により、すべての地方自治体に経済、社会、環境面での地域の持続的な発達を達成するための地域社会の戦略計画の策定が義務づけられたことを背景に誕生した。コミュニティの戦略に関して地方自治体が注意を払わなければならない法定の通告は、2002 年に公表された。この通告では、地方自治体はその地域で公的なサービス提供を行なうすべてのエージェンシーとパートナーシップを組むこととしている。通告ではまた、LSP の概念を公式に導入し、LSP を通じて、その過程で地域のステイクホルダーが参加することを模索することに期待を表している。これによって、LSP は非常に多くの地方公共団体の地域で設立された（Anna Capaldi ed., *op.cit.*, p. 564.）。
16) 持続可能なコミュニティ戦略（Sustainable Community Strategies：SCS）は、2000 年地方自治法で導入されたコミュニティ戦略（Community Strategy）の要求により実現した。SCS に関する最近のガイダンスは、2007 年 11 月の「強く反映したコミュニティ創造の法定通告書草案（Creating Strong, Safe and Prosperous Communities Draft Statutory Guidance）であり、次に要約されるような内容が記載されている。すなわち、SCS の目的は、（典型的には 10 年から 20 年間の）当該地域の経済的、社会的、環境面での福祉のために、長期的・全般的な戦略の報告性と、長期的なビジョンをもたせることであり、これにより英国の持続可能な開発に貢献するための方法である。2006 年地方自治体白書「強くて安全で、繁栄した社会」は SCS が備えておかねばならない性質として、地域の需要に根ざした長期的なビジョンと、地域の鍵である優先順位を挙げている。

2000 年地方自治法では、イングランドにおいて SCS を定めなければならない自治体が定められている（カウンティ、ディストリクト〈シャー・ディストリクト、メトロポリタン・ディストリクト、ユニタリー・ディストリクトを含む。ディストリクトはカウンティとともに戦略を設定するかどうかを選択できるが、別個に設定することはできない〉、ロンドン・バラ、シリー島など）。

また、LAA を結ぶ必要のある責任を有する地方自治体と、その他の地方自治体が区分され、責任のある団体は SCS を準備し、適切な他の団体を参加させなければならない。SCS は、地方自治体規則（機能と責任）2000/2853（*Local Authorities (Functions and Responsibilities) Regulation 2000/2853*）により、議会において全会一致で可決される必要がある。SCS が備えるべき法的義務は、英国の持続可能な発展に貢献できる戦略であるということである。持続可能な発展という目的は、将来世代の生活の質を落とすことなく、世界中の人々が、その基礎的な需要を満たし、より良い質の生活を満喫することができるということである。

SCS が定められた地域では、地域福祉の促進や改善のための計画の上位に SCS が位置づけられることになる。2006 年地方自治体白書は、SCS と他の地域計画は、相互に考慮しあわねばならないことを強調している。また、可能な範囲で、SCS のな

かで計画が協調することが期待されている。SCS は段階的に改訂することができ、1 つか 2 つの内容について改正が必要であれば、その部分だけの改正も可能である。しかし SCS、LAA のもとで行なわれている戦略であるなら、LSP は、LAA の年次見直しの際に、SCS が地域の需要を反映しているのか、その内容の範囲内で見直すことができる（Anna Capaldi ed., *op.cit.*, pp. 565-568.）。

17) LAA の具体的な姿については、たとえば、次のような記述がイギリスの数多くの自治体のホームページに掲載されている。ここでは、ランカシャの LAA についての説明を下記に英語とその翻訳で紹介する。

「The Local Area Agreement (LAA) is an agreement between Lancashire County Council and its partners and central government about how priorities for Lancashire will be measured and about how much improvement will be made over the next 3 years from 2008 to 2011. It replaces the previous LAA which ran from 2006 to 2008. The new LAA is made up of a suite of measures which will deliver the outcomes that are of the greatest importance to the communities of Lancashire.

Lancashire is a large and diverse area. The LAA is an important mechanism for achieving improvements in the quality of life for Lancashire's residents but not the only one. Actions will be taken to address priorities by different organisations in numerous other ways that support and complement the LAA but that may also tackle specific local concerns」。

「地域内合意（LAA）とは、ランカシャ CC とそのパートナー、中央政府が、ランカシャにおける優先事項をどのように測定し、2008 年から 2011 年の 3 年間にどれほど多くの改善を実現するかについての合意である。新 LAA は 2006 年から 2008 年までの旧 LAA にとって代わるものである。新 LAA はランカシャのコミュニティに非常に重要なアウトカムを実現する一組の測定値から構成されている。ランカシャは広大で多様性のある地域である。LAA はランカシャの住民の生活の質に改善を実現するための重要なメカニズムであるが、唯一のメカニズムではない。LAA をサポートし補完する数多くの方法で、その他の組織が優先事項に対処する行動をとるであろうし、それらの行動は、特定の地域的な関心を取り扱うものであるかもしれない」。

18) たとえば、参考資料 3 を参照されたい。
19) たとえば、参考資料 2 を参照されたい。
20) 地方自治体におけるバランス・スコアカードの実際については、石原俊彦編著『自治体バランス・スコアカード』東洋経済新報社、2005 年が参考になる。

第5章

日本版 CIPFA の創設

——地方自治体会計基準の設定と財務管理

1 地方自治体財政の深刻化と会計・監査機能の強化

会計改革の必要性

　アメリカを起点とする金融危機・経済危機の影響で、わが国を代表する企業の業績の下方修正が相次いで報道されている。たとえば、トヨタ自動車は2008年12月の時点で、2009年3月期の連結売上高予測を21.5兆円と見積っている。同様に営業利益は1500億円の赤字、当期純利益は500億円の黒字を見込んでいる。2008年3月期の実績と比較すると、売上高で4.7兆円、営業利益で2.4兆円、当期純利益で1.7兆円の減額となる。もちろん、税の申告は連結ではなくトヨタ自動車単体で計算されるので、連結ベースの営業利益や当期純利益の金額が即課税対象となるわけではない。しかし、法人税や事業税などの実効税率を41％と見積り、減益額を2兆円とすれば、トヨタ自動車グループ一社の減収減益だけで8000億円近い税収が消えてしまうと概算することができる。8000億円という金額は、やや規模の小さな県庁の一般会計予算に相当する。また、人口10万人程度の自治体であれば、おおよそ20個分の市役所の一般会計予算に相当する金額が、消え去ってしまうことを意味する。地方自治体関係者は、自治体財政を取り巻くこのような深刻な状況を改めて認識するとともに、困難な時代を克服するための手立てを講じる必要がある。

　深刻な自治体の財政状況と関連して、ここ数年特に注目されているのが、わが国自治体の公会計制度である。2007年10月に総務省新地方公会計制度実務研究会は、総務省方式改訂モデルと基準モデルと称される2つの公会計

ルールを公表した。これらの会計ルールの内容は、総務省自治財政局長通知や自治財政局財務調査課長事務連絡などを通じて、全国の地方自治体に周知され、2009年秋には、人口3万人を超える地方自治体で、改訂モデルあるいは基準モデルのいずれかの方法によって、貸借対照表、行政コスト計算書、資金収支計算書、純資産変動計算書という4つの決算書類を作成することが求められている。しかも、普通会計だけではなく連結会計ベースで、さらには、附属明細表を添付した形で完成するように求められているのである。こうした一連の動きの背景には、地方自治体の会計改革を通じて、深刻な自治体財政の改善を図ろうとする、政府の意図が垣間見られる。

この地方自治体公会計制度改革の一方で、会計検査院が2008年11月に全国12の道府県における不正経理を摘発した[1]。12の道府県で、国の補助事業と各自治体単独の事業を合わせた全道府県の不正額が、2002-06年度で計11億3000万円余りに上ることが10月22日、会計検査院の調べで明らかとなったのである。その多くは、12道府県に交付された国土交通省と農林水産省の補助金のうち、事務用品などの購入費、旅費、賃金などで、調査の結果、多くの「預け」「流用」が発覚した。この会計検査院の摘発は、公会計制度の充実とともに、適正な会計実務の執行が重要であることを改めて示唆するものであり、会計検査院の検査結果は、自治体における不正経理の発生に大きな警鐘を鳴らしている。

不正経理の予防には、会計制度改革だけではなく、内部けん制（Internal Check）や内部監査（Internal Audit）などの内部統制（Internal Control）の充実が求められる。これまで、わが国の地方自治体には、内部けん制や内部監査の仕組み（両者を包括する概念が内部統制である）を構築する法的な要請はなかった（現時点でもない）。しかも、地方自治体関係者のなかには、現金主義会計ほど正確で不適正処理などの発生可能性が低い会計方式はないという誤解も存在している。しかし、事ここに至っては、そうした陳腐化した発想を、地方自治体関係者は捨て去るべきである。地方公会計改革と歩調を合わせるかのように、現在、第29次地方制度調査会[2]専門小委員会における議論は、自治体における監査機能の強化を目指している。適正な会計制度の確立と監査を通じた予防機能等の充実は、疲弊した自治体行財政を改革する2つの大きな切り口となっている。

監査機能の充実

　会計検査院による12道府県の経理不正摘発は、現金主義ほど厳正な会計手法はないと主張し、「現金主義を採用している自治体会計でこれまで粉飾の類が発生したことはありますか」と、問いかけていた地方自治体関係者には、思いもよらぬ結果であろう。こうした自治体関係者の多くは、現金の出と入りに管理の焦点を当てる現金主義会計のもとでは、不適正な会計処理は発生し得ない、という誤った解釈を行なっていたのではないだろうか。

　もちろん、単年度予算主義を誤解した「予算＝決算」という予算使いきりの発想が、今回の不適正経理処理の大きな原因の一つである。予算を使い切らなければならない事情に直面した地方自治体職員には、この点で、会計検査院に一言物申したいとする雰囲気も存在しよう。しかし、会計法規で認められていない「預け」や「流用」が行なわれたわけで、これはやはり経理不正と言わざるを得ない。やむを得ない状況にあったのかもしれないが、不適正処理は不適正処理である。

　この点に関しては、「預け」や「流用」といった「実態」と、現金主義にしろ、発生主義にしろ、会計が生み出す「情報」の違いを、正確に認識しておく必要がある。本質的に会計は、会計情報を作成するツールであり、情報の背景にある実態に影響を及ぼすことなどありえないのである。

　このことから、発生主義会計方式などと比較しても、現金主義会計は決して不適正な経理処理の発生に対応した強固なシステムではない。現金主義を採用しても、発生主義を採用しても、不適正な会計処理の発生頻度に差は生じない。もし、地方自治体の会計制度が、現金主義を採用することで、不適正な会計処理の発生に対して何らかの効果を期待しているとすれば、それは明らかな誤解なのである。

　地方自治体財政はこれまで、予算管理（統制）の発想が重視され、決算による管理（統制）にはほとんど関心が向けられてこなかった。予算は地方議会で審議事項であるにもかかわらず、決算の内容は認定事項とされ、両者に取り扱いの差には、従来から大きな注目が向けられてきた。わが国自治体が厳しい財政状況に直面し、そのなかでも住民に満足される行政サービスを提供し続けるためには、いまこそ最少の経費で最大の効果を強く意識したマネ

ジメント・システムの構築が不可欠であり、そのためには、ガバナンスの発想も「予算主義」から「予算・決算主義」へと転換することが必要である。換言すれば、予算統制だけではなく、決算統制を重視したガバナンスとマネジメントの構造改革が求められている。その際、図表5-1のように、決算における内部監査と外部監査という監査機能の重要性に着目する必要がある。

図表5-1 マネジメントとガバナンスにおける予算統制・決算統制

	マネジメント	ガバナンス
予算（計画）統制	意思決定と財務管理　予算編成	総合計画　予算審議
決算（評価）統制	業績評価と財務管理　内部監査	財務報告　外部監査

予算統制と決算統制

いかに議論を駆使して予算を編成・審議したとしても、その執行のプロセスでは、編成や審議の時に想定されなかった環境の変化が生じるはずである。わが国の自治体では、こうした場合、補正予算案を編成することも可能であるが、すべての環境変化を補正予算に反映させようとする発想は現実的ではない。予算に対して決算が異なる数値を示しても、それに対して合理的な理由が存在するならば、予算数値と決算数値の間の乖離は、当然のこととして（正当なこととして）認識すべきものである。

監査機能は、この乖離の妥当性を検証する手立てでもある。強引に「予算＝決算」となるような予算の執行を行なうという発想こそが問題なのである。自治体の財政パフォーマンスは、予算統制にのみ依拠していては、最適のパフォーマンスを生み出すことはできない。予算だけではなく、決算による統制も併用したマネジメントとガバナンスの構築が不可欠である。決算による統制で重要なのが監査であり、監査にはマネジメントと関係をもつ内部監査、そして、ガバナンスと関係をもつ外部監査がある。

第29次地方制度調査会小委員会の議論は、監査委員に外部監査としての役割を期待し、監査委員が外部監査機能を十分に発揮できるような法整備等

を模索している。しかし、わが国の地方自治体において、現状、どのような監査委員監査が実践されているのであろうか。少なくとも、規模の小さな地方自治体の監査委員監査は、外見的にも非常に心もとない状況にある。常勤の監査委員も不在で、2, 3名の監査委員事務局職員だけで、どの程度の外部監査を実践することが可能なのであろうか。実質的に中小規模の地方自治体においては、図表5-1に示されたガバナンスと決算（評価）統制の交点にある外部監査機能を活性化することは、現時点では相当に困難ではないかと思われる。英国ではこの点に関して、非常に興味深い政府機関、すなわち地方自治体監査委員会が、1982年に当時のサッチャー首相のもとで設立されている。

日本版地方自治体監査委員会の設立

1982年に英国で設立された外部監査の組織は、地方自治体監査委員会（Audit Commission：AC）という政府機関[3]である。この組織は、英国内の約500の地方自治体を対象に決算書の監査、VFM（Value for Money）の監査、包括的業績評価制度（Comprehensive Performance Assessment：CPA）と称される全国自治体のVFM度ランキングの作成といった任務を遂行している。ACの年間予算はおおよそ400億円。英国の人口は約6500万人なので、一つの自治体平均13万人の人口に対して、地方自治体監査委員会は年間約8000万円の監査費用を徴収していることになる。

英国の自治体ガバナンスで特徴的なことは、議会の多くが議員内閣制（ロンドンのように公選市長制を採用している自治体は、英国ではごく小数である）を採用し、多くの議員がボランティアでその任務を全うしている点にある。議員の数は、人口規模の等しい日本の自治体とほとんど変わることがない（むしろ、英国の地方議会のほうがより多くの議員を抱えているように感じることさえある）。しかし、その報酬は非常に廉価（報酬というよりも費用弁償や手当というイメージに近い）で、人口100万人クラスのバーミンガム市の市会議員でも、一般議員の手当は1万ポンド（1ポンド＝135円/2009年1月）程度である。それでも各自治体の議会は、夜間に議会を開催するなどして、重要政策の意思決定とその執行についてのガバナンス機能を

積極的に果たそうとしている。

　この英国の事例から、ガバナンスのどの部分に、大きな費用が投じられているかという点に注目すると、日本では議会費に相当投じられているガバナンスの費用が、英国の自治体では、監査機能に投じられていると理解することができる。自治体の行政執行のチェック（ガバナンス）のパターンは、日本のような「議会中心型」と、英国の地方議会のような「議会・監査機能併用型」という2つのパターンが存在することになる。

　余談になるが筆者は、専門職大学院の教員として自治体職員だけではなく、2名の地方議会議員の大学院教育に関与している。筆者が直接接しているこの2名の地方議員の学習意欲や学習成果には目を見張るものがある。わが国地方議会が、もしこうした熱心な議員によって支えられているとすれば、議会中心型のガバナンスの効用には、非常に大きなものが期待できよう。英国のACの事例では、議会中心型のガバナンスを補完するイメージで、ACによるガバナンスが展開されている。ACは政府の機関であり、地方分権の時代に、政府機関によるガバナンスのシステムを構築する適否については、反対する考え方も存在しよう。しかしそれでも、英国の議会・監査機能併用型のガバナンスは、CIPFAが支える会計制度の充足とも相俟って、自治体の行財政状況の悪化を改革改善する有用なフレームワークとして機能している。

　第29次の地方制度調査会の専門小委員会による調査研究を例示するまでもなく、わが国自治体の行財政改革には、既存の監査機能を見直し、監査、評価、決算、ガバナンスといったキーワードをイメージした新たな監査制度の設計が求められている。この制度設計において、英国の地方自治体監査委員会のミッションと実際に果たしている機能、その効果や影響について、われわれは大きな関心をもって調査研究を行なうことが重要である。もしわが国に日本版地方自治体監査委員会（ACJ）を設置することが可能となれば、ACJの機能は、現在、第29次地方制度調査会小委員会で議論されている自治体の外部監査のあり方にも大きな影響を与えよう。つまり、中小の地方自治体における外部監査機能のあり方を議論する際には、ACJの設立という制度設計が非常に有益な処方箋になるのではないだろうか。たとえば、会計

検査院や総務省、内閣府の外局として、日本版の地方自治体監査委員会を設置するといったイメージをもつことも重要なのである。

　以上、ここまでで、深刻な財政状況に直面する地方自治体には、会計制度改革と監査機能等の充実が不可欠であることを整理し、予算統制から決算統制へのベクトルの転換を意

写真5-1　英国地方自治体監査委員会

識した時には、外部監査機能の充実がとりわけ重要になることを確認した。また、ガバナンスと決算統制の交点にある外部監査については、日本版地方自治体監査委員会の設置が、その充実を果たすための一つの有効な手立てであることを確認した。2では、図表5-1で示唆された財務報告、財務管理、内部監査に関係する考察を行なうことにしよう（予算編成、予算審議、総合計画については、すでに多くの議論が行なわれており、ここでは取り上げない）[4]。

2　現金主義会計からの脱却

　地方自治体における財務パフォーマンスを向上するためには、マネジメントとガバナンスの両側面において予算統制と決算統制のシステムを構築する必要がある。図表5-1で説明されるように、財務報告（財務会計システム）、ならびに、財務管理と融合した管理会計システム（意思決定会計と業績評価会計）は、会計手法を用いたマネジメントとガバナンスの統制システムである。地方自治体で採用される会計手法のあり方は、こうした財務報告や財務管理の有用性に大きな影響を及ぼす。

　ここでは、地方自治体でこれまで採用されてきた現金主義に基づく会計制度（会計手法）の問題点を明らかにして、発生主義に基づいた会計改革（財務報告の制度改革、ならびに、財務管理と連動する管理会計システムの構築）の必要性について整理することにする。

現金主義会計と単式簿記

　会計学の最も基礎的な概念に「認識」と「測定」という概念がある。認識は時期、測定は金額を決定する会計行為をさす。現金主義、発生主義、実現主義はそれぞれに収益や費用（歳入と歳出）の認識に、現金基準、発生基準、実現基準を適用する会計方式を意味する。現在、わが国の地方自治体で採用されている財務会計制度（議会や住民等へ開示する財務書類の作成に関する制度）は、現金主義会計と単式簿記の採用という2点で特徴づけることができる。

　現金主義会計とは一般に、費用や収益の認識基準（時点の決定基準）[5]として、現金の収支の時期を採用する会計制度のことを意味する。現金基準では、費用（歳出）もしくは収益（歳入）の時点決定が、現金の支出もしくは収入のタイミングで決定されることになる。たとえば、公の施設を建設してその代金10億円を01年1月1日に支払った場合、公の施設の耐用年数が50年で、50年12月31日まで使用できると推測できる場合でも、現金主義会計では、01年1月1日に「普通建設事業費」が10億円記帳されるだけで、それ以降、公の施設（資産側）に関しては、一切の記帳が行なわれることはない。実際には、この公の施設が50年の年月をかけて価値が減少するにもかかわらず、その減少の認識は50年間に及ぶことなく、最初の一会計年度だけに限定されることになる。

　このような現金の支出と収入に焦点を合わせて記帳作業を推し進める場合、記帳の技術として最も適当な方法は、単式簿記と呼ばれる方法となる。単式簿記では「単式」という形容が示すように、記帳の対象は現金という単一の資産の出と入りにのみ限定される。これまで、わが国の地方自治体における財務会計制度[6]は、次のような理由づけから、現金主義会計と単式簿記が採用されてきた。

① 単年度予算主義に最も適した方法である。
② 現金主義会計を採用することで、不正や誤謬の発生を防ぐことができる。
③ 住民から預かった税「金」を管理するのに最も適した方法は、現金の管理に焦点を当てる現金主義である。

④　発生主義で作成される貸借対照表などの決算書よりも、『普通会計決算状況調べ』(決算統計)を活用するほうが、より適切な財政運営が可能である。

⑤　利益計算が求められない自治体会計で、費用収益の対応といった発想は不要である。

⑥　地方自治体の債務(起債)には実質的な政府保証が付されており、政府や地方自治体の担税権を加味すれば、自治体の債務が貸し倒れになる可能性はない。したがって、債務弁済の財源としての資産の評価は不要である。

ここに整理した6つの理由は実は、筆者が日本国内の地方自治体で貸借対照表等の作成業務に従事したこの10年間、非常に多くの地方財政関係者から言及されたものである[7]。もとより、地方自治体の財政は、決して財政学者だけの研究領域ではないことは明らかである。しかし、地方自治体や政府の公会計を専攻する会計学者の非力、公認会計士の自治体等での経験不足から、この10年間は、以上のような理由づけに対して、必ずしも十分に説得的な説明(反論)ができなかったというのが、正直なところではないだろうか。

ところが、2006年度以降、総務省でも地方公会計改革の研究会が設置されるなどの状況にあって、現金主義会計と単式簿記の採用が地方自治体の財務会計に果たして適切なのだろうかという問題意識が顕在的になってきた。以下では、上記の6つの理由に対して反論的な補足説明を行なうことを通じて、わが国の地方自治体財務会計(制度会計)に積極的に発生主義会計を導入する意義を確認する。

修正現金主義会計の考え方

単年度予算主義とは、当該年度の歳出を当該年度の財源で充当する予算編成、予算執行上のルール、考え方である。もちろん、予算には短期、中期、長期の発想が不可欠で、単年度予算主義はあくまでも短期(1年)の予算を編成、執行する際のルールに過ぎないことを忘れてはならない。しかし、自治体の財政規律を維持し、身の丈にあった予算編成、予算執行を実現しようとすれば、単年度予算主義の考え方は、極めて合理的であると言えよう。

ここにおいて出納閉鎖（出納整理期間）のシステムは、現金主義会計のもとで、単年度予算主義の徹底という視点から導入された会計上の工夫と位置づけることができる。

この出納閉鎖のシステムが実は、非常に大きな問題を抱えている。4月や5月に記帳されるべき取引を3月末日にバックデートして記帳するという出納閉鎖の考え方は、時に修正現金主義として説明されることがある。現金主義から発生主義への転化の経緯は一般に、「現金主義→修正現金主義→修正発生主義→発生主義」という4つのプロセスで説明されている。そして、わが国の地方自治体財務会計は、出納閉鎖の仕組みを導入していることで、修正現金主義が採用されていると説明されているのである。

しかしながら、わが国の地方自治体で展開されている出納整理期間のシステムは、本当に修正現金主義に該当するものであろうか。貸借対照表に計上される資産を切り口に説明すると、現金主義は現金（ならびに預金）だけを、発生主義は現金やその他の財務資産、さらには非財務資産を含めて貸借対照表能力をもつものとして把握する。また、修正発生主義では、発生主義で把握される非財務資産（地方自治体の場合は、たとえば、インフラ資産や公の施設）には、貸借対照表能力が認められないことになる。こうした説明が行なわれる場合、修正現金主義は、財務資産、あるいは、財務資産のなかでもごく一部の受取勘定（貸借対照表日から一定の期日以内に現金預金化が可能な資産）のみに貸借対照表能力を認める会計方式として定義されることになる。ところが、わが国自治体の決算書では、現金・預金以外の受取勘定が、貸借対照表に資産として計上されているわけではない。つまり、現金主義からは発生主義までの4つのプロセスを資産の貸借対照表能力という観点で説明するならば、出納閉鎖を伴う現在の地方自治体会計は、修正現金主義とは言えないのである。

わが国の地方自治体で修正現金主義に言及する場合には、「地方自治体は、その会計年度（4月から翌年3月まで）の期間中にはすべての収入・支出の事務を完了することができないため、翌年度の4月1日から5月31日までの2カ月間を出納閉鎖期間とし、その間に現金の未収・未払の整理ができるようになっています」という説明が加えられることが一般的である。こ

の説明によれば、4月や5月に入金予定の未収地方交付税(これは短期の受取勘定に相当する)は、結果として資産(たとえば、未収金)に計上されることなく、歳入として処理されることになる。現金・預金だけではなく、短期の受取勘定に貸借対照表能力を認める純粋に会計学的な修正現金主義の発想と、地方自治体の実務で行なわれている出納閉鎖の仕組みは、必ずしも同じ内容のものではない。つまり、わが国の出納閉鎖の仕組みを修正現金主義という概念を用いて説明することが、本当に会計学的に正しいことなのかどうかを吟味する余地が相当に残されているのである。

出納整理期間の必要性

さて、会計学的な概念の問題とは別個、予算編成や執行、決算の観点から出納整理期間の必要性について検討してみよう。わが国の地方自治体のように、翌年度の4月と5月の2カ月間に、当該年度の歳入と歳出の20%～30%が集中する場合、収支を確定するための事務作業を3月までに終えることは事実上不可能である。株式等を公開している民間企業の場合、決算の作業と監査役や公認会計士・監査法人の監査の作業は同時並行的に行なわれるが、それでもおおよそ、決算日から3～4週間程度で貸借対照表等の財務諸表とその明細を監査役や監査人(公認会計士や監査法人)に手渡している。決算や収支の確定作業は、このように一定の時間を要するものである。ましてや地方自治体においては、財源としての地方交付税や補助金、起債に伴う入金が政府等の事情で4月以降にずれ込むケースも多く、この財源を充当する支出は、さらに日程的に遅いものとなる。

以上のようなことを勘酌すれば、わが国地方自治体において、出納整理期間を設けて、この2カ月間で、前年度の収入と支出の確定を行なうという手続きは、非常に合理的な作業である。しかし、ここで重要なことは、そうして確定した収入と支出を、3月末日に取引が生じたようにバックデートする必要性は本当にあるのか、という点である。4月と5月の出納整理期間中の取引の日付を3月末日にバックデートするという手続は、会計学的にはまったく根拠づけのできない行為である。地方自治体の会計制度について、日本公認会計士協会や大手監査法人の幹部が、自治体の出納閉鎖についてしばし

ば批判するのも、この点である。決してこれらの幹部は、出納閉鎖の仕組みそのものを批判しているわけではない。しかし、地方自治体の関係者には、公認会計士が出納閉鎖のシステムそのものを批判していると、受け取られてしまうことが多い。そこから生じるお互いの不信は、「公認会計士は自治体のことをよく知らないで……」という自治体関係者の発言に集約されている。

　単年度予算主義も出納閉鎖も適切な実務である。唯一、不適切なのは、4月と5月の出納整理期間中の取引の日付を3月末日にバックデートするという会計処理であるということが、理解されなければならない。そのことは、たとえば、次のように説明することができる。すなわち、単年度予算主義のもとで、出納整理期間に地方交付税の受け入れが行なわれ、それを財源として歳出の支払を行なったケースを想定してみよう。会計学的に精緻な修正現金主義を適用した場合、【仕訳例1】のような記帳が行なわれることになる。

【仕訳例1】地方交付税（補助金）100百万円の入金は、翌年度4月30日になる。補修費100百万円の支払は、この地方交付税（補助金）を財源に充当するために、翌年度5月15日に行なわれる（行なわれた）。

　　3月31日　未収地方交付税　　100　／　地方交付税（補助金）　100
　　3月31日　補修費　　　　　　100　／　未払金（補修費）　　　100
　　4月30日　現金預金　　　　　100　／　未収地方交付税　　　　100
　　5月15日　未払金（補修費）　100　／　現金預金　　　　　　　100

　ところが、わが国の地方自治体で現在行なわれている記帳は、次の【仕訳例2】のように説明されるはずである。【仕訳例2】では、4月30日と5月15日分の記帳がすべて出納閉鎖の関係で3月31日付となり、借方と貸方の双方に計上された金額が相殺されて矢印の下の記帳のみに集約されている様子が伺える。会計学的な意味での正しい修正現金主義は【仕訳例1】であり、この場合には、貸借対照表に現金預金以外にも、未収地方交付税と未払金（補修費）が計上されることになる。しかし、【仕訳例2】では、貸借対照表には現金預金のみしか計上されない。このように、わが国地方自治体における出納閉鎖に関連した会計処理は修正現金主義会計ではなく、4月と

5月の取引を3月末日にバックデートしたうえで、現金主義による処理を行なっただけのものに他ならないのである。

【仕訳例2】
3月31日　未収地方交付税　~~100~~　／　地方交付税（補助金）　100
3月31日　補修費　　　　　100　／　未払金（補修費）　　　~~100~~
3月31日　現金預金　　　　~~100~~　／　未収地方交付税　　　~~100~~
3月31日　未払金（補修費）~~100~~　／　現金預金　　　　　　~~100~~

↓

3月31日　補修費　　　　　100　／　地方交付税（補助金）　100

以上から、単年度予算主義を徹底するうえで、会計方式として現在実践されている現金主義（的な処理）が最適であるという指摘は、明らかに適切ではない。単年度予算主義を徹底し、出納閉鎖や整理の期間を設けることと、現金主義や発生主義といった会計方式の選択の問題との間に直接的な関係はない。単年度予算主義と出納閉鎖を前提にしても、そこで導入されるべき会計方式は、その他の理由によって決定されるべきものなのである。

換言すれば、出納閉鎖は、単年度予算主義を徹底するための手法であり、当該年度の財源と歳出の対応は翌年度の開始2カ月の間に行なえばよい。しかし、この実態を現在の会計制度のような方法（【仕訳例2】）で記帳するか、【仕訳例1】のように記帳するかは、単年度予算主義や出納閉鎖のルールとは、まったく関係のない部分で決定すべき問題である。単年度予算主義に現金主義が適しているという理由①には、実は何の根拠もないのである。

現金主義会計と不正・誤謬

地方自治体で実践されている現金主義会計の長所として、しばしば指摘されるのが、不正や誤謬に対する大きな統制可能性である。つまり、現金主義会計は、現金や預金の収入と支出に基づいて記帳が行なわれるために、不正を犯したり、誤謬が見逃されたりする可能性は非常に低いという指摘である。

一部の地方自治体関係者（現金主義の適用に頑なに拘る関係者）からは、「発生主義会計を導入している民間企業で頻発している粉飾決算が、地方自治体でこれまで起こったことがありますか」という問いかけがなされることさえある。それほど地方自治体関係者は、現金主義会計が不正や誤謬に統制力をもつ会計方式であると、信奉してきた歴史を有している。

　ところがすでに述べたように、会計検査院は、2008年11月7日、官庁や政府出資法人などの2007年度の決算検査報告を麻生太郎首相に提出し、その際に、全国の12の道府県で不正経理が発見されたと発表した。12道府県の不正経理は計11億3713万円（国庫補助金相当額5億5600万円）に上り、物品を架空発注して代金を業者に保管させる「預け」は6府県で発見されるなどの指摘が行なわれている。もとより、こうした不正の背景には、予算を使い切らなければならないといった道府県職員に課された特殊な状況（たとえば、国と地方自治体との関係において）を斟酌する必要がある。したがって、不正を犯した自治体関係者に対しては、多少の同情の余地があるかもしれない。しかし重要なことは、そのようなことは当然に掌握しているであろう会計検査院が、わざわざ不正経理問題として摘発を行なったという点である。

　地方自治体職員にとっては、「これが不正経理？」と感じるような案件についても、会計検査院は今回、断固たる処置を講じたわけである。市民の目線から見れば、これらの不正は、まさに不正そのものである。地方自治体の会計は現金主義だから不正や誤謬が発生しにくいという指摘は、この摘発によって、何の根拠もない妄想であったと結論づけるほかない。現金や預金だけを管理の対象にする現金主義会計は安全であるという言及には、もはや何の説得力もない。したがって、理由②にも、根拠がないということになる。

3　発生主義会計の有用性

住民が納めた税「金」の適切な管理

　地方自治体は、住民から集めた税金を財源として各種の行政サービス等を、最少の経費で最大の効果が発現されるように提供してゆかねばならな

い。住民が納めた税金は、地方自治体が諸般の活動を行なう上でも極めて重要であり、その収入と支出の管理には、現金主義の会計が最も適切である。このような指摘は、自治体会計に現金主義を導入する論拠として従来から強く主張されてきた。

確かに住民が納める税金「そのもの」の管理、すなわち、資金管理（Fund Management）を適切に行なうためには、現金主義会計は相当に有効な手法となる。そして、住民が納めた税金が、自治体職員の人件費などの経常経費に充当され消費される場合にも、現金主義による記帳のみで十分かもしれない。しかし、住民が納めた税金は、投資的経費として普通建設事業に財源充当され、インフラ資産や公の施設にその姿を変えることも多い。インフラ資産や公の施設は、貴重な税金を財源として建設されたものであり、住民からの税金を有効に活用するという発想からは、単年度で消費されてしまう経常経費のように支出されたらおしまい、というわけにはゆかない。減価償却の発想、あるいは、除却や売却の発想をもちだすまでもなく、インフラ資産や公の施設が消滅してしまうまで、住民が納めた税金の一部は、それらの資産や施設に形を変えているだけであり、この部分の管理（すなわち、財務管理）の手を緩めることはできないはずである。

また、住民が納める税金を大切に利用するという観点からは、地方債残高を厳密に管理することが重要になる。地方自治体における起債残高は、将来の税収等（住民が納める税金）を財源として元利の償還が進められることになる。つまり、地方債などの負債残高は、将来自治体に住民から納められる税金の使途を、起債の元利償還という理由で「すでに」拘束してしまっていることを意味する。自治体のミッションが、住民が納める税金の管理を正確に行なうことであるとすれば、将来の住民が納める税金の使途をこうして拘束している起債などの負債残高を適切に管理することは、非常に重要な作業となる。さらに発生主義会計が導入されると、資産残高を把握することで補修費などのメンテナンス費用と、負債残高を管理することで金利という追加的なコストの発生を、自治体職員は把握、意識できるようになる。

現金主義会計の欠点は、現金以外の上記のような資産、負債、メンテナンス費用、金利などを包括的に管理することができないという点にある（した

がって、理由③は誤りとなる)。現金残高とそのフローしか管理できない現金主義会計ではなく、資産や負債などのストック情報を把握し、現金フローの情報だけではなく、コストに関するフロー情報を正確に提供できる会計方式を採用すべきである。その方式は発生主義会計であり、発生主義会計を導入することで、地方自治体の財務パフォーマンスは大きく改善されると期待されるのである。

『決算統計』の限界

　発生主義会計を導入することで作成される貸借対照表、行政コスト計算書などを利用しなくとも、地方自治体では地方財政決算状況調べ(『決算統計』)が毎年作成されており、このデータに基づいて、自治体の行財政改革が可能であると主張される見解がある。決算統計を活用して貸借対照表等を作成しようとする総務省方式（平成12・13年度）の導入以降、地方自治体で財政を担当する職員以外にも、決算統計の存在は周知されるようになってきた。決算統計は、単年度の金の流れを地方財政計画の観点から克明に記録した帳票で、各自治体の財政分析を行なう上でも、非常に有用な統計資料である。

　しかしながら、決算統計には、いくつかの限界もある。たとえば、現金のフローをベースにするデータは非常に詳細に準備されている一方で、ストックに関するデータは必ずしも十分ではない。また、資金の出と入りを詳細に記録する一方で、資金の流れの伴わない事象については記帳の対象となっていない。款・項・目といった目的別分類と、節・細節といった性質別分類は行なわれているが、それぞれの自治体の政策・施策別データ、インフラ資産や施設ごとのデータは、ほとんど記帳されていない。総計主義ではなく、純計主義で作成されていることも、『決算統計』の限界である。

　右肩上がりの経済態様で、地方自治体運営にそれほど深刻な課題も存在しない時期に、それこそ非常に大きな財務的失敗（マイナスの財務パフォーマンス）を犯さない限り、自治体が順調に運営される状況においては、決算統計のデータと財政部門の担当者・責任者の経験で、自治体の財政運営が円滑に進められた時代もあった。しかし、昨今の地方自治体を取り巻く状況は極めて深刻であり、これまでを大きく上回る改革・変革が求められている。こ

の環境下では、決算統計がもたらす財務分析結果だけでは不十分である。複式簿記と発生主義会計が自治体に提供する各種のデータは、決算統計よりも多くの財務情報を提供し、将来の改革の糸口となろう。現金主義会計をベースに作成される決算統計は、これまでの自治体財政運営に非常に大きな役割を果たしてきた。しかし、昨今の財政危機は、決算統計のデータを活用する程度で克服できるほど容易な状況にはない。ここにおいて、複式簿記と発生主義の組み合わせで生み出されるデータは、財務会計だけではなく管理会計にも有用に活用することができるという点も見失ってはならない。このことは、参考資料8に掲載されたCPFAの資格試験のサーティフィケート・レベルの管理会計でも、相当に精巧な管理会計データの作成と編集、利用方法が説明されていることからも明らかである。したがって、理由④も合理的な理由には該当しない。

費用と収益の対応

　発生主義会計の導入は、貸借対照表だけではなく、行政コスト計算書の作成を可能にする。総務省の新地方公会計制度実務研究会報告書[8]で例示されている行政コスト計算書は、非常に広範なコスト情報を1枚の行政コスト計算書に集約した段階のもので、そのデータを財務パフォーマンスの向上に活用することは非常に困難である。この行政コスト計算書は、米国の地方自治体会計のように、アカウンタビリティの視点から住民に理解しやすいフォームで提供されているわけでもないし、英国の地方自治体会計のように、管理会計的な利用に適合して、より詳細なデータ（たとえば、政策や施策別のコストデータ）へと展開できるような形式にもなっていない。

　行政コスト計算書を有効に活用するためには、集計された行政コスト・データを総合計画の政策体系にそって政策や施策、事務事業のレベルへと細分化する必要がある（この点はCIPFAのBVACOPのSEAと類似している）。事務事業や各施設のレベルで計算される行政コストは、たとえば、行政サービスを享受する受益者に対する受益者負担（公共料金）の金額を検討する際に非常に有用なデータとなる[9]など有用性が非常に高い。

　ところで、発生主義会計を導入する民間企業では、「収益−費用＝利益」

の計算式から適正な利益の計算を行なうために収益と費用の対応を重視する。しかし、地方自治体は一部の公営企業会計を除いて、こうした利益計算を行なう必要はない。それゆえに、利益計算の必要にない地方自治体には、発生主義会計は不要であるという考え方が、これまでもずいぶんと主張されてきた。

　確かに地方自治体では一般的に、利益の計算は不要である。しかし、「収益－費用＝利益」の計算式を参考にして、歳出とその財源の関係を、発生主義会計の計算のもとで精緻に計算し対応関係を理解することで、行財政改革の糸口を見出すケースも多い。あるサービスを提供するのにどの程度のフルコストが必要とされているかを発生主義で正確に計算するとともに、その財源計算を発生主義で行ない、両者の比較から、たとえば、受益者負担（公共料金）の水準について見直しのきっかけをつかむことも可能である（上段落注記の名古屋市の公の施設に関する受益者負担の決定の例）。

　歳出とその財源の対応関係を正確に把握するためには、発生主義で算出されたコストと財源（民間企業も地方自治体も、収益や財源については、一般に保守主義の発想[10]から実現基準が採用されている）の対比が不可欠である。これを現金主義で行なっても、結果として算出されるコストと財源のデータを用いて改革を推し進めることは困難である。したがって、理由⑤もここでは否定されることになる。

4　財務管理の重要性

政府保証と担税権

　地方自治体において資産の残高管理が求められてこなかった一つの背景には、地方債の発行が実質的に政府が許可や協議を通じて保証を行なっていたこと、また、たとえ地方債償還の原資として資産を活用するにしても、行政財産の多くは売却不可能なインフラ資産等であるという事情が存在する。また、地方自治体は、最終的には担税権を行使して地方債などの負債償還に取り組むことができるという考え方も非常に強い。

しかし、地方自治体を取り巻く環境は財政的に深刻な情勢にあって、実質的な政府保証や担税権の行使などについても、非現実的であるという見方が広がってきた。つまり、政府保証や担税権という拠り所はあるかもしれないが、地方自治体はそうしたものを当てにせず、自力で債務等の弁済に取り組んでいかなければならない状況にあると考えられるようになってきた。この流れは、PFI（Private Finance Initiative）の手法導入を契機として、自主的な財源確保（ファイナンス）への自我が、多くの自治体で芽生えている状況とも一致する。

第二次世界大戦が終わって、昭和20年以降建設されてきたインフラ資産等は、いずれも、まもなく機能的な耐用年数を迎え、除却後の新設といった更新の時期を迎えようとしている。負債を償還する財源としての資産残高の把握だけではなく、どの程度のインフラ資産の更新が今後必要とされるかについてのデータを把握するための資産残高の管理は、時代の要請として非常に重要なものとなってきた。このような状況ではもはや、現金のみを管理の対象にする地方自治体の現金主義会計の限界は火を見るよりも明らかである。したがって、理由⑥のように、担税権を理由に、地方自治体における現金主義会計の導入を是とすることはできない。

現金主義・発生主義と財務管理

現金主義の歳入歳出決算書でも、現金の出と入りについての吟味、ならびに、現金残高そのものについての実在性の検証に有用なデータを入手すること「は」できる。地方自治体で管理すべき対象が、現金そのものだけで十分な場合には、現金主義の会計も悪い方法ではない。自治体の会計は現金主義で十分と考える研究者のなかには、現金収支のデータを記帳する現金主義こそ自治体に相応しい会計手法であるとの主張を堅持されている方も多い。自治体関係者のなかにも、発生主義の導入を頑なに拒もうとする風潮さえある。

しかし、そもそも地方自治体で管理をしなければならない資産は現金だけなのであろうか。地方自治法の内容に付言するまでもなく、自治体の目的は、最少の経費で最大の効果を発現できるような行政の運営であり、自治体会計はそのために有用なデータを提供するツールでなければならない。換

言すれば、住民の支払った税金を1円たりとも無駄にすることなく、有効に活用することが、自治体と自治体会計の目的といえるのである。この目的を徹底するためには、発生主義会計の適用に加えて、財務管理（Financial Management）の発想を地方自治体に広める必要がある。

　財務管理の目的に照らしたとき、現金のみの管理しかできない現金主義会計は、自治体にとって最善の会計手法ではない。住民の税金を財源に歳出された投資的経費は、将来の複数年度にわたって住民にサービスを提供する行政財産として自治体の所有物となっているし、行政財産の適正な活用には、それがたとえば公の施設であるような場合には、相当の管理経費も必要となる。財務管理ではたとえば、こうした問題に対して一つひとつの解決方策を見出していく必要がある。現金主義ではなく、発生主義で貸借対照表を作成し、財産たる資産、そして、管理経費発生の源となる資産の内容を規則的に把握することは、自治体財政を管理する上で非常に重要な課題となる。

　負債に関しても、地方債などの金銭債務は将来の税収等を財源として弁済されるものであり、将来の住民からの税収等の使途をすでに限定してしまっているという点で、自治体の財務管理上、非常に重要なデータである。住民が支払った税金の使途に留意するのと同様に、将来の住民からの税収の使途を明確に把握するという意味で、地方債などの金銭債務（負債）のデータを的確に把握することは必須の財務管理のテクニックであり、これを可能にする会計手法は発生主義しかない。

　また、資産とその管理費用の問題と同じように、金銭債務は一般に、支払利息を発生し、追加的な経費の発生という点でも自治体財政に大きな影響を及ぼしている。発生主義を採用して負債に関する適切なデータ管理を行なわないと、将来の住民が支払う税金の使途が不明のままで、かつ、毎期発生する支払利息についても十分な配慮が払われないことになってしまう可能性が高い。このような状態では、適切な財務管理など不可能である。

　地方自治体の財政はこれまで、地方財政計画というマクロの視点、ならびに、この計画に深い関わりをもつ決算統計をベースにしたフロー中心の財務分析の視点で、コントロールされてきた。しかし今後は、個々の地方自治体が主体的に取り組む財務管理の発想を積極的に地方自治体内部に浸透し、定

着させる必要がある。地方財政計画がマクロの視点であるのに対して、地方自治体の財務管理はミクロの課題である。地方自治体が取り組むほとんどの事業には、何らかの財務問題が関わっている。この問題を的確に処理し、自治体の財務パフォーマンスを向上し続けていくためには、財務管理は不可欠な手法である。わが国の地方自治体改革を推進するためには、新しい視点として、発生主義会計の導入に加えて、財務管理を浸透させることを真剣に検討しなければならないのである。

5　CIPFAJの創設に向けた取り組み

地方自治体会計専門団体創設の必要性──発生主義と財務管理

　英国は地方自治体の会計や財務管理の分野において、最も先進的な改革を推し進めてきた国である。1885年に設立された勅許公共財務会計協会（CIPFA）は、その中核を担ってきた組織である。英国では、2003年の地方自治法で、全国の地方自治体に会計や財務管理の適切な慣行（proper practice）の適用が求められており、CIPFAはこの適切な（会計）慣行を策定し、その運用を研修や教育、コンサルティングを通じてサポートする団体として、唯一王室憲章によって設立が認可されている団体である。

　CIPFAが認定する勅許公共財務会計士（CPFA）の資格は、英国だけではなく世界各国でも最も有名で伝統のある公共部門を対象とした会計士の資格である。英国内には1万人を超えるCPFAが存在し、5000人以上のCPFAが英国内500の地方自治体で勤務している。地方自治法では、各自治体に最低1名の会計専門職（CPFAなどの資格を有する者）を、フルタイムの「管理職」として雇用することも求めている。

　翻って、わが国には、CPFAの資格に相当する資格は存在しない。また、約2万人の公認会計士のごく一部が、包括外部監査人やその補助者という形で地方自治体に関与するにとどまっている。このわが国の現状と比較した場合、英国では、地方自治体で非常に多くの公会計と財務管理の専門家（CPFA）が自治体職員として活躍している点に注目しなければならない。

公会計の制度改革には、その担い手となる専門的能力をもつ自治体職員を養成することが不可欠であり、わが国の取り組みはこの点で著しく遅れている。

わが国で地方自治体の公会計制度改革と財務管理を推進するためには、CIPFA のような公会計と財務管理の専門団体を構築し、専門団体が認定する公会計等の専門職の資格を設け、全国の自治体関係者がこの資格取得を通じて専門的能力を身につけるというイメージをもつことが重要である。たとえば、専門団体の設定は総務省が主導で推し進め、公会計等の専門職の資格試験には、わが国でも裾野が広がってきた公会計や公共部門の財務管理の研究者・実務家が試験委員として従事すればよい。1885 年に CIPFA が創設された頃、中心メンバーとなったのは、当時の自治体関係者であり、専門団体の運営は、日本全国の自治体から派遣された人員が担っていた。今日の CIPFA があるのも、この親睦団体的な活動があったからである。

以下においては、日本版 CIPFA（CIPFAJ）の創設を理想としながらも、現実的な対処方法として、CIPFA が英国で果たしている役割を、かりに日本国内において分業体制で担うとすれば、どのような団体等がどのような役割を期待されるのかが整理されている。その際、地方自治体の会計や監査（特に内部監査）だけではなく、CIPFA がこれらに加えて果たしているそれぞれの地方自治体単位の財務管理の啓蒙・啓発も、わが国の自治体改革には不可欠である。CIPFA の F は財務の F である。すべての行政課題は、財務の問題を考慮せずに解決することはできない。財務管理を主軸に据えるスタンスが、今日の地方自治体改革の中心課題であり、会計や監査の手法とツールは、財務管理をサポートする学問の一つとして体系化することが望ましい。CIPFA が財務管理をどれほど重視しているかは、CIPFA が、英国内の地方自治体における財務管理のベスト・プラクティスとして推奨している財務管理モデル（FM モデル）を構築したことにも現れている[11]。

写真 5-2　CIPFA が開発した財務管理モデル

簿記教育の重要性

　地方公会計改革、監査機能の強化、財務管理体制の整備を通じて、地方自治体財政のガバナンス機能をいっそう強化しようとするベクトルが顕著である。しかし、それにもかかわらず、依然として多くの地方自治体では、公会計改革とは、総務省方式改訂モデルの決算4表を作成することであると理解されており、日商簿記検定の2級や3級の資格すらもたない財政課職員が、この決算4表や附属明細表を作成するという現状が存在する。

　そして、こうした地方自治体職員向けの研修では、会計学者や公認会計士が「簿記抜き」で公会計改革の内容を研修[12]するという日本流の意味不明な状況が続いている。わが国には、複式簿記の手法を利用せずに、貸借対照表などの決算4表をエクセルの作業で作成しようとする発想に、大きな問題があるという認識すらない。簿記の技法を用いないで作成された貸借対照表は、実は「貸借対照表もどき」に他ならないのである。

　地方公会計改革の実務作業に従事する財政課職員には本気で、簿記や会計学の基礎的学習を義務づけるべきではなかろうか。簿記や会計を理解する人材の育成なしで、日本版のCIPFAやACを構築することはできない。また、地方自治体の財政パフォーマンスの向上を実現することも不可能である。わが国の地方公会計改革は、英国を参考に日本版のCIPFAやACを設立する方向に歩むべきであり、そのためには、自治体職員のなかに簿記や会計学の専門的知識をもつ人材の育成を積極的に推進する必要がある。自治体職員による簿記の学習は、自治体公会計改革のために不可欠で、しかも、非常に簡単な（すぐに成果の出る）取り組みである。しかしながらわが国では、このことすら実践の伴わない、苦渋のステップとなっている。地方自治体の財政パフォーマンスを高めるために、総務省の自治財政局や都道府県の市町村課・地方課などには、せめて日商簿記検定の1級資格を有する人材を、若干名でも確保すべきではないだろうか。

　日本版CIPFAの創設という大きな目標も、まずはこうした基本的な簿記教育の必要性を日本国内のすべての地方自治体が認知し、全国の研修等の機関で、自治体職員が簿記会計の基礎教育を受講できる体制を整えることから始めなければならない。この役割は、全国に存在する都道府県の自治研

修所、市町村アカデミー（JAMP）、市町村国際文化研修所（JIAM）に、まず、期待すべき内容である。すでにこうした研修機関では、企業会計を学ぶというイメージでの科目設定が行なわれて、多数の受講生を確保しているところもある。今後は、こうした研修の量的拡大を図るとともに、地方自治体職員に本当に必要な簿記会計の基礎力を身につけさせるカリキュラムの再検討（質的拡充）が求められよう。自治体職員は、必ずしも日商簿記検定の3級の内容を完璧にマスターする必要はない。たとえば、手形関係の会計処理や帳簿組織を自治体職員は学習する必要はない。他方、損益分岐点分析やABC/ABMの手法、バランス・スコアカードの手法などは、日商簿記検定の1級のレベルを超えるものではあるが、ぜひともマスターすべき内容である。自治体職員に不可欠な内容を、効率的に伝授する教材開発や講義での工夫が、今後の地方自治体職員向けの簿記会計教育の課題なのである。

日本公認会計士協会への期待

日本版CIPFAの創設で、最も大きな可能性を有しているのが日本公認会計士協会（JICPA）である。CIPFAとICAEW（イングランド・ウェールズ勅許会計士協会）は、2005年に、合併まであと一歩のところまで交渉が進んだ経緯を有している（第1章参照）。英国内の6つの会計団体のうち、規模や資格取得の困難さにおいては、ICAEWは、最もレベルの高い会計団体として認知されている。日本公認会計士協会は、ICAEWとも密接な関係を有している。ICAEWがCIPFAとの合併に最後まで積極的に取り組んだという事実は、JICPAが日本版CIPFAとして協会活動を展開できる潜在的な可能性を示唆するものでもある。

周知のとおり、JICPAには公会計委員会をはじめ、パブリック・セクターの会計と監査に関する委員会等が相当数設置されている。これらの委員会で活動を行なっている公認会計士の多くは、実際に地方自治体などで業務従事の経験をもっている。また、IPSASのような国際的公会計基準についての知見や専門的知識も有している。CIPFAが担っているミッションのうち、地方自治体等の財務会計基準の設定に関しては、日本の場合、JICPAの公会計委員会等が、その任務を果たすことが十分に可能なのではないかと考え

られる。

　日本公認会計士協会には、現在でも、各種の業種別委員会報告書が存在している。これらの委員会報告書は、業種に固有の会計ルールを定めたものではあるが、その根底にある会計基準は、企業会計基準委員会の公表する会計基準を逸脱することはない。その意味において、JICPAが策定している業種別の委員会報告書は、英国の会計基準審議会（ASB）の定めたFRS（財務報告基準）に準拠してCIPFAが作成しているSORPと実質的には同じ内容のものと理解することができる。将来、もし日本公認会計士協会が、地方自治体を対象とする業種別委員会報告書のようなものを策定するとすれば、それはすなわち、地方自治体の実質的な会計基準の設定団体として、CIPFAと同じ役割を果たしていることになる。

　金融庁企業会計審議会は、2010年度より国内企業が国際財務報告基準に準拠した財務諸表の作成を認めている。また、2012年度を目処に、わが国の会計基準は国際財務報告基準に収斂する予定である。この場合、当然に各種の業種別委員会報告書もまた、国際財務報告基準準拠したものへと改訂される必要がある。こうした一連の取り組みは、CIPFAがIFRSに準拠した地方自治体会計の実務規範を2010年までに策定しようとしている流れ（第4章）と一致する。これらの意味において、日本公認会計士協会は、日本版CIPFAの創設に最も近い存在である。今後、日本公認会計士協会が、CIPFAが果たす地方自治体会計基準の設定団体としての機能を、わが国において実践する可能性は低くはない。この点、特に日本公認会計士協会へ期待するところは、非常に大きい。

日本内部監査協会への期待

　CIPFAの調査研究や実務規範のなかには、内部監査に関するものや、ガバナンスに関するものがある。社団法人である日本内部監査協会（IIAJ）は、民間企業における監査役と内部監査人の人材開発、研修、それに、内部監査士や公認内部監査人などの資格認定などに約50年関わっている（設立は1957年）。また、内部監査の基準設定などにも近年取り組みを始めており、その業務内容は、拡大の傾向にある。IIAJは、マネジメントに関係す

る内部監査だけではなく、外部監査を通じたガバナンスにも積極的に取り組んでいる。

ところで、日本内部監査協会の活動は、民間企業を対象とした活動に現在のところ限定されている。しかし、機関誌『月間監査研究』には、巻頭論文などで、公共部門の監査や内部監査をテーマとした記事が掲載されるなど、公共部門を意識した組織展開の可能性も否定はできない。もし、日本内部監査協会がその活動を、地方自治体等の公共部門に拡大した場合、現在の業務内容から斟酌して、IIAJ の内容は公共部門の内部監査に非常に大きな貢献を果たすものと期待される。実際、IIAJ と深い関係にある英国の内部監査協会（IIAE）は、地方自治体の内部監査にも積極的に関与している[13]。

IIAE は、CIPFA が地方自治体の内部監査に関する実務規範を策定しているにもかかわらず、地方自治体の内部監査に関して独自の活動を行なっている。英国では、それほど内部監査に対する需要が地方自治体においても大きいわけである。わが国の地方自治体改革で、今後、内部監査機能を主軸に論理展開してゆかねばならないマネジメント改革の一つが、内部統制改革である[14]。日本内部監査協会がこの部分に着目して、日本版 CIPFA の活動の一役を担うような組織のミッションを展開することが期待されているのである。

三井住友銀行（SMBC）への期待

SMBC は現在、関西学院大学専門職大学院経営戦略研究科おいて、地方自治体ファイナンスの講義を寄附講座として関西学院大学に提供している。講義の内容は、地方財政制度や地方債制度を皮切りに、アセット・ファイナンス、プロジェクト・ファイナンス（PFI を含む）、コーポレート・ファイナンスなどで、アメリカや英国の資金調達に関する事例の紹介も行なっている。

これらの講義は、わが国でも数少ない地方自治体関係者を対象にした財務管理の講義として、理解することができる。CIPFA の重要なミッションの一つは、地方自治体関係者への財務管理に関する専門的知識の伝授であり、CIPFA 財務管理モデルを通じた地方自治体改革の推進である。わが国では現在、こうした地方自治体の財務管理を対象にした大学や大学院等での講義は、おそらく、非常にわずかしか開講されていない。その意味において、

SMBCが、関西学院大学に提供している地方自治体ファイナンスの講義の意義は非常に大きい。今後、この種の寄附講座がファイナンスの側面にとどまらず、財務管理全般に及ぶ内容へと進化することで、日本版CIPFAのミッションの一部を、SMBCのようなメガバンクが担う可能性もある。

わが国では、地方自治体の財務管理そのものがまだ学問体系として成熟しているわけではない。CIPFAのように高度な財務管理の理論、手法、テクニックをいきなり日本の地方自治体に導入することは困難である。しかし、SMBCの寄附講座のような取り組みが、いずれは地方自治体の財務管理に関する専門的知識等の普及に、大きな役割を果たすものと期待される[15]。

ネットワーク型CIPFAJの構築

CIPFAJの創設に向けた一つの取り組みとして、大学・大学院を中心に、地方自治体、自治体の会計や財務管理等に関係をもつ協会、監査法人、コンサルタント会社などをネットワーク化した組織を構築し、そのネットワークを通じて地方自治体職員への会計教育や財務管理教育を行なうという方法を考案することができる。ここでは、このネットワーク型組織を、自治体財務・会計ネットワーク（Municipal Finance and Accountancy Network：MFAN）と呼ぶことにしよう。

現在わが国には、CIPFAのような会計団体は存在しないし、地方自治体が行なう財務報告の基準を設定するニュートラルな団体（たとえば、企業会計における財団法人財務会計基準機構／企業会計基準委員会のような）も存在しない。120年以上を要して今日のCIPFAが存在しているとすれば、このシステムや制度を数年のうちにわが国に導入しようとする発想には、困難も伴うであろう。しかし、地方自治体の財務報告、財務管理、内部監査、ガバナンス等の専門領域において、CIPFAが英国内で非常に大きな役割（基準設定、人材育成、調査研究、ベスト・プラクティスの提示など）を果たし、その効果で英国内の地方自治体の行政経営やガバナンスが円滑に進んでいると見るならば、CIPFAと同様の効果を生み出す母体を設立することは、非常に意義深い取り組みとなる。第2章で考察したCIPFAのガバナンスとマネジメントについての考察は、CIPFAJにとっての必要要件を整理す

る際の指針にもなる。

　大学と企業が連携して産業界の人材育成に取り組むのと同様に、大学・大学院が自治体と連携して自治体のニーズに合致する人材育成に取り組む意義は大きい。また先進的な自治体の改革には、民間企業の経営手法を積極的に援用するニュー・パブリック・マネジメント（NPM）の枠組みが導入されており、官学に加え産業界（財界団体や監査法人）がネットワーク型組織に参加する意義も大きい。ネットワーク組織MFANは、自治体の会計と財務管理について実務を進化し、これを通じて自治体の財務パフォーマンスの向上を企図する取り組みである。

　さて、地方自治体における会計や財務管理のエキスパートの育成には非常に多くの課題がある。たとえば、MFANの構築においても、標準的なモデル・カリキュラム（何を教えるのか）や教育コンテンツ（どのような内容を教えるのか）、テキスト、ケース・スタディなどの標準教育パッケージの開発から始める必要がある。また、地方自治体における会計財務エキスパートの育成を担える大学教員は現在、ごく少数しか存在しない（しかも、日本全国に点在している）。このため、全国に点在する教員をネットワーク化し、標準教育パッケージの内容を、日本全国の自治体のニーズに適切に対応して各教員が提供できるような仕組みを構築する必要がある。MFANは、まずこの点に留意して取り組みを開始する必要がある。

　全国の大学・大学院・専門職大学院等には、地方自治体の実務に熟知し、自治体における会計・財務のエキスパート人材の育成に対応のできる教員が点在している。地方自治体における会計・財務エキスパート育成のための標準教育パッケージが、自治体関係者との討議、意見交換、先進事例の調査結果などを集約して開発され、全国に分散している実務教育能力のある教員がネットワーク化されれば、各教員が標準教育パッケージのなかで自己の担当する科目を教育して巡回するなどの方法を採用することで、たとえ少数の教員でも、日本全国の地方自治体が期待する会計・財務エキスパートの育成機能を、大学・大学院等は果たすことができるのである。

　もちろん、このプロセスでは、地方自治体との調整を含む外部マネジメントのノウハウの構築に加え、自治体に提供できる共通コンテンツとしての標

準教育パッケージ（標準カリキュラム・シラバス、テキスト、資料、ケース・スタディ）の開発、啓蒙啓発活動、中堅若手教員の育成も含めたファカルティー・ディベロプメント（FD）などのネットワークの内部体制の整備を推進する必要がある。しかし、こうしたネットワーク組織の構築は、地方自治体における会計・財務エキスパートの育成のように社会的ニーズが高く、大学院等における研究者が少数で全国に点在しているケースには極めて有効な方法である。

6　発生主義会計と財務管理に基づく地方自治体改革

　以上、本章では、地方自治体における財務パフォーマンスの向上が、今日、自治体の直面する最も重要な課題であると認識し、この課題を解決するためには、発生主義会計の導入と財務管理に関する専門的知識の普及の必要性を整理した。その上で、この一連の取り組みには、①地方自治体における発生主義会計基準の設定、②財務管理やその他の監査、ガバナンス等に関する自治体職員への指導、という二つの役割を担うCIPFAのような組織を、わが国にも創設する必要性について考察した。
　また、日本版CIPFA（CIPFAJ）の創設は、これらの機能をすべて有する組織もしくは団体を創設する方法だけではなく、CIPFAの機能を分担して担う複数の組織もしくは団体を通じて、CIPFAJにふさわしい体制を整える方法が現実的であるという視点に言及した。そして、日本公認会計士協会など関連団体が担いうるCIPFAJの一部機能について期待されるところを吟味した。また、こうした関係組織や団体以外にも、大学・大学院・専門職大学院等が中心になって創設するネットワーク組織の可能性について付言した。
　世界的な経済危機のなか、財政危機に直面するわが国の地方自治体は、ここ数年の間に極めて深刻な財政状況に直面すると予想される。そうしたときに、地方自治体として住民に最少の経費で最大の効果を発現できるようなマネジメントとガバナンスの仕組みを整えておくことは、首長をはじめ幹部職員、官房系職員の特に重要な課題となる。この課題を解決するキーワードは

発生主義会計の導入と財務管理である。本章で検討された一連の工夫のなかから、今後、CIPFAJ に匹敵する機能が芽生え、わが国地方自治体の財政パフォーマンスが向上し、自治体改革で良き成果が実現されることが期待される。

【注】

1) 会計検査院「国庫補助事業に係る事務費等の執行に当たり虚偽の内容の関係書類を作成するなど不適正な経理処理を行なって物品の購入等に係る需用費を支払ったり、補助の対象とならない用途に賃金や旅費を支払ったりしていたもの」『平成19年度決算検査報告』437-442頁。ここでは農林水産省の補助金に関して、12道府県の合計で、不適正な経理処理等により支出された国庫補助事務費等の額として 573,100,523 円、不当と認める国庫補助金相当額として 265,306,384 円が指摘されている。12道府県ごとでは、岩手県、長野県、愛知県の順で大きな不当額が指摘されている。
2) 監査制度に関する検討が行なわれている。小委員会の議論からは、監査委員を地方自治体における外部監査として位置づける方向で、検討が進められているように思われる。しかし、監査委員を外部監査機関として位置づけることで、地方自治体内部の内部監査のあり方についての、もう一方の議論が必要になろう。総務省は、2008年度と2009年度に「地方公共団体における内部統制のあり方に関する研究会」を設置して、地方自治体の内部統制の諸問題を検討している。地方自治体のガバナンスとマネジメントには、内部マネジメントと外部ガバナンスの充実が不可欠である。監査に限定すれば、内部監査は内部マネジメント、外部監査は外部ガバナンスと密接に関連する。内部監査機能がもし地方自治体に存在しないとすれば、自治体の内部マネジメントの欠陥は明らかである、この点を意識した監査制度のあり方を検討する必要がある。なお、第 29 次地方制度調査会の詳細は、次の URL より検索が可能である。
    http://www.soumu.go.jp/singi/singi.html
3) 石原俊彦・稲沢克祐編著「第 2 章 英国自治体のランキング」『自治体職員がみたイギリス』関西学院大学出版会、2008 年 3 月、43-64 頁。
4) ただ、ここまでの議論は、もっぱら CIPFA が関与する内部管理や会計基準の設定という領域以外の領域を対象としたものである。本章の中心となる議論は、2 以降で展開されることになる。
5) 地方自治体においては、歳出と歳入の認識基準となる。
6) 会計学は大きく、財務会計、管理会計、監査という 3 つの研究領域に区分される。財務会計は外部報告会計、または、制度会計と呼称されることも多く、主として会計実体の外部に対する会計報告のあり方、財務報告のあり方について、研究を行なう学問である。これに対して、管理会計は、意思決定会計や業績評価会計から構成される会計実体内部での利用を目的とする、会計情報のあり方や利用方法を研

究する学問である。現在の企業会計では、財務会計と管理会計の双方において、発生主義会計と複式簿記で編集された会計情報に基づく研究が進められている。一方、日本の地方自治体会計では、現金主義会計が採用されていることもあってか、主として財務会計の分野にのみ注目が注がれ、地方自治体の管理会計についてまとまった研究成果として集約されたものはない。実際、「地方自治体の管理会計」という説明に、漠然としたイメージすら描けない自治体関係者も非常に多いと思われる。しかし、会計や会計学は、そもそも内部利用を目的とした管理会計を起点とする学問体系である（異説もあるが）。それゆえに、会計や会計学は本質的に内部管理的な志向を強くもっている。残念ながら、わが国の地方自治体関係者や総務省の新地方公会計制度改革の研究会等では、管理会計的な側面を意識した考究はそれほど十分ではない。本章では、地方自治体会計を財務会計と管理会計に区分して論点整理を行なうが、地方自治体改革に関する今後の方向性として、少なくとも、この両者（財務会計制度と管理会計システム）が融合されるようなイメージで、地方自治体の財務報告や財務会計制度のあり方が議論されることが望ましい。なお、以下の本文では、理由の①から⑥をそれぞれ、理由①、理由②という表記で言及する。

7）　筆者は、1998年に三重県が作成した貸借対照表等作成の実務に関与以降、2005年度までに、臼杵市（大分県）、福岡市、尼崎市（兵庫県）、芦屋市（兵庫県）、和歌山県、大阪府などの独自方式の貸借対照表等の作成に関与した。2006年度以降は、総務省新地方公会計制度研究会、同新地方公会計制度実務研究会などにより、わが国の地方自治体における発生主義による決算書の作成は、総務省方式改訂モデルまたは基準モデルに収斂（東京都のような独自方式を採用する団体も一部残っている）され、2009年秋には全国の都道府県、市区などからいずれかの方法に基づいた発生主義決算書が公表される予定である。現在、いくつかの自治体で独自方式の決算書が作成されているが、そのほとんどは、作成に関与した公認会計士や研究者の考案したロジックに基づいていると考えられる。しかし、三重県庁が発生主義会計の決算書作成に取り掛かった10年以上前とは状況は大きく変化している。国際財務報告基準へのコンバージェンス（収斂）や、セクター・ニュートラルの考え方が一般化してきた国際的な会計情勢のなかでは、独自方式の財務諸表には財務会計上の意義はない。地方自治体の公会計改革を、財務報告との関連で行なうのであれば、独自方式の決算書作成はすぐにでも中止すべきである（もとより、管理会計的に独自方式を採用する点については、むしろ、推奨されるべきものである）。また、実質的な、わが国の地方自治体財務会計基準である総務省の2方式についても、できるだけ早いタイミングでコンバージェンス（収斂）することが求められよう。そうすることで、財務情報を用いた地方自治体間の比較が可能になり、より多くの住民等の利害関係者の意思決定に貢献することになるからである。

8）　http://www.soumu.go.jp/s-news/2007/071017_1_bt.html

9）　たとえば、名古屋市では公の施設に関する受益者負担について、フルコストの考え方を起点にして、一定の考え方を整理している。
　　http://ishihara.t.mepage.jp/db/bp_japan/200nagoya/ngy_zyuekisha.pdf

10）　地方自治体には、民間企業の会計は発生主義と理解している関係者が多い。しか

し厳密には、費用の認識が発生主義で行なわれているだけで、収益の認識は実現主義が採用されている。たとえば、売上高の認識は、商品等の出荷や顧客への納品のタイミングで計上されている。実現概念は出荷や納品など、売上高（収益）の計上が実質的にほぼ間違いなく見込まれるタイミング（会計学的には、現金もしくは現金同等物の獲得の時期。出荷のタイミングで計上される売掛金が、この現金等価物に相当する）に、収益を認識する基準である。もし、売上高に発生主義が適用されているならば、たとえば製造業の場合、製品生産の工場の工程から収益の部分的な認識が行なわれなければならないが、実際の企業会計はこのような収益の認識を行なうわけではない。費用の認識は少し早めに、それに対して、収益の認識は少し慎重にという保守的な発想が、企業会計の期間損益計算では適用されている。

11) CIPFA の財務管理に関する基本的な考え方は、CIPFA, *The CIPFA FM Model: Statements of Good Practice in Public Financial Management*, CIPFA, 2007 に集約されている。本書の序文では、報告内容のとりまとめを行なった Sue Beaucham 氏（ケンジントン・チェルシー区財務部長）と CIPFA の事務総長の Steve Freer 氏が、「必要とされるすべての公共サービスを提供するだけの資金はない。公共部門の組織は、経営資源を最大有効活用するために、財務管理の良き方針を構築し維持する必要がある（There in never enough money for the public services to do everything they would like. To make the most use of their resources, organizations in the public services need to establish and sustain an improvement path for financial management）」と述べ、公共部門における財務管理の重要性を指摘している。

12) 決算統計から貸借対照表等の決算4表をエクセルを使って作成する作業は、会計学の教育ではない。会計学の基礎には複式簿記のシステムがあり、複式簿記システムから生み出された会計情報のあり方や利用方法を整理する学問が会計学である。簿記を利用しない作業は、決して会計学の作業ではないのである。

13) 英国・アイルランド内部監査協会の URL は次のとおりである。
http://www.iia.org.uk/

14) 総務省では、2007 年 10 月に「地方公共団体における内部統制のあり方に関する研究会」を設置し、わが国地方自治体における内部統制の論点整理に取り組んでいる。

15) 現在、SMBC の公共・法人金融部の有志は、関西学院大学地方自治体 NPM 研究センターと協働して、地方自治体ファイナンスに関するテキストの執筆に取り掛かっている。

写真4　CIPFAの創設者

1885年
初代理事長
George Swainson 氏

1885年
初代名誉事務総長
John Elliott 氏

1979年
初代執行役
Noel Hepworth 氏

写真5　筆者とCIPFA事務総長Steve Freer氏
2008年9月3日（水）

筆者は日本の地方自治体職員7名を伴ってCIPFAの本部（ロンドン）を訪問した。CIPFA本部が現在オフィスを構える建物は、『ピーターパン』を執筆したJ. M. Barrieの住まいしたフラットとして有名である。当日、事務総長からは訪問を記念して『ピーターパン』の限定本（CIPFA創設120年の記念本）を贈呈された。

写真6　2008年CIPFA執行部

Managing Director
John Saunders 氏

Director
Ian Carruthers 氏

Director
Chris Harris 氏

Director
Drew Cullen 氏

Director
Adrian Pulham 氏

Director
Caroline Rickatson 氏

写真 7-1　2003 年 CIPFA 理事会メンバー

写真 7-2　2003 年 CIPFA 理事会メンバー

写真8　2008年CIPFAマネジメント・チーム

Assistant Director
Tom Lewis 氏

Assistant Director
Barry Mather 氏

Technical Manager
Colin Stratton 氏

Manager
Paul Myner 氏

Officer
Julian Smith 氏

CIPFA 事務総長室
Lynn Starr さん（左）と Kathryn Tidey さん（右）

第 69 代理事長 Arthur Hedley Marshall 氏の肖像画
同氏は CIPFA の発展に寄与した著名な理事長

2008 年 6 月 23 日 CIPFA の視察を終えた
務台俊介 CLAIR ロンドン事務所長（右）
河合宏一英国日本大使館一等書記官（左）

写真9　CIPFA（本部）周辺

CIPFA本部のエントランス

CIPFA本部が面する
Robert Streetの標識

CIPFAの社名標識

資料編

参考資料 1　　　　　　　　　　　　　　　　　　CIPFA 歴代理事長

就任年	氏名　大英帝国勲章	肩書き　所属
1885	George Swainson	Borough Treasurer, Balton
1886	George Swainson	Borough Treasurer, Balton
1887	Benjamin Jones	Borough Accountant, Sheffield
1888	John Eley Bryan	Borough Accountant, Nottingham
1889	John Elliott	Borough Treasurer, Rochdale
1890	Samuel Collier Potts	Borough Accountant, Huddersfield
1891	John Henry Bailey	Borough Treasurer, Blackburn
1892	William Fisher Tasker	City Accountant, Sheffield
1893	William Cooper	Borough Accountant, Derby
1894	Frederick Ernest Harris	Borough Accountant, West Ham
1895	Richard Barrow	City Controller and Auditor, Liverpool
1896	William Penn-Lewis	Borough Accountant, Leicester
1897	George Stephen Parker	Borough Accountant, Stafford
1898	Walter Clarke	County Accountant, Yorkshire (West Riding)
1899	James Carter	Borough Treasurer, Preston
1900	Lister Woodhouse	Borough Treasurer, Birkenhead
1901	Thomas George Milner	City Treasurer, Kingston-upon-Hull
1902	William Stevens Carver	City Accountant, Oxford
1903	William Bateson	Borough Treasurer, Blackpool
1904	William Gunner	Borough Accountant, Croydon
1905	George Albine Thorpe	City Treasurer and Controller, Bradford
1906	Arthur Towers	Borough Accountant, Islington (Mr H M Stevens, Vice-President, was appointed Acting President on the death of Mr Towers in April 1907)
1907	Henry Marshall Stevens	Borough Accountant, Brighton
1908	Harry Edwin Haward	Comptroller, London C C
1909	Jabez Beckett	Borough Treasurer, Accrington
1910	Thomas Henry Clare	Treasurer of the City, Birmingham
1911	Robert Paton	City Chamberlain, Edinburgh

就任年	氏名　大英帝国勲章	肩書き　所属
1912	John Allcock	City Treasurer and Controller, Cardiff
1913	Frank Winter	Borough Treasurer, Gateshead
1914	Edward Alfred Coombs	Borough Treasurer, Kensington
1915	Edward Alfred Coombs	Borough Treasurer, Kensington
1916	John Walter Forster	Borough Accountant, Tunbridge Wells
1917	John Walter Forster	Borough Accountant, Tunbridge Wells
1918	John Walter Forster	Borough Accountant, Tunbridge Wells
1919	Feather Ogden Whiteley, OBE	City Treasurer, Bradford
1920	Edward Darnell, OBE	City Treasurer, Newcastle upon Tyne
1921	Arthur Collins	Treasurer of the City, Birmingham
1922	Henry John Hoare	Chamberlain and Treasurer, City of Plymouth
1923	Percy Farnworth	Borough Treasurer, Bolton (Mr R D Lambert, Vice-President, was appointed Acting President on the resignation of Mr Farnworth on 31 August 1923)
1924	Roger Daniel Lambert	Borough Treasurer, West Hartlepool
1925	Samuel Lord	Borough Treasurer, Acton
1926	Charles David Johnson	Comptroller, London C C
1927	William Allison Davies	Borough Treasurer, Preston
1928	John Robert Johnson	Treasurer of the City, Birmingham
1929	Edmund Lund, MBE	City Treasurer, Carlisle
1930	John Edward Bray	Treasurer of the City, Manchester
1931	George Richard Butterworth	Borough Accountant, Hastings
1932	Donald MacNab Muir	Burgh Chamberlain, Dunfermline
1933	Robert Alexander Wetherall	Borough Treasurer, Swansea
1934	Alfred Ernest Dean, MBE	Borough Treasurer, Swindon
1935	Frank Waller Rattenbury, OBE	County Accountant, Middlesex
1936	Sydney Larkin	City Treasurer, Coventry
1937	Frederick Steadman	Chief Financial Officer, Surrey C C
1938	Sir John Dunlop Imrie, CBE	City Chamberlain, Edinburgh
1939	George Ernest Martin	Borough Treasurer, Poplar
1940	George Ernest Martin	Borough Treasurer, Poplar
1941	George Ernest Martin	Borough Treasurer, Poplar

CIPFA 歴代理事長

就任年	氏名　大英帝国勲章	肩書き　所属
1942	Arthur Benjamin Griffiths	City Treasurer, Sheffield
1943	Hugh Robert Ralph	Treasurer, Harrow UDC
1944	Robert William Edwin Bunn	Borough Treasurer, Brighton
1945	Robert Stucliffe	Borough Treasurer, Middlesbrough
1946	John Ainsworth, CBE	City Treasurer, Liverpool
1947	James Lythgoe, CBE	City Treasurer, Manchester
1948	Henry Brown, OBE	City Treasurer, Rochester
1949	James Scougal	Borough Treasurer, Beckenham
1950	William Adams	Borough Treasurer, Wolverhampton
1951	Jack Whittle	County Treasurer, Nottinghamshire
1952	Sir Charles Herbert Pollard, CBE	City Treasurer, Kingston-upon-Hull
1953	Arthur Hedley Marshall, CBE	City Treasurer, Coventry
1954	Thomas Llewellyn Poynton	Borough Treasurer, Blackpool
1955	Thomas Reginald Johnson	City Treasurer, Bristol
1956	Ernest Sinnott	Chief Accountant, South Eastern Electricity Board
1957	William Orwin Atkinson, MBE	County Treasurer, Middlesex
1958	Joseph William Hough, OBE	Borough Treasurer, Islington
1959	George Beedie Esslemont, CBE	City Chamberlain, Glasgow
1960	Arthur Leslie Alabaster West, OBE	North West Metropolitan Regional Hospital Board
1961	Ames Lyall Imrie, CBE	City Chamberlain, Edinburgh
1962	Norman Doodson	County Treasurer, Lancashire
1963	George Clifford Jones, OBE	Borough Treasurer, Reading
1964	Ian Malcolm Cowan, MBE	Borough Treasurer, Eastbourne
1965	Herbert Keeling, OBE	Borough Treasurer, Worthing
1966	Richard Partington	Treasurer, Eton RDC
1967	John Bentley Woodham, CBE	Borough Treasurer, Teeside
1968	Sir Harry Robertston Page	City Treasurer, Manchester
1969	Walter Simpson Hardacre	County Treasurer, Berkshire
1970	Francis Stephenson	City Treasurer, Birmingham
1971	James Lewis Salt	City Treasurer, Liverpool
1972	Wilfred Bowdell, CBE	City Treasurer, Westminster
1973	Thomas Wiliam Sowerby	Borough Treasurer, Bromley

就任年	氏名　大英帝国勲章	肩書き　所属
1974	Frederick Schofield Grindrod, OBE	Chief Accountant, Eastern Electricity Board
1975	Geoffrey Samuel Pollard	Director of Finance, West Yorkshire M C C
1976	Raymond Leonard William Moon	County Treasurer, Wiltshire
1977	William Campbell Evans, OBE	General Manager, Redditch Development Corporation
1978	Raymond Kenneth Lacey	County Treasurer, Mid Glamorgan
1979	William Orlando Jolliffe	County Treasurer, Lancashire
1980	Eric James Gilliland	Director of Finance, Thames Water Authority
1981	Eric Thomas Cobb	County Treasurer, Derbyshire
1982	Keith James Bridge	Chief Executive, Humberside C C
1983	Gerald Ernest Daniel	County Treasurer, Nottinghamshire
1984	Maurice Frank Stonefrost, CBE	Director General, Greater London Council
1985	Phillip Sellers	Board Member, Corporate Finance and Planning, The Post Office
1986	Arnold Morton	City Treasurer, Coventry
1987	E J (John) Patrick	Chief Executive and City Treasurer, Oxford
1988	Colin McMillan	Board Member, Severn Trent Water Authority
1989	David Hopkins	City Treasurer, Westminster
1990	Cliff Nicholson	Deputy Controller, Audit Commission
1991	Mike H Collier	Director of Finance, NHS Management Executive in Scotland, The Scottish Office
1992	David B Chynoweth	Director of Finance, Lothian Regional Council
1993	Roger Buttery	Managing Director, Hartshead Ltd
1994	Richard G Tettenborn	County Treasurer, Staffordshire
1995	Grenville J Folwell	Managing Director, Halifax Building Society
1996	John E Scotford	County Treasurer, Hampshire C C
1997	Ian Wood	Consultant, PDFM
1998	Margaret E Pratt	Rockingham Forest NHS Trust
1999	Brian Smith	Chief Executive, Stoke-on-Trent Council
2000	Mike Weaver	Director of Financial Services, Worcesterhire C C
2001	Chris Hurford	Associate Director, District Audit

就任年	氏名　大英帝国勲章	肩書き　所属
2002	Roger Tabor	Strategic Information Director, Consignia plc
2003	Hilary Daniels	Chief Executive, West Norfolk Primary Care Trust
2004	Mike Barnes	Head of Technical Development, Audit Commission
2005	Diane Colley	Chief Executive, Rugby Borough Council
2006	Caroline Gardner	Deputy Auditor General, Audit Scotland
2007	John Butler	Formerly Director of Finance and IT, East Riding of Yorkshire Council
2008	Caroline Mawhood	Assistant Auditor General, National Audit Office

【付記】

CBE　　大英帝国勲章第3位

OBE　　大英帝国勲章第4位

MBE　　大英帝国勲章第5位

参考資料 2　　CIPFA 事務総長によるプレゼンテーション

○　テーマ：「公共部門における財務管理の改善」
○　日　時：2008 年 6 月 24 日（火）14:00 ～ 15:30
○　会　場：自治体国際化協会（CLAIR）ロンドン事務所 会議室
○　講　師：
　　　　　CIPFA 事務総長 スティーブ・フリーア氏
　　　　　Mr. Steve Freer, Chief Executive,
　　　　　The Chartered Institute of Public Finance and Accountancy（CIPFA）

　以下においては、プレゼンテーションに使用されたスライドと当日の説明内容、参加者を交えた質疑応答を紹介する。なお、スライドの原版（英語バージョン）は、下記の URL から入手可能である。
　http://ishihara.t.mepage.jp/materials/ishihara/cipfa/ImprovingPublicFMJLGC24June2008.ppt

○　当日使用されたスライド

スライド 1

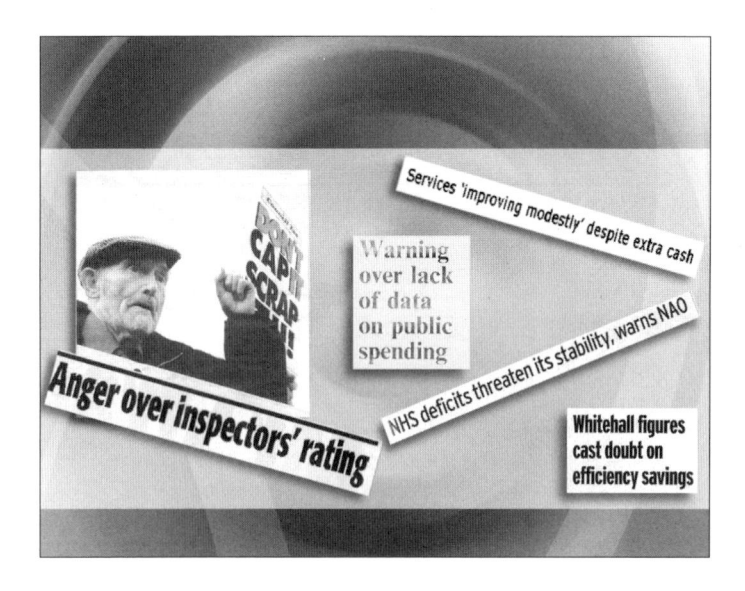

スライド2

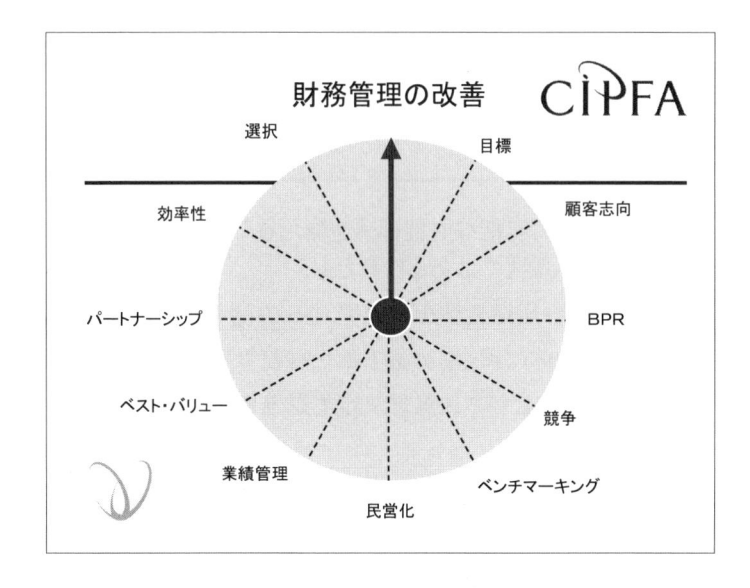

スライド3

成功する組織の中心には財務管理がある

CIPFA

- VFMの改善
- 統制、誠実 説明責任
- 測定と成功への報酬
- 良好な意思決定の支援
- リスク管理
- 変化を可能にする
- 業績の改善

スライド4

「世界クラス」の財務管理とは....

CIPFA

- 役員会に有能な財務部長を据えることではない（とても重要ではあるけれども）
- 役員会・組織全体の財務管理への関与
- 組織全体に深く埋め込まれた財務管理
- すべてのビジネス意思決定で財務管理の価値を理解する

スライド5

財務管理のスタイル
－我々は、連続体のどこにいるのか？

- **スチュワードシップの確保**－統制、誠実、説明責任、法令等の遵守を強調する
- **業績の支援**－顧客への反応、効率性・有効性、業績への関与
- **変化の実践**－戦略性、未来志向、変化とリスクの事前管理、アウトカム（成果）志向、新しい発想への受容可能性

スライド6

効率性
－CIPFAはどう寄与するのか

- 財務機能自体の効率性
- 新しいアイディアに貢献する
- 鋭い分析と証拠
- インセンティブのフレームワークと支持
- 実現された余剰を捕獲する

スライド7

サービスの共有
－CIPFAはどのように貢献するか？

- 財務機能の範疇内の発展
- その他のオプションを探求する
- 協働を仲介する
- 動き出しそうな媒体
- インセンティブのフレームワークと支持

スライド 8

サービス提供方法の実際

| 官による直接的な提供 | 共有サービス（官の協働） | 共有サービス（官民の任意な協働） | 民による提供 |

ダイナミックな連続体？

スライド 9

専門領域における重要な改革

- ✓ IFRS（国際財務報告基準）
- ✓ 政府全体（ホール・ガバメント）の連結決算
- ✓ 財務管理の全体システム

スライド10

配線

ハードな配線とソフトな配線
組織における良好な財務管理
とは

スライド11

ハードな配線

- マネジメントの構造と報告ライン
- 役割と責任の定義
- システムとコントロール
- 内部監査と外部監査

スライド 12

ソフトな配線

- 影響力、説得
- 個人のプロフィールと人間関係
- 実績、結果
- ビジネスについての理解

スライド 13

○　プレゼンテーション

スライド1　公共部門における財務管理の改善

　CIPFA の事務総長を務めているスティーブ・フリーアです。本日ご出席の皆さんが、CIPFA に興味をおもちということで、感謝申し上げます。私は日本の地方自治に関して興味があります。本日のプレゼンテーションを通じて、日英の地方自治体の自治や財政について、積極的な意見交換ができればと願っています。
　それでは、プレゼンテーションを始めたいと思います。CIPFA は、英国に6つ存在する会計団体の一つです。CIPFA は、公共部門の会計士の資格認定を行なっている団体でもあります。CIPFA の会員は約 13000 人です。会員は、勅許公共財務会計士（CPFA：Chartered Public Finance Accountant）試験の合格者です。勅許公共財務会計士試験の合格者の就職先としては、地方自治体だけではなく、医療保健機関や中央政府、議会等があります。
　本日は、公共部門における財務管理の改善について、現在、ベスト・プラクティスが実現されているかどうかを意識してプレゼンテーションを進めたいと思います。

スライド2　新聞記事

　このスライドは、新聞の切り抜きですが、公的な支出というのは非常に重要であり、住民の大きな関心事です。納税者は自分が納めた税金が、1ポンドまで賢く使われているかどうか、また、ベストな使われ方をしているかどうかを、知りたいと思っています。

スライド3　財務管理の改善

　地方自治体などの公共部門では、サービスが効果的に効率よく提供できるように、これまでもさまざまな施策が展開されてきました。スライド3は、これまでの10年、20年の間に、多くの公共部門で試みられてきた改革のアイデアです。
　一番下にあるように、私たちは、民営化（Privatisation）を試みてきました。左上の選択（Choice）については、サービス利用者への選択肢付与を行ないました。サービスの利用者に選択の幅を与えることで、サービスの有効性や効率化を図ったわけですね。右下にあるベンチマーキングという方法も試行してきました。ベンチマーキングは、異なる団体や機関等の業績を比較して、ベスト・プラクティスを実現しようとするものです。地方自治体監査委員会の包括的業績評価

(Comprehensive Performance Assessment) の制度のように、より高い効率性を上げるために、公的機関同士での競争も促進してきました。

このような状況において、ここ2～3年の間に、政府や地方自治体などの公共部門では、財務管理 (Financial Management) の改善を行なうことが、業績を向上するための有効な手立てと認識されています。財務管理を良くすることにより、統制も意思決定も業績もリスク管理もVFMも良くなる。つまり納税者の利益にもかなう。そのために、財務管理に関する研修への公共部門の投資が増えてきているわけです。

スライド4　成功する組織の中心には財務管理がある

公共部門が、財務管理の改善を行なうために、会計専門職に対する教育等の投資を行なう機会が増加してきました。財務管理を改善することで、このスライドに掲げられている項目を実現することができるのです。

たとえば、良好な財務管理は、公的機関において良い内部統制を実現し、適確な意思決定を可能にします。財務管理を徹底することで、業績管理も改善され、リスク管理も行なえるようになります。それらの結果、最少の経費で最大の効果 (VFM) を実現することができます。公的機関の財務管理が改善されれば、納税者も得をするわけです。

スライド5　「世界クラス」の財務管理とは

「世界クラスの財務管理」(World Class FM) という言葉があります。「世界クラスの財務管理」といえば、しばしば、役員会や理事会に財務部長を据えることと勘違いする人がいます。しかし、実は、それだけではありません。役員会だけではなく、組織全体でより良い財務管理に関与してもらう必要があるのです。

意思決定のすべてが、財務管理を意識したものであることが望ましいわけですね。財務管理の重要性を、組織全体が理解する必要があります。これは「組織全体に深く埋め込まれた財務管理」と言われるものです。財務管理のやり方で重要なことは、組織の意思決定すべてを考えるということです。受託責任を果たし、成果をあげ、変革を続けることです。

この2～3年、変革が垣間見られています。公的組織のサービス提供方法に大きな変化が生じています。従来とは、根本的に異なるアプローチが採用されようとしています。それゆえに、公的な組織も大きなリスクを認識しているわけですが、財務管理はこれらのすべてを網羅するものです。

スライド6　財務管理のスタイル

　良い財務管理を行なうには、組織の意思決定すべてについて考える必要があります。まず、スチュワードシップ（受託責任）。これは、組織内のコントロールであり、ルールであり、やり方です。誠実であることや、説明責任はルールであり、法令等の遵守（コンプライアンス）は、仕事のやり方を意味しています。

　良い財務管理を行なうためには、業績についても十分に吟味する必要があります。業績とは、組織全体の業績を改善していくことであり、より少ない経費で、より良いサービスを提供することを意味します。

　この2，3年の間に、公共部門では非常にたくさんの変化や変容が見られています。変化、変容とは、公的組織がサービスを提供する際に、画期的に違うやり方を模索してくことです。公共部門においても、時には、根本的に違うアプローチが必要になります。その場合には、顕著なリスクを認識することが必要になります。より良い財務管理というのは、これらすべてを網羅するものでなければなりません。

スライド7　効率性——CIPFAはどう貢献するのか

　この10年間に、中央政府は教育や医療などの公共部門に投資を増やしています。重要なことは、これらの投資がより良いサービスにつながっているかどうかです。また、公的部門の各組織が、本当に効率的になっているかということも指摘されています。そこで財務管理が、効率性の向上にどのように貢献しているかを説明したいと思います。

　まず、財務機能自体が効率的でなければなりません。

　財務管理はまた、アイデアの発信、分析、証拠探し、オプションの模索、インセンティブを与えること、すべての従業員の貢献を求めること、効率化された内容を記録すること、などを通じて、組織の効率化に貢献します。財務管理による効率化が実現できれば、経費の節減となり、それは減税に回すこともできますし、より良いサービスの提供に使うこともできます。この「効率性」というものが、現在、最も重要なテーマの一つなのです。

スライド8　サービスの共有——CIPFAはどのように貢献するのか

　CIPFAが現在取り組んでいるテーマに「サービスの共有」という考え方があります。これは、複数の自治体がそれぞれ共通でサービスを提供し共有しあうことを意味しています。たとえば、これまで20の自治体があれば、20の財務部があったわけですが、これを一つに統一するとか、ということです。

「サービスの共有」は、非常に新しい考え方ですが、非常に難しいことでもあります。ここで、財務機能以外のサービスの共有化についても、オプションを探っていくとしましょう。たとえば、ITサービス、不動産サービス、人事サービスなどは、サービスの共有化が可能ではないでしょうか。現在、CIPFAでは、公共部門がサービスの共有化を、迅速かつ簡易に進められるようにモデルを開発しています。

スライド9　サービス提供方法の実際

スライド9もサービス共有化の資料です。数年前までは、サービスの提供には二つのパターン（方法）しかないと考えられていました。職員を直接に雇用して直接サービスを提供する方法か、民間がサービスを提供する方法の2種類です。サービス共有化とは、その中間に新たな選択枝を組み込むことです。それは場合によっては、他の公的機関を巻き込むことかもしれないし、別の場合には、官と民の協働を求める場合もあります。とても興味深い可能性が、この中間の選択肢に認められるわけです。もちろん、実際には非常に難しい課題もあって、CIPFAでは現在、この分野を研究しています。

スライド10　専門領域における重要な改革

CIPFAの会計士は、勅許公共財務会計士として、公的部門の効率性やサービスの共有化に関して尽力していますが、この他にも従事している業務があります。現在、CIPFAは、IFRS（国際財務報告基準）を公的部門全体に導入しようとしています。公的部門と民間部門はミッションが異なりますから、この作業は非常に難しい作業ですが、IFRSの一部基準を修正することで実現を目指しています。このIFRSを英国の地方自治体に導入するのは、2010年度の予定です。政府に関しては、2009年度から導入の予定です。

それと、二つ目が、政府版（ホール・ガバメント）の連結決算です。この作業も非常に難しい作業です。実際、30社の子会社からなる民間企業のグループを連結決算することさえも、通常は困難な作業です。公共機関となれば、何百という自治体、何百という医療機関、各省庁、エージェンシー等があります。全部で約2000の団体の連結決算となります。CIPFAでは、公的部門全体の連結決算も、2010年度までに導入することを目指しています。こちらも2010年度までに導入を目指しています。

三つ目は、システム全体（ホール・システム）の財務管理です。CIPFAでは、この構築についても検討しています。プレゼンテーションでは先ほどから、より良

い財務管理について説明してきましたが、システム全体の財務管理というのは、各組織のより良い財務管理のネットワークを意味しています。たとえば、中央政府の決定事項として、VFMの達成とか業績の改善を地方自治体に目指しているとしましょう。中央政府が地方自治体に業績の改善を奨励することが出来れば、それはポジティブなサインです。しかし、劣悪な業績を地方自治体に奨励したとすれば、これはネガティブなサインになります。中央政府がより良い財務管理を地方自治体へ奨励するというイメージも大切です。

スライド11　配線

　組織内部において、より良い財務管理を実現するために重要なものとして、CIPFAでは頻繁に「配線」(ワイヤリング)という用語を使って説明をします。ワイヤリングには、ハードなワイヤリングとソフトなワイヤリングがあります。いずれも重要なものです。ハードなワイヤリングは物理的な配線であり、必ず変化が起こるようなもの、たとえば、管理の構造やライン、役割分担のあり方、しくみと統制、内部および外部監査などを意味します。他方で、ソフトなワイヤリングは、影響や説得、財務部長の個人の履歴や業績やその能力、業務に対する理解などですね。ソフトなワイヤリングによって、財務機能が組織へ大きな影響力をもつようになるという点が重要です。

スライド12　ハードな配線

　ハードな配線について、もう少し説明します。ハードな配線には、組織内部の構造を明確にマネジメントしていくこと。そして、責任範囲や役割を明確に定義すること。さらに、良いシステムと効果的なコントロール・統制。そして、内部と外部の監査が必要です。これらは、ハードな配線と呼ばれるもので、ルールとして、文書化することが可能です。

スライド13　ソフトな配線

　しかし、ソフトな配線は少し違います。ソフトとは、影響力を行使したり、説得をしたりすることです。これらは、財務部長にとっては個人的なプロフィールです。その組織のなかで、財務部長個人の履歴、また、どのような達成事項があったかということ。これがソフトな配線です。ソフトな配線は、財務部長が業務をしっかりと理解しているという証明にもなります。もし、ハードな面だけを強調してしまえば、財務機能は効果的に機能しないかもしれません。それでは、影響力は皆無

になります。ソフトな面を入れると財務機能が影響力をもつことになります。

　私からはここまでです。

　何かご質問はありますでしょうか。

写真 S2-1　CIPFA 事務総長 スティーブ・フリーア氏

写真 S2-2　プレゼンテーションを終えて
務台俊介クレアロンドン所長（左）フリーア氏（中）筆者（右）

○ 質疑応答

質問1　CIPFAの機能として、公共会計士の資格付与と研修以外に何がありますか。

　CPFAの資格を得るにはおおよそ3年を要します。CIPFAの一番主要な役割は、資格取得を目指す研修生を対象とした研修教育機能です。しかし、この他にも役割はあります。まず、地方自治体の会計基準を設定しているということ。財務の管理という視点から、さまざまな基準を設定しています。CIPFAは、独立した機関となっていて、政府からも独立しています。そのため、自主財源が必要です。商業的な活動も行なっています。商業活動には、報告書、書物の発行や研修コースもあります。コンサルタント業務も行なっています。これだけ広範な活動を行なっているため、職員数は350名、売上高は年間で約4000万ポンドです。

質問2　CIPFAの世界進出についてどのようにお考えですか。

　会計という業務が国際化しています。民間企業の会計基準も国内のものから、国際的なものとなりました。CIPFAも国際的に会員を増やそうとしています。現在の主な焦点はヨーロッパ、アフリカ、カナダです。これらはビジネスに英語を使うことに問題がありません。そうでない国はやや大変ですね。

質問3　言葉の障害を取り除けば、日本にもCIPFAの進出は可能なのか。

　言葉の問題さえ乗り越えられれば日本へも進出できると思う。将来的には可能だと考えています。その場合、われわれはまず政府と話をすることになります。CIPFAは国際機関へ移行しようとしています。費用はかかりますが、途上国のほうが、世界銀行の支援が得られそうでもあり、進出しやすいのです。先進国はすでに会計基準があり、場合によってはわれわれのような組織もあり、ライバルとなってしまいます。

質問4　日本公認会計士協会との協力関係は。

　新規の国に参入する際は、まずは政府と話を行ない、その次に関連する専門団体と話し合いをもつことになります。論理的に考えて、その場合には、日本公認会計士協会と協力することになるでしょう。CIPFAが国際化を考えているのは、会計士という職業自体が非常に国際化しているからなのです。数年前であれば、英国の基準だけを考えていれば良かったのですが、現在ではIFRS（国際財務報告基準）のような国際的なものを導入しようと考えることが、重要になってきています。監

査のほうも同様です。英国の監査基準だけを見ていれば良かったのが、国際監査基準に注目するようになってきています。会計士は、国際化の進んだ職業なので、英国内の団体でいるだけでなく、国際化しようと考えています。

質問5　イギリス以外の国の地方自治体に、国際基準の必要性を説得する適切な方法はありますか。

　まずは、現金主義から発生主義へ移行するように説得します。それが、大きな変化だと考えることですね。現金主義から発生主義に変わることのメリットを各組織が理解することが必要です。それが理解できれば、国際財務報告基準（IFRS）を導入してもらうことは可能でしょう。

　日本のお隣の中国では、国際会計基準を自治体に導入する方向で検討されていると聞いています。実施しているかどうかは不明ですが。

質問6　現金主義から発生主義へ転換するメリットを二つに絞れば何でしょうか。

　国際基準のように、現金主義から発生主義へ移行することは、資産活用面や負債・リスクの認識においてメリットがあります。中央政府の理解を得ることや、外圧などもその力になるかもしれません。

質問7　日本の中央政府と地方自治体にリスクの認識が脆弱な要因は、発生主義が導入されていないことでしょうか。

　発生主義を導入しなければ、資産活用の機会を逃してしまったり、負債やリスクへの合理的な対応を採ることができなかったりということになりませんか。現金主義を採用している日本の地方自治体で、資産や負債の適切な残高管理や活用、リスクへの対応を行なうことは不可能ではないでしょうか。少なくとも、資産や負債の管理は、現金主義会計で行なうよりも発生主義会計で行なうほうが簡単です。

　日本の場合、大きな課題は、このような発生主義会計の有用性を、中央政府が適切に理解することができるかですね。会計の専門的な教育を受けていないゼネラリストが中心の官僚システムで、地方自治体の財務管理や発生主義会計制度を構築する意義について理解を得るのは、本当に大変な作業だと思います。しかし、最近は日本の中央政府のなかにも、自治体改革に会計や経営の重要性を理解する国会議員や職員が散見されるようになってきましたね。川本さんのように、英国のビジネス・スクールでMBAの学位を取得する、そうした中央政府の職員が、今後も多数生まれることが大切ではないでしょうか。

発生主義会計の導入については、特に国会議員からの外圧の違いによって、早期に進む場合と、そうでない場合があるという点も重要ですね。

（筆者注）川本さんは、総務省から自治体国際化協会ロンドン事務所に出向し、現在、ロンドンのインペリアル・カレッジのビジネス・スクールで MBA の学位取得を目指されている川本栄太郎氏のこと。

質問 8　財務管理の言葉を、非常に広範なイメージで用いられていますが。
　ビジネス上の意思決定を適確に行なうためには、ファイナンスの問題が必ず生じるはずです。財務管理はその意味で、とても範囲の広い概念です。したがって、会計士ではない人たちにも、より良い財務管理を理解していただくことが重要です。財務管理は、財務部門の人だけでなく、組織全体を対象とした言葉であるという点に留意すべきです。毎日、最低一つ、誰でも、財務管理に関する意思決定を行なっているはずですよ。財務管理は会計士だけのものではなく、組織の意思決定すべてにおいて重要なものです。すべての人が知り、関与すべきものですね。

質問 9　ブラウン政権後、仮に保守党政権となった場合の展開は。
　公共部門の財務管理に関しては、保守党の路線も同じでしょう。政治家は誰もが同じことを求めています。最低限のコストで、より良いサービスを提供しようということですね。このことは、過去も現在も将来も、変わることはないと思います。

質問 10　民間委託の比重は今後、どのようになるでしょうか。
　民間委託がもっと大きくなる可能性はありますね。英国でも政治的にかなり変化してきたので、従来は保守党が民間の起用に熱心で、労働党は慎重な立場をとっていましたが、最近では、共に歩み寄っていて、同じような考え方になっていると思います。

質問 11　英国の地方自治体の発生主義会計への移行時期は。
　公共部門ごとに発生主義会計への移行時期は異なります。たとえば、地方自治体の発生主義会計は約 30 年の歴史をもっていますが、中央政府の場合は約 5 年前です。政府で発生主義会計が導入された時、資源会計と予算と呼ばれるものが導入されました。RAB（Resource Accounting and Budgeting）のことですが、これは発生主義会計のことです。

質問12　英国では地方自治体に非常に早くから発生主義会計が導入されていますが、その理由は。

　歴史的なことですが、地方自治体では常に管理職のポストに会計士が就任しています。しかし、中央政府はそうではありませんでした。中央政府が会計士の資格をもった者を管理職に迎えたのは、つい最近のことです。それまでは、ゼネラリストの公務員が一般的であったわけですね。つまり、大学は卒業しているが、会計士の資格をもってない人たちだけで、中央政府の行政が推し進められてきたわけです。しかし、中央政府も発生主義会計を導入したため、この伝統を廃止しました。現在では、中央政府も会計士を募集しているし、会計や財務管理の研修も行なっています。

質問13　中央政府の効率化は実現しているか。

　これからの問題でしょう。時間がかかると思います。

質問14　英国では地方自治体で先に発生主義が導入された理由は。

　会計についての専門的能力の高い職員の存在に加えて、CIPFAが地方自治体の会計制度や研修のシステムを構築して、それを地方自治体に奨励してきたことも大きな理由だと思います。地方自治体の会計基準をCIPFAが設定しているという点が、非常に重要ですね。会計基準の設定とその遵守のために必要な資格認定、研修をCIPFAが行なっているという点、この部分が最も重要なところだと思います。公会計に特化したCIPFAのような組織は、英国独特のものです。国際会計士連盟（IFAC）に入っている150団体のなかでも、CIPFAと同様の会計士団体は、他にはありません。

質問15　CIPFAの制定する会計基準の導入は義務化されているのですか。

　政府によって地方自治体に対する適切な会計業務に関する法律が施行されています。政府によって、自治体が遵守すべき適切な会計慣行（proper accounting practice）は、CIPFAの会計規範であると規定されています。したがって、CIPFAの設定する会計基準の遵守は、すべての地方自治体に義務化されていると言えます。この適切な会計慣行は、イングランド、スコットランド、ウェールズ、北アイルランドの4通りあります。

質問16　1万3000人の会員のなかで自治体関係者は、おおよそどのくらいですか。

5000人くらいですね。

質問17　地方自治体が会計士を雇用しなければならない点について、もう少し実際の状況を教えていただけますか。

自治体は1名以上会計士の資格をもった者を雇用しなければなりません。しかし、必ずしもCIPFAの会計士資格であるとは限りません。私はバーミングガム市役所で働いていましたが、その時は50人ほどの会計士が勤めていました。CIPFAに登録している会計士1万3000人中、5000人が地方自治体の職員なので、だいたい、10人程度の会計士を各自治体は雇用しており、小さな自治体でも2,3人はいるという感じだと思います。

多くの自治体では、大学を卒業した職員のなかからCPFAの資格取得を目指す職員を選抜し、役所からの全額費用負担でCIPFAの研修センターに派遣することが一般的な状況です。また、CPFAの資格をもっていない自治体職員を対象に、公会計や財務管理に関する研修を行なったり、自治体の予算でCIPFAから講師を派遣して研修を行なっているケースも非常に多いです。こうした研修では、CPFAの資格取得のためではなく、公会計や財務管理についての専門的能力を向上することが目標とされています。

CPFA以外の会計士で、地方自治体に勤務している会計士の状況ですが、ACCAとCIMAの会計士資格の取得者が、CIPFAと同じくらいの人数、公的機関で働いています。イングランド・ウェールズの勅許会計士、スコットランドやアイルランドの勅許会計士は、あまり地方自治体で勤務されていません。どちらかと言えば、民間の大企業に勤める傾向が強いですね。

質問18　勅許公共財務会計士（CPFA）試験の特徴について。

CIPFAは、公的会計に特化した会計士集団ですが、試験科目に関して言えば、他の会計士協会と60〜70％は同じです。しかし、残りの3割については、公的部門に特化した科目を習得する必要があります。試験の回数は年間2回。資格取得のためには、試験にパスする必要があります。もちろん、3年間の資格取得のための研修コースを取らなくても、試験に合格すれば資格が授与されます。

質問19　英国においてパブリックに特化した会計士が誕生した背景は。

CIPFAは国際会計士連盟（IFAC）に加盟しています。IFACの加盟団体は150ほどあります。日本公認会計士協会も加盟していますね。しかし、150ほどの団体

中、公会計や公共部門の財務管理を専門にしているのは、CIPFA だけです。一つか、二つほど未発達な機関もあるが、教育とか研修とかは行なっていません。どちらかと言えば公的機関で働いている会計士が、ネットワークづくりのために集まっている感じです。

　CIPFA の創立は、120 年ほど前です。たぶん、当時の公会計の専門家が集まって、同じことをしているのだから色々と話し合ったほうが良いのではないかという感じで、出来上がった組織だったのでしょう。その後、後継者を研修していこうという話になったのだと思います。そこで、試験制度を設けて、試験に合格した人たちをメンバーとすることになった。英国でパブリックに特化した会計士の誕生は、インフォーマルな会合からのスタートであったわけです。

参考資料 **3**　　　　　　　　　CIPFA 事務総長へのインタビュー

○　テーマ：「CIPFA の現状と将来展望―日本版 CIPFA 構築への示唆」
○　日　時：2008 年 9 月 3 日（水）14:00 〜 16:00
○　会　場：英国 勅許公共財務会計協会 本部（ロンドン）会議室
○　出席者：
　　　CIPFA 事務総長　スティーブ・フリーア氏
　　　Mr. Steve Freer, Chief Executive,
　　　The Chartered Institute of Public Finance and Accountancy（CIPFA）
　　　CIPFA 国際部長　キャロライン・リカットソン氏
　　　Ms. Caroline Rickatson, International Director,
　　　CIPFA 地方自治体会計専任課長　コリン・ストラットン 氏
　　　Mr. Colin Stratton, Technical Manager,
　　　Local Authority Accounting and Financial Reporting
○　参加者：
　　　石原　俊彦（関西学院大学教授）　武久　顕也（関西学院大学准教授）
　　　遠藤　尚秀（関西学院大学講師、新日本有限責任監査法人パートナー）
　　　木村　昭興（関西学院大学アカウンティング・スクール、柏原市役所）
　　　辻岡　聖美（関西学院大学アカウンティング・スクール、滋賀県庁）
　　　西川　和裕（関西学院大学アカウンティング・スクール、精華町役場）
　　　小畑友貴美（関西学院大学アカウンティング・スクール、有田川町役場）
　　　寺岡　孝幸（関西学院大学アカウンティング・スクール、能美市役所）
　　　近藤真由美（名古屋市役所）
　　　大原満千子（桑名市役所）

○　インタビューの概要

　当日は 3 名の CIPFA 幹部に対して筆者（石原）のほうから、インタビューの趣旨を説明の後、出席された 3 名から、CIPFA と同じような組織を日本に構築するには、今後どのような課題を解決してゆかねばならないかという視点からアドバイスをいただいた。また、CIPFA が現在取り組んでいるテーマなどについて質疑応答の時間を設定し、参加者からの質問に対して回答をいただいた。

なお、参加者の肩書きにある関西学院大学アカウンティング・スクールは、関西学院大学専門職大学院経営戦略研究科会計専門職専攻の修了生、在学生、入学予定者である。関西学院大学専門職大学院経営戦略研究科では、毎年、こうした海外エクステンションの活動を通じて、自治体職員に英国の地方自治体会計や行政経営についての知見を体験していただいている。詳細については、次のURLを参照されたい。

http://ishihara.t.mepage.jp/kgas/npm/abroad/index.html

○　インタビューの内容

石原　日本では現在、地方自治体に発生主義会計の導入が求められています。それはしかしながら、現行の現金主義会計とは別個のシステムで、発生主義の決算書だけを作成してみようとする取り組みです。これまで、日本の自治体では、水道や交通などの一部の企業会計を除いて、発生主義会計や複式簿記にはほとんど馴染みがありません。そこに発生主義や複式簿記に関する人材育成にもほとんど配慮がないまま、発生主義による決算書の作成に取り組もうとしているわけです。発生主義はそもそも、複式簿記の計算技法をベースに構築されるべきものです。しかし日本では、現金主義の決算書をエクセル・シート上の編集で、発生主義の決算書に組み替えようとしています。したがって、固定資産の除却や売却の処理などデータの把握ができないものについては、簡便な処理方法で行なうことが許されています。減価償却も個別の資産ごとに減価償却の計算を行なうことはありません。

　こうした混乱のなか、日本の地方自治体財務会計の目指すべき方向性を垣間見るというスタンスで、事務総長には2008年6月に自治体国際化協会ロンドン事務所で、プレゼンテーションをしていただきました。プレゼンテーションで勉強をさせていただいた際には、私自身も非常にたくさんのことを学んだわけですが、その貴重な経験を、日本の自治体職員にも味わっていただけたらということで、本日のアポイントをお願いいたしました。今日は、日本の地方自治体職員がこのようにCIPFAの皆さん方と面会の機会をいただく、おそらく最初の機会になると思います。本日出席された日本の自治体職員の皆さんは、きっと大きな感動をいま感じておられると思います。

　われわれのバッググラウンドを少し紹介させていただきますと、私とこちらの武久先生、遠藤先生は、関西学院大学アカウンティング・スクールの教員です。関西学院大学のアカウンティング・スクールは、日本国内の自治体関係者の間では、自

治体の会計、ニュー・パブリック・マネジメント、ファイナンス等について、先駆的な取り組みを行なう大学院として認識されています。関西学院大学がきっかけとなって、日本の自治体関係者の多くにCIPFAのことを紹介していきたいと考えています。

今回のイギリス訪問視察では、一昨日の月曜日に英国地方自治体監査委員会（Audit Commission）に参りました。また、最近英国で、自治体等の内部監査に内部監査協会（IIA）が関心をもっておいでになるというお話も伺いました。しかしそれでも、私たち日本の自治体関係者にとって一番参考になる、あるいは、勉強させていただきたい対象は、120年以上の歴史をもつCIPFAであるというのが、今回訪問させていただきました正直な私たちの思いです。

関西学院大学では、来年9月にスティーブを日本に招聘する計画を練っています。総務省や日本公認会計士協会、こちらの遠藤先生は日本公認会計士協会の理事です。日本会計研究学会、関西学院の連携で、スティーブの招聘を契機に、CIPFAのことを日本に紹介、あるいは、CPFAの資格制度などを日本国内で広げていきたいと考えております。

さきほどまで、自治体国際化協会の藤島所長や川本補佐、日本大使館の河合一等書記官と昼食をとってきました。お三方ともに、スティーブをはじめ3人も出席してのアポイントをいただいたということに、驚かれていました。スティーブの配慮に深く感謝申し上げます。本当にありがとうございます。

フリーア　CIPFAの本部に皆様をお迎えできて非常に嬉しく思っています。2カ月前に自治体国際化協会ロンドン事務所にはじめてお伺いして、その時に石原先生と知り合いになりました。先生はいま、CIPFAの本を執筆中ということで、私たちはその完成を、大変楽しみにしています。

石原　CIPFAの本は、来年の3月に100％出版されます。大学の研究叢書に位置づけられた関係で、出版できないと、私は大学を追い出されるかも……（笑）。

フリーア　いずれにしても、日本全国の自治体から皆様をお迎えできて嬉しく思います。私どもの経験が何かお役に立てればと思っていますし、皆様からも何か学べたらと感じています。あと、将来日本に行ってもっと学べたら素晴らしいと思っております。

石原先生がおっしゃったように、CIPFAは120年以上の歴史をもっています。

もちろん当初はイギリス国内での開発に重点を置いてきました。しかし今では、世界はグローバル化されています。他の国との関係を結ぶことを熱心に取り組んでいます。イギリスでの活動を海外に広げたいとも考えています。

実はキャロラインさんは12カ月前にCIPFAに参加したばかりで、国際開発を担当しています。コリンさんは技術専門職なので、どのような質問にも対応できるようにお呼びしました。私からはこれぐらいにして、皆様からCIPFAに関して組織がどうなっているのか、活動がどうなっているのかとか、ご質問があればご自由に。

石原　皆さん、順番に簡単なご質問をお願いできればと思います。まず私から。実は間もなく10月に、日本の地方自治体がIR（Investor Relations）の関係でイギリスを訪問されます。日本の地方自治体の地方債をイギリスの投資家に買っていただこうという趣旨での訪英です。英国の前後でイングランド・アイルランド・ドイツ・フランスでもIR活動を行ないます。

イギリス（ロンドン）でIR活動を行なう日本の地方自治体のなかには、キャロラインさんが訪問されたこともある京都市も含まれています。偶然、その副市長の山崎一樹さんは私の知人で、今回IRでロンドンにもお越しになります。その副市長にお話をしたことがあります。「たとえば、京都はこんなに長い歴史をもっている街ですとか、京都市はいまこんな街づくりをしていますとか、こうしたことを

写真S3-1　Steve Freer 氏　　　写真S3-2　Colin Stratton 氏

PRするのは非常に重要なことです。しかし、地方債をイギリスの投資家に買っていただくためには、やはり財務情報をきちんとイギリスに持参することが重要なのではないでしょうか」と。

IRに肝心の財務情報ですが、その作成方法は冒頭でご説明をいたしましたように、実は日本ではあまりきちんと定まっていません。ですから、完全にできていない日本基準で作成された財務情報をイギリスに持参しても、イギリスの投資家には役に立たないものだろうし、日本基準に基づいて作成した決算書は、そもそも、イギリスの地方自治体の財務情報と比較することができない。会計基準が違うのですから、当然ですね。ここが、非常に大きな問題だと思います。

そこで、仮にですが、京都市がCIPFAの定めるイギリスの地方自治体の会計基準に基づいた決算書を作成すれば、京都市とイギリス国内の地方自治体との財務情報の比較が可能になります。そうすれば、イギリスの投資家に京都市の地方債を購入するかどうかという適切な判断ができるのではないか……と。

もちろんイギリスでは、日本ほど多くの地方債を地方自治体が発行するということはないと思います。ましてや赤字地方債の発行などは、ありえない話ですね。そのような環境の違いはあると思うのですが、統一した財務基準に基づいて、たとえばイギリスの自治体と日本の自治体（たとえば、こちらの近藤さんは、名古屋市という京都市よりも人口の大きな地方自治体からお越しです）との財務比較ということも、非常に重要なのではないかと思っています。もし、日本の自治体が本気で地方債を海外投資家に購入していただこうとするのであれば……、の話ですが。私自身は、そんな問題意識で、ぜひCIPFAの存在を日本の地方自治体、あるいは、総務省の関係者に啓蒙啓発する。このことが第一に重要なのではないかと考えています。

フリーア　IRには財務諸表が最も重要な判断資料になりますね。その上でのアピールだと思います。発生主義の財務諸表作成の問題にイギリスではどのように取り組んでいるのか、イギリスの会計基準について、地方自治体の会計基準について、お話しした方がいいですか。

石原　よろしくお願いいたします。

ストラットン　20世紀のはじめから地方自治体では、発生主義に基づく会計を模索してきました[1]。これは自治体流の会計基準に基づくものでもあったのですが、5年ほど前から企業会計の考え方や基準を意図的に導入するようになっていま

す。また、現在のところは、イギリスの会計基準に基づいて地方自治体の会計は作成されていますが、2010年度から、国際会計基準に移行します。過去5年の間に、イギリスの会計基準が、国際財務報告基準（IFRS）をどんどん取り入れるようになってきています。企業会計の世界では、どんどんと国際化が進んでいるというわけですね。

　CIPFAは、イギリスの自治体に対して、会計基準を提示する団体として政府に認められています。自治体はこれを遵守する義務があります。いま私がもっている文書は、その基準書ですけれども、地方自治体の会計における基準書となっています[2]。

石原　　CIPFAショップから私達もたくさん購入しました。

フリーア　　これはじゃあおまけで……

ストラットン　　この基準書は、SORPと呼ばれているものです[3]が、現在、国際財務報告基準に沿っての見直しが進んでいます。2010年の4月1日に、新しいものが出ます。英国の地方自治体会計ですけれども、通常の企業会計と同様に、収支、それからバランスシート、そしてキャッシュ・フロー計算書から構成されていますが、それプラス、他のものもあります。たとえば、地方税など自己財源によるものですね、それから借入金関係の報告もあります。

　つまり、企業会計と同じようなものだけではなく、財務諸表プラスアルファを地方自治体の会計報告書では求められています。たとえば、会計記録がきちんと継続的に記録されているということも付記するように求められています。SORPと呼ばれる会計の勧告実務書のほかにも、会計担当者向けの開示用チェックリストや、こんな分厚い会計士向けのガイダンス・ノートもあります。もし、ご興味があればどうぞ。

石原　　ありがとうございます。2010年4月に変更ということですと、実際に改訂版が表に出てくるのはもう少し早いタイミングですね。

ストラットン　　2009年末までにはなんとかしますので。

フリーア　　SORPは毎年改訂していますから[4]。

写真S3-3　SORPディスクロージャー・チェックリスト

写真S3-4　SORPガイダンス・ノート

石原　毎年何月ぐらいに出るんですか。

ストラットン　6月下旬にだいたい更新です。

フリーア　地方自治体と企業会計の収斂が進んでいますので、毎年若干変えているわけですね、徐々に。ただ2010年度版は、IFRSとの収斂が完全に終わったバージョンとなります。それではご質問を……

武久　もし日本にCIPFAのような組織を作るとすると、どういったものが必要条件になってくるでしょうか。

フリーア　120年しかかかっていませんからね（笑）、うちも。長い時間がかかるとお考え下さい。最初の一歩としては、地方自治体でいま財務とか会計の担当をしている方を結集させることではないでしょうか。その人たちに、一体どこに一番支援が必要なのか聞いてみます。そこから始めれば、それぞれの地域で、支援ができるような組織を構築できるのではないでしょうか。たとえば、そうした現場の人たちが、財務報告書に関して問題を抱えているようであれば、そこから支援を始め

るとか。あるいは内部統制に支援が必要なようであれば、そこから始めるとか。顧客の求めるものに対応していくことが必要だと思います。

　それから、徐々に資格というものの必要性が生じるかもしれません。皆さんの組織で働いている会計や財務の担当者のために資格試験を提供したり、基準を提供したり。もしその組織がだんだん大きくなって認識されるようになれば、今度は中央政府のほうで、地方自治体に対する変化などについて交渉してくるかもしれません。その時点で、つまり自分達からアプローチするのではなく、政府からアプローチしてくるようになった時点で、自分達が成功したという目安になると思います。とても時間がかかりますし、終わりの無い旅です。120年、CIPFAはかかりましたし、CIPFAでも、まだまだだと思っています。

石原　CIPFAは120年かかったわけですが、たとえば、CIPFAの支部を日本に置くことはすぐにでもできるのではないでしょうか。たとえば、先ほどお話しをいたしましたように、イギリス国内で地方債を売りたい日本の自治体があります。また、日本の税制も、地方債の利息に対しては課税しないという制度ができあがりました。イギリスの投資家にとって、これらの環境から、日本の自治体の地方債は有利な金融商品になるかもしれません。そのことをイギリスの投資家に知っていただくために、CIPFAの財務会計基準に準拠した決算書を、日本在住でCPFA（勅許公共財務会計士）の資格をもった人が、たとえば様式だけでもイギリスのSORPの考え方に準拠して作成（Compilation）し、サインをして、イギリスにもってくる。そんなことをイメージしているのですが。

　これを実現するためには、日本でCPFAの資格を取得した会計士や地方自治体職員が10人とか20人とか存在する程度でも十分だと思います。まず、そういうところからスタートできると思うのですが。日本全体にCIPFAの仕組みそのものを導入するには、英語の問題があるわけで、もちろん大変なことです。しかし、CIPFAのことをよく知った日本の公認会計士が、たとえばですが100人程度日本に存在することで、彼らを通じて、イギリスのCIPFAの活動に根ざした人材育成や会計、財務、ガバナンスに関する専門的知識の普及が、日本の地方自治体でも可能ではないかと考えています。

フリーア　CIPFAは国際化を目指しているとお話しましたが、それでは国際問題を担当しているキャロライン・リカットソンさんから少し事例を紹介していただきましょう。

リカットソン　石原先生がお話されていることを伺って、あることが頭に浮かびました。実はCIPFAは、IFAC（国際会計士連盟）から、公的部門の会計モデルを開発するように委託を受けています。この3～4カ月は、このプロジェクトに従事する予定です。途上国とか先進国とか、いろいろな国の事情があると思いますので、いま考えたことは、日本のような先進国と交流させていただくことは、どのようなモデルが適切かを見ていくのに役立つのではないかと思いました。ただ、翻訳とか文化的違いもありますね。

IFACとの連携というのは、CIPFAの主要戦略の一つです。IFACは、CIPFAが会計専門職の業界で非常にユニークな存在であることを認めてくれています。CPFAの資格ですが、通常は資格取得のプロセスを経ていくことになりますので、ゼロから始まります。でもいま先生がおっしゃったように、迅速なファースト・トラックのやり方があるかもしれません[5]。

石原　日本の公認会計士で英語ができる方、しかも、地方自治体などの公会計に精通した方となるとその数は決して多くはないと思います。しかし、公会計の分野については、今後、国際的な動向としていずれの国でもIFRSへのコンバージェンス（収斂）が予想されます。日本の公認会計士の多くは、一定の自己研鑽を行ないさえすれば、IFRSを理解する潜在的な専門能力をおもちです。地方自治体特有の処理とか会計とかを若干補えば、事実上CPFAの皆さんと同じぐらいのレベルに到達できる日本の会計士で、しかも英語の出来る方[6]は、私のイメージでは、500名ぐらいはおいでになると思います。日本全体で約2万人の公認会計士のうちの約500人ぐらいです。

リカットソン　実際にやるとなると技術的な問題があると思いますので、とりあえずIFACに沿っていくというのが、CIPFAとして、最良の選択ではないかと考えています。

CIPFAの国際業務については、3つの目的があります。1つ目は、IFACやその他の関連団体との協力を推し進め、国際基準を推進していくこと。2つ目は、国際的に会計士としてのプロ意識を浸透させていくこと。特に、公会計や財政管理の分野で。3つ目は、CIPFAとしての研究や研究報告書などを浸透させていくことです。この過程を通じて、いろいろなネットワーキングを通して、双方向で私達も学習しようと思っています。

石原　　IFAC との関係で1つだけなかなか私達が理解するのが難しいのは、IPSAS (International Public Sector Accounting Standard) の存在ですね。国際会計士連盟が作成したこの IPSAS と CIPFA の国際化戦略はどのように整理して、考えるべきでしょうか。つまり、CIPFA はイギリスの地方自治体を対象に SORP (勧告実務書) を公表されています。この内容と、IPSAS の内容は必ずしも合致していませんね。CIPFA が IFAC などと連携をして国際的な基準を作ろうとするときに、SORP と IPSAS との関係はどのように整理されるのでしょうか。

フリーア　　IFAC のなかに IPSASB (国際公共部門会計基準審議会) と呼ばれる組織があります。国際的な公的部門の会計基準を現金主義と発生主義の双方[7]で作成している審議会です。実は、この組織に CIPFA は 10 年以上、20 年近く協力をしてきています。IFAC の事務総長である Ian Ball 氏は、この委員会の委員長を 1995 年から 2000 年まで続けました。彼は CIPFA の会員でもありますし、私の友人でもあります。CIPFA の会計監査基準審査会の直前委員長は、現在の IPSASB の会長です。それから、コリンさんのボスが技術顧問として IPSASB に参加しています。また、CIPFA の CPFA の資格をもった同僚も出向しています。

　このようなわけで、CIPFA と IPSASB は非常に密に協力し合っています。国際基準の方はほとんど一緒にやっていますね。したがって、イギリスにおける IFRS の実施というプロセスでは、必ず IPSASB のこれまでの業務を考慮に入れるはずです。IFAC は重要な団体だと認識していますし、競合しているというよりは、非常に重要なパートナーだと認識しています。

石原　　日本の国内には、地方自治体等の会計基準のあるべき姿として IPSAS を重視しようという考え方があります。他方で、私自身は、国際的な動向を尊重しつつも、やはりイギリスで 120 年以上の歴史のなかで、世界でたった一つの公共部門をターゲットにした会計士の資格を設け、英国の自治体会計、監査、財務、ガバナンスに非常に大きな貢献を重ねてこられた CIPFA の存在というものが、とりわけ大きく見えておりました。CIPFA は組織として一国の会計制度を作ってきましたからね。

　ただ、いまスティーブに説明していただきましたように、実際上、CIPFA が IPSAS をサポートしていると、逆に言えば、IPSAS のことを理解しようと思ったら、パートナーシップを組んでいる CIPFA のことが非常に重要であると、そうい

うことを、日本でも強調して発言していきたいと思います。

この意味において、さきほどキャロラインが説明された4カ月のプロジェクトというのは非常に重要ですね。どのような成果が出るのか、非常に興味深く待っていたいと思います。

遠藤 ただいまのお話と関連しますが、会計基準の統一について。会計基準の統一のためには、会計基準の基礎になる会計上の諸概念をまずきちんフレームワークとして整理をして統一する必要があると思います。IPSASBも概念の統一化を試みていますね。これに関して、CIPFAの方で何かコラボレーションしていこうとか、あるいは何かご支援をされているとか、そのあたりを教えてください。

ストラットン 先ほどCIPFAからIPSASBの方に出向していたり、加わっている人たちがいると申し上げましたが、その人たちを通じて参加しています。IPSASBに関しては、ペーパーという意味でいろいろなコメントを提出して貢献しています。コメントを求められますからね。

近藤 内部統制の問題ですが、内部統制は組織によって相当に違う部分があると思います。それを踏まえて、内部統制の基準を作る際のアドバイスを何かいただけないでしょうか。名古屋市も今後、この問題に取り組んでいきたいと思っています。

ストラットン 確かに地方自治体と医療保健機関はなかなか違うものがあると思いますし、民間で監査をしている人たちというのは、内部統制と言うとおそらく財務諸表の信頼性ばかりを見ていると思います。しかし民間部門ではなく公的部門になりますと、地方自治体監査委員会の外部監査官の方は、Value For Money（最少の経費で最大の効果）をチェックするメカニズムが、その組織のなかに、あるかどうかを見る追加の義務があります。

石原 私は日本で、総務省の自治体内部統制研究会の委員をしています。研究会の報告書を作成する際にも、当然のことですが、アメリカのサーベンズ・オクスリー法のことを参考にいたしました。しかし、この法律やそれを前提に構築されている内部統制の理論では、やはり適正な財務報告を行なうことに相当の量力が費やされる感じがいたします。

したがって、民間企業の財務報告を主体とした内部統制以外の部分に注目することが、自治体の内部統制を検討するときには重要で、SOX 法が重視する財務報告の信頼瀬性（Reliability of Financial Reporting）を超えた内部統制に注目することが、自治体等の公共部門では重視されるべきだと考えています。日本の地方自治体はこれから、コリンが指摘されたように、内部統制のまず一番の目的は「Value For Money」であるということを強く意識しなければなりませんね。その次が、VFM の前提としてのコンプライアンスでしょうか。しかし、このコンプライアンスも、日本ではしばしば、法令遵守と非常に限定的に理解される傾向があって、公務員の職業倫理のあり方、もち方などが重要な課題になると思います。財務報告の信頼性や資産の保全（Safeguard of Asset）は、地方自治体の内部統制の目的としては、その次の目的に位置づけたほうが良いように思っています。

ストラットン　教授のお考えのとおりだと思います。VFM に関連するのですが、もう地方自治体監査委員会（Audit Commission）は訪問されましたか。

石原　月曜日に、ソリハル（Solihull）の研究セクションを訪問いたしました。

ストラットン　地方自治体監査委員会で説明があったかもしれませんが、現在、地方自治体監査委員会では、自治体の行政評価の手法を、地方自治体自体の「Value For Money」についての業績評価を目的とする CPA（Comprehensive Performance Assessment：包括的業績評価）から、地方自治体のエリア全体の「Value For Money」を分析する CAA（Comprehensive Area Assessment：包括的エリア評価）というシステムへと変更しつつあります。そのなかで、いま先生がお話しになった内容を、すべて見るようになっています。

　CAA の評価のなかで、一番重要なツールとなるのが、KLOE（クロエ）と言われる主要な質問事項（Key Line of Enquiry）になります。これに基づいて監査官がいろいろな評価をします。内部統制と財務管理ということ主眼が置かれていますけれども、これによって評価をつけてスコアをつけます。4 段階評価になっています。HP からダウンロードできます[8]。

辻岡　私は県庁の職員ですが、県庁でも、アニュアル・レポートを作成しなければならないという考え方がでてきました。しかし、知事と議会との関係や住民に対する報告のなかで、年次報告や会計報告をどのように位置づけるといいのか、うま

く整理できていません。これに関して、何かアドバイスをいただけないでしょうか。

フリーア　イギリスだと議員向けということになります。多くの自治体で新聞みたいな形で報告書を出しています。そして、その自治体に居住する住民に一軒一軒配ったりもします。その方が経費の節減にもなりますしね。ただ、この住民に配るものの内容は、非常に詳細にわたる報告書ではなくて、表なども多く取り入れた分かりやすいものです。イギリスにおける公的報告書とか年次報告書に関するグッド・プラクティスの資料がありますので、一冊差し上げますね[9]。

西川　内部統制の問題に関連して、日本では、これから体系立って各自治体が取り組んでいくと思うのですが、自治体の規模の大小から何か問題が生じないか。留意する点がないかご示唆いただけないでしょうか。

コリン　内部統制で自治体によって重視する点が違うというのは、どのようなサービスを重視するのかという点と関わると思います。規模の大小で内部統制が異なるという考え方は、あまり必要ではないと思います。つまり、純粋に、内部統制という意味では、それぞれの自治体で違わないのではないかと思います。内部統制というのは、要するに、グッド・ガバナンスがあるかとか、財務統制がきちんと実行されているかどうかを見ていくわけですね。監査人や規制当局によって、あまり差がないのではないかと考えます。

石原　コリンにテクニカル、キャロラインにインターナショナルなことを教わったのですが、最後に一点、ファイナンスについてお伺いしたいと思います。実は私たち、昨日バーミンガム大学に行って来ました。そこでピーター・ワットというローカル・ファイナンスのリーダー[10]にお目にかかってきました。CIPFA の F というのはファイナンスの F ですね。日本の地方自治体には会計や内部統制に加えて、ファイナンスに関する知識をもっと積極的に導入しなければならないと思っています。日本の自治体では、ファイナンス（資金調達）の発想がなくても、税や補助金、それに事実上の政府補償のついた地方債の発行で、黙っていても自然とお金が入ってくるのが、これまでの時代でした。

しかし、第二次世界大戦後に建設されたインフラ資産等の大量更新時期を迎え、日本の地方自治体は、インフラ資産等の更新に多額の資金を調達する必要が生じつつあります。財政状況の逼迫した中央政府からの支援を、日本の自治体はこの問題

に関して期待できないと思っています。

　このような環境下、民間企業が採用しているコーポレート・ファイナンスとかアセット・ファイナンス、プロジェクト・ファイナンスといったファイナンスの理論や手法を、地方自治体関係者に学んでいただきたいと思って、関西学院大学アカウンティング・スクールでは、三井住友銀行の支援を受けて、自治体ファイナンスの寄附講座による講義を開設しています。CIPFA が発行されているファイナンスの書物のなかで、参考になるものがありますでしょうか。

フリーア　公的部門のインフラ投資ということに関しては、イギリスでもこの数年注目されてきています。これが PFI の開発につながりました。つまり、公的部門の資産を民間部門の資金で更新しようというものですね。ただ、PFI はおおむね成功しましたが、個々のプロジェクトが成功したかどうかは、プロジェクトごとに判断しなければなりません。PFI で、将来的に巨額な負債を抱えることになると心配している人もいれば、非常にグレーなエリアだと思っている人もいます。おそらく PFI に関しては、NAO（国家会計検査院）の出している報告書が一番良いのではないかと思います。複数の報告書が出ているのですが、成功している事例を見ているものもあれば、PFI がうまくいかなかった事例を見ているものもあります。経費が高くて。意見が分かれるものですね。PFI は。

寺岡　日本の自治体においても、複式簿記での決算を行なうことが求められつつあります。しかし、実際それを指導する財政課の職員でも、複式簿記や会計学の知識がほとんどないというのが、日本の自治体の平均的な姿であると思います。その意味で、英国には CIPFA のような存在があって、非常に羨ましく思います。英国の地方自治体で SORP といったような会計基準に則って会計報告書等を作成する時に、CIPFA が指導をするような研修の場というのを設けたりしているのでしょうか。

フリーア　いろいろな研修の方法があるのですが、何年かの期間をかけて勅許公共財務会計士の資格の取得を目指すコースもあれば、1日や2日ぐらいの短期コースで、特定エリアのスキルや知識を研修するものもあります。ただ複式簿記に関してはあまりないかもしれませんね。今日では、コンピュータでできますから。あまり会計士も複式簿記という単語に馴染みがないかもしれません。しかし、コリンさんが言っていたような、さまざまな基準とかガイダンスを理解してもらうための

コースはたくさん設けています。こうした技術的な問題に対処するために、その内容を理解してもらうことは、非常に大切だと思います。

石原　スティーブさん、キャロラインさん、コリンさん、本日は、どうもありがとうございました。

フリーア　皆さんにお会いできて私達も楽しかったです。皆さん若いので、きっと次にお会いする時は、それが日本かイギリスかは分かりませんが、もっと重要な職に就かれているのでしょうね。

　CIPFAの本部が使用しているこの建物は、以前、非常に有名な人が住んでいた歴史的な建物なんですね。ピーターパン（PETER PAN）の著者のジェームス・バリー（James M. Barrie）のことをご存じでしょうか。石原教授に、CIPFAの創設120周年を記念して製作した『ピーターパン』の400冊限定本の一冊（No.266）を記念にプレゼントします[11]。今後とも、CIPFAと本日お越しの皆様との関係が末永く続くことを祈念いたします。

写真S3-5　CIPFA正面での集合写真

【筆者注】

1) 英国の地方自治体で実際に発生主義会計が導入されたのは、CCTが導入された1980年以降の経常会計が端緒で、1994年には資本会計が発生主義会計に移行した。100年前というここでの説明は、発生主義の発想が、イギリスの地方自治体では非常に古くから、意識されていたことを意味している。

2) CIPFA/LASAAC, *Code of Practice on Locxal Authority Accounting in the United Kingdom 2008 : A Statement of Recommended Practice*, CIPFA, 2008.

3) SORPについては、第3章で詳述されている。

4) たとえば、2008年11月10日には、2009年6月のSORPの改訂を目指して次のコメント募集書（Invitation to Comment）が公表され、2009年2月8日までコメントを募集している。
CIPFA/LASAAC, *Code of Practice on Local Authority Accounting in the United Kingdom - A Statement of Recommended Practice 2009, Invitation to Comment.*, 10 November 2008.

5) 実際にCIPFAは会計技術者協会（Association of Accounting Technicians）の会員に対しては、CPFAの資格取得についてファースト・トラックを設けている。

6) 英語はできるに越したことはないが、CIPFAのクウォリフィケーションを獲得して、実際にCIPFAの基準に準拠して自治体決算書の作成業務などに取り組むには、TOEIC800点が一つの目安になるように感じる。この程度の英語力と、日本の公認会計士資格を取得する程度の専門的能力があれば、日本の公認会計士にも十分にCIPFAのCPFA（勅許公共財務会計士）の資格を取得することは可能であろう。

7) IFACのIPSASBは、現金主義に基づく財務報告と、発生主義に基づく財務報告についての2種類の基準を公表している。この点は、非常に興味深い取り組みである。具体的には現金主義に関しては「現金主義会計のもとでの財務報告」という財務報告基準が1本だけ公表されている。これに対して、発生主義に基づく財務報告基準として、24本の基準が公表されている（2007年12月現在）。CIPFA *Accounting and Auditing Panel, Accounting and Auditing Standards : A Public Services Perspective*, fully revised 3rd ed. 2007, CIPFA, p.50. この書物（写真S3-6）は、英国の公会計・公監査、ならびに、国際会計士連盟から公表されている公会計・公監査に関する基準、法令等を簡潔に整理した書物で、英国の地方自治体等の公共部門で会計等の業務に関係する担当者等の間では、最も頻繁に参照されている著名な書物である。

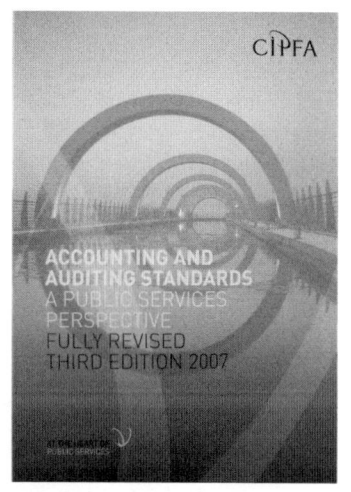

写真S3-6　最もポピュラーな会計・監査基準の紹介ガイド

8) コリン・ストラットン氏は、地方自治体監査委員会（Audit Commission）から CIPFA へ（約5年）出向されている。
9) 英国における住民向け報告やアニュアル・レポート作りのグッド・プラクティス集として有名なのが、次の書物である（写真 S3-7 参照）。CIPFA, *Public Reporting and Accountability : A Good Practice Guide*, 2003.
10) 英国の大学では、教員の資格にたとえば、Professor, Reader, Senior Lecturer, Lecturer という4つの段階がある。英国では Professor のポストは非常に限られており、Reader は日本の大学の感覚で言えば、中堅教授くらいのイメージに相当する。
11) 事務総長のスティーブ・フリーア氏からいただいた『ピーターパン』の書物は、表表紙に続くカラー写真集を参照されたい。

写真 S3-7
外部報告の先進事例を紹介したガイド

参考資料 4

2008 年 CIPFA 理事

氏名	役職	勤務先	①	②	③
Jennie Adair	Executive	KPMG	E		
Caroline Al-Beyerty	Head of Audit Practice	Audit Commission	E		M
Mike Barnes	Now retired; was Head of Audit Policy & Practice	Audit Commission	T	C	
Ken Barnes	Executive Director	South Norfolk District Council	E		VC
Chris Bilsland	Chamberlain	City of London	E	M	
Paul Breckell	Executive Finance Director	Royal National Institute for the Deaf	C		
John Butler	Now retired; was Director of Finance and IT	East Riding of Yorkshire Council	PP	M	
Diane Colley	Now retired; was Chief Executive	Rugby District Council	E		
Tim Day	Consultant		E		
Ken Finch	Corporate Director, Resources	Conwy County Borough Council	C		
Clive Grace	Professor	Cardiff University, School of Business Studies	C		
Claire Gravil	Cost & Management Accountant	Doncaster & Bassetlaw Hospitals NHS Foundation trust	E		
Scott Haldane	General Manager, Scotland	Atos Origin	E		
Richard Harbord	Managing Consultant	MRF UK Ltd	E		
Nigel Hiller	Director of Finance and Administration	South Yorkshire Police	E		
Neil Hunter	Head of Audit	Leeds City Council	R		
Curtis Juman	Director of Finance	UK Trade and Investments	C	M	
Anna Klonowski	Director	AKA Ltd	E	M	
Roger Latham	Now retired; was Chief Executive	Nottinghamshire County Council	VP	VC	
Caroline Mawhood	Assistant Auditor General	National Audit Office	P	M	
Marc Mazzucco	Director	PricewaterhouseCoopers (Glasgow)	R		M
Mark McBride	Business Support Manager	Belfast City Council	R	M	

氏名	役職	勤務先	①	②	③
Declan McDonagh	Now retired; was Executive Director	Institute of Public Administration, Dublin	C		
Jaki Meekings Davis	Director	MD Associates	E	M	
Kevin Orford	Director of Finance and Performance	NHS East Midlands	C		
Mike Owen	Director of Finance and e-government	Bury Metropolitan Borough Council	E	M	
Ian Perkin	Treasurer	Surrey Police Authority	E		
Jeff Pipe	Corporate Governance Advisor	Transport for London	E		C
Lesley Piper	Now retired; was Finance Manager	South Birmingham Primary Care Trust	R		
Jon Pittam	County Treasurer	Hampshire County Council	E		
Stephen Purser	Farmer		R		
Tony Redmond	Chairman and Chief Executive	Commission for Local Administration in England	E	M	
Brian Roberts	Director of Resources	Leicestershire County Council	E	M	M
Trevor Salmon	Director of Corporate Services	Belfast City Council	E		
Martin Sinclair	Assistant Auditor General	National Audit Office	E		
Mal Singh	Head of Finance Professionalism	HM Treasury	C		
Natalie Slayman	Financial Accountant	GMW Mental Health NHS Foundation Trust	C		
Steve Watson	Chief Executive	Maldon District Council	R		M
Sarah Wood	Programme Director	Office of the Third Sector/IDEA	E		M
Lee Yale-Helms	Senior Consultant	PricewaterhouseCoopers (Liverpool)	R		

【①②③の説明】
①理事選出理由
Elected（選挙による者）, Coopted（推薦による者）, Regional（地域代表として）, Treasurer（財務担当理事）, Past-President（直前理事長）, Vice-President（副理事長）, President（理事長）
②常務理事会（Member of Group Board）：Chair（議長）, Vice-Chair（副理事長）, Member（委員）
③監査委員会（Audit Committee）：Chair（委員長）, Vice-Chair（副委員長）, Member（委員）

【付記】
参考資料4は、CIPFAの Barry Mather 氏（Assistant Director, Membership Operations, Council Secretary）と筆者の意見交換から作成されたものである。Barry Mather 氏の献身的なサポートに感謝申し上げたい。

参考資料 5　　Technical Manager の募集広告

AT THE HEART OF PUBLIC SERVICES

CIPFA

Play an essential role in local authority finance

Technical Managers, CIPFA, x 2 posts
Circa £50k

Technical Manager, Local Government Finance

Responsible for aspects of the Institute's technical work on local government. In particular, you will take forward the development of the Prudential Code. You will comment upon and influence developments relating to the local government funding, regulatory and treasury management frameworks.

**Technical Manager,
Local Government Accounting and Financial Reporting**

Responsible for key aspects of the Institute's work on local authority financial reporting. In particular you will provide technical support to the Local Authority Accounting Panel and CIPFA/LASAAC Board as well a playing a key role in the maintenance and development of other key CIPFA publications such as the guidance notes for practitioners.

For both posts you will need to be CCAB qualified and have practical experience in the areas covered.

These posts are located within CIPFA's Policy and Technical Directorate and are offered either as a permanent appointment or a two year secondment. The posts will initially be based in Robert Street – homeworking as an option would be considered after one year.

Please visit www.cipfa.org.uk/job.cfm for a copy of the job description and application packs. To apply please send your CV and covering letter to Katie Lind, HR Advisor, CIPFA, 3 Robert Street, London, WC2N 6RL, or email: recruitment@cipfa.org

Closing date for applications: 26 November 2008.

POSITIVE ABOUT DISABLED PEOPLE

INVESTOR IN PEOPLE

The Chartered Institute of Public Finance and Accountancy Registered with the Charity Commissioners of England and Wales No. 231060 Registered office: 3 Robert Street, London WC2N 6RL

CIPFA is an Equal Opportunities Employer

参考資料 6　Consultant の募集広告

AT THE HEART OF PUBLIC SERVICES

CIPFA

CIPFA Northern Ireland, the leading provider of training to the public services in Northern Ireland, is seeking to recruit high calibre training consultants to develop and deliver a range of training courses that will meet the needs of new and existing clients.

PRINCIPAL CONSULTANT (Ref: 060C)
Salary: **circa £50,000 to £55,000**

Candidates must be CCAB qualified and have significant experience: of working in or with the public sector; of developing and delivering training courses in audit, governance and financial management; and managing and delivering consultancy to the public services.

TRAINING CONSULTANT (Ref: 061C)
Salary: **circa £30,000 to £35,000**

Candidates must be working towards membership of one of the CCAB accountancy bodies and have: proven experience of working in or with the public sector in an audit or finance role. The ideal candidate will be familiar with developing and delivering training courses and have excellent communication and presentation skills.

For further information, please contact David Nicholl on 028 9026 6779. To apply, please submit a CV, covering letter and completed equal opportunities form, which can be downloaded from www.cipfa.org.uk/corporate/job.cfm to: Robert Morris, HR Advisor, CIPFA, 3 Robert Street, London, WC2N 6RL or email recruitment@cipfa.org. Please quote the relevant reference.

The Chartered Institute of Public Finance and Accountancy
Registered with the Charity Commissioners of England and Wales No 231060

INVESTORS IN PEOPLE　**CIPFA is an equal opportunities employer**

参考資料 7　　　　　　　　　　　　　　　　　　　　　　　　　　　**CIPFA 出版目録**

　CIPFA の重要な活動の一つに出版事業がある。日本公認会計士協会が、近年、主として会員向けに独自の出版事業（たとえば、日本公認会計士協会出版局から出版されている『上場企業監査人・監査報酬白書　2008年版』は、有価証券報告書に開示されている上場企業の監査報酬・監査人のデータを収集し、その傾向と分析、さらには、日米の監査報酬比較等を解説した書籍となっている）に着手したことは記憶に新しいところである。しかし、CIPFA は相当に以前から積極的に出版事業を展開している。

　CIPFA が出版事業に取り組む背景には、もちろん、CIPFA の独自財源を確保するという狙いがある（参考資料2質問1参照）。CIPFA は会社法の規定によって当初設立された組織ではあったが、1973年の王室憲章によって慈善団体へとその法的形態を変更している。CIPFA は公的部門ではなく、他方で営利組織でもないことから、公的助成を当てにせず、しかも、収益事業を回避して、組織運営のために独自の財源を捻出することが大きな課題となる。もちろん、会員や研修生からの会費収入も重要な財源の一つであるが、ここで整理したような出版事業は、CIPFA が組織運営の財源を確保するという意味において、非常に優先度の高い事業として位置づけられている。

　CIPFA から出版されている著書、電子媒体の価額は、日本国内の書物の相場と比較すると非常に高い。同じように、英国国内の書物（たとえば、大学教授が執筆したテキストや研究書）の販売価額と比較しても、結構、高価な書物が多いという印象を受ける。これは CIPFA の出版物の多くが、地方自治体等の公共部門関係者を主たる対象に執筆されたもので、販路が非常に限られていること、すなわち、発行部数がそれほど多くないということと密接に関連している。また、記述されている内容の多くは、CIPFA 以外から出版されている書物では、通常垣間見ることのできない内容のものが非常に多い（つまり、専門性が非常に高い）。この意味において、CIPFA からの出版物は、英国の公共部門の会計、監査、財務、予算編成などを研究する研究者には、非常に貴重な学術文献として渉猟の対象となるものである。

　CIPFA が出版事業に取り組むもう一つの背景は、CIPFA の会員や研修生、そして、広く公共部門の関係者に、公共財務や会計、監査等に関する専門的知識の啓蒙・普及を行ない、特に会員に対しては、継続的な職業的専門家としての教育をサポートするというミッションを追求しているという点にある。CIPFA からの出版物は、ここで整理した内容のもの以外にも、たとえば、参考資料8で概要が説明される研修生（CIPFA の認定する勅許公共財務会計士：CPFA の資格取得を目指す公共部門関係者）向けの教

材なども多数出版されている。参考資料7でリストされた内容は、あくまでも、CPFAの資格を取得した会員と、より広範な公共部門関係者（それも幹部職員や実際に実務に関わっている担当者）が直面する具体的な課題について、その解決の方策や参考事例、あるいはその将来像についての討議内容等を整理したものに限定される。以下に整理された出版物は、実務家にとっての緊急の課題に対して、できるだけ具体的な解決のための手法、アプローチ、ガイダンス、チェックリスト等を提供しようとするもので、いずれもその出版のタイミングが非常にタイムリーである。CIPFAの出版事業はこのように、英国の地方自治体等の公共部門の会計や財務管理等の実務を先導する貴重な社会的貢献を果たしている。

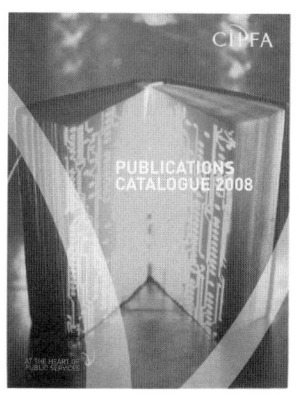

写真 S7-1
2008 年の CIPFA 出版目録

図表 S7-1 は、CIPFA から現在発行されている出版物・電子媒体のデータを、CIPFA から毎年発行されるカタログ（今年度の場合は『Publications Catalogue 2008』）に基づいて、分野別に整理したものである。タイトル数は合計で約 190 タイトルに及んでいる。財務管理と地方自治体のカテゴリーで非常に多くのタイトルが出版されていることがまず大きな特徴となっている。また、会計と監査に加えて、ベスト・バリューや公共経営など、今日の英国における公共部門運営の発想とマッチした出版物が非常に多くなっているという特徴もある。

図表 S7-1　CIPFA 出版物カテゴリー別分類

分　　　野	タイトル数
CIPFA 財務管理モデル	1
会計	12
監査	25
ベスト・バリューと競争	16
予算編成	12
資本調達と借入	11
中央政府	3
コーポレート・ガバナンス	2
教育財務	14
財務管理	27
保健と社会福祉	11
住宅	11
地方自治体	28
公共経営と政策関係	15
合　　　計	188

No.	頁	媒体	価格	出版年	タイトル (原書)	タイトル (日本語)
〈THE CIPFA FM MODEL：CIPFA 財務管理モデル〉						
1	10	Book	£45.00	2007	The CIPFA FM Model: Statement of Good Practice in Public Financial Management (Version 2)	CIPFA 財務管理モデル―公共財務管理における実務手引書 (第 2 版)―
	34	Consultancy Support	£1,468.75			
		Website Access	£587.50		〈備考〉2010 年 6 月まで 3 年間のアクセスが可能	
〈ACCOUNTING：会計〉						
1	12	Book	£55.00	2007	Accounting & Auditing Standards: A Public Services Perspective (Fully Revised Third Edition 2007)	会計・監査基準―公共サービスの展望 (2007 年全面改訂 3 版)―
	14	PDF	£233.83			
2	12	Loose-leaf	£280.00	2007	Best Value Accounting Code of Practice 2007 (separate editions for England & Wales, Northern Ireland and Scotland)	ベスト・バリュー会計実務規範 2007 年版―イングランド・ウェールズ、北アイルランド、スコットランドの分離版―
	14	CD-ROM	£658.00			
	21	Loose-leaf + CD-ROM	£761.75			
		Binder	£24.68		〈備考〉2008 年に改訂版を出版予定、価格未定	
3	12	Book	£125.00	2007	Code of Practice on Local Authority Accounting in the United Kingdom 2007: A Statement of Recommended Practice (SORP)	英国地方自治体会計実務規範 2007 年版―勧告実務書 (SORP)―
	14	CD-ROM	£440.63		〈備考〉2008 年に改訂版を出版予定、価格未定	
4	13 14	Book	£120.00	2008 4月	Code of Practice on Local Authority Accounting in the United Kingdom 2007: A Statement of Recommended Practice - Disclosure Checklist for 2007/2008 Accounts	英国地方自治体会計実務規範 2007 年版―勧告実務書 (SORP)―ディスクロージャーチェックリスト 2007/2008 年全勘定

CIPFA 出版目録

No.	頁	媒体	価格	出版年	タイトル (原書)	タイトル (日本語)
5	13	Loose-leaf	£455.00	2007	Code of Practice on Local Authority Accounting in the United Kingdom 2007: A Statement of Recommended Practice - Guidance Notes for Practitioners - 2007/2008 Accounts	英国地方自治体会計実務規範2007年版―勧告実務書 (SORP) ―実務家向けガイダンス・ノート 2007/2008年全勘定
	14	CD-ROM	£887.13			
	15	Loose-leaf + CD-ROM	£1,089.50			
		Binder + presentation box	£40.54		〈備考〉2008年に改訂版を出版予定。価格未定	
6	13	Book	£79.50	2004	Early Closing Time: A Good Practice Guide to the Prompt Closure of Local Authority Accounts in England and Wales	決算の早期化 イングランド・ウェールズ地方自治体の早期決算用実務事例ガイド
	15					
7	14	Book	無料	2004	Advancing Sustainability Accounting and Reporting: An Agenda for Public Service Organizations - A Discussion Paper	サステナビリティ会計と報告の推進 公共サービス組織のための課題―討議資料―
	35	PDF				
	54				〈備考〉次のウェブでダウンロード可能 www.CIPFA.org.uk/shop/download/sustainability2004.pdf	
8	14	Book	無料	2003	A Best Value Approach to Trading Accounts: A Guidance Notes for Local Authority Practitioners	公営会計へのベスト・バリュー・アプローチ ―地方自治体実務家のためのガイダンス・ノート―
	21					
					〈備考〉次のウェブでダウンロード可能 www.CIPFA.org.uk/shop/download/trading_accounts_03.pdf	
9	14	Book	£1,500.00	2008	Cashflow Statement Toolkit for Practitioners in Local Authorities	地方自治体実務家のためのキャッシュ・フロー計算書ツールキット
					〈備考〉次のウェブで詳細説明を掲載 www.CIPFA.org.uk/shop/	
10	15	Book	£85.00	2003	Fair Shares? Guidance on the Accounting Treatment of Overheads in the Context of Best Value	適正な配賦 ベスト・バリュー状況下における間接費の会計処理ガイダンス

No.	頁	媒体	価格	出版年	タイトル（原書）	タイトル（日本語）
11	15	Book	£195.00	2004	Group Accounts in Local Authorities: Practitioners Workbook	地方自治体のグループ勘定―実務家向け参考書
12	15	Book	£40.00	1993	Regular as Clockwork: Management Handbook - Evaluating Core Accounting Tasks in Local Government	ルーティンワーク・マネジメント・ハンドブック―地方自治体におけるコア会計業務の評価

〈AUDITING：監査〉

No.	頁	媒体	価格	出版年	タイトル（原書）	タイトル（日本語）
1	16	Hardcopy or email	£65.00	2008	Audit Viewpoint (CIPFA's magazine for the Audit Practitioner)	監査の視点（CIPFAが発行している監査実務者用定期刊行物）
2	16	Book（1冊目）	£60.00	2006	Code of Practice for Internal Audit in Local Government in the United Kingdom 2006	英国地方自治体における内部監査実務規範2006年版
	18	Book（2冊目以降）	£40.00		〈備考〉2008年に改訂版を出版予定、価格未定	
3	16	Book	£229.13	2006	The Excellent Internal Auditor: A Good Practice Guide to Skills and Competencies	優秀な内部監査人―専門的能力に適格性に関する実務事例ガイド
	18	CD-ROM				
4	17	Book	£65.00	2005	It's a Risky Business: A Practical Guides to Risk Based Auditing (Fully Revised Second Edition)	リスキーなビジネス―リスク・ベース監査の実務ガイド―（全面改訂2版）
	19	CD-ROM	£346.63			
5	17	Book	£699.13	2006	Systems Based Auditing Control Matrices: Series 5	システム監査コントロール・マトリックス 第5集
	19	CD-ROM				
6	17	Book	£699.13	2007	Systems Based Auditing Control Matrices: Series 6	システム監査コントロール・マトリックス 第6集
7	18	Book	£75.00	2005	Audit Committees - Practical Guidance for Local Authorities	監査委員会―地方自治体のための実務ガイダンス―
		〈備考〉複数冊購入割引あり				

CIPFA 出版目録

No.	頁	媒体	価格	出版年	タイトル (原書)	タイトル (日本語)
8	18	Book	無料	2004	Audit Committee Principles in Local Authorities in Scotland: A Guidance Note	スコットランド地方自治体における監査委員会原則—ガイダンス・ノート—
	45	PDF			〈備考〉次のウェブでダウンロード可能 www.CIPFA.org.uk/scotland/download/audit_committee_principles.pdf	
9	18	Book	£97.50	2002	Computer Audit Guidelines (Fully Revised Sixth Edition)	コンピュータ監査ガイドライン（全面改訂 6 版）
	42	CD-ROM	£193.87			
	43	Combined pack	£220.70			
10	18	Book	£31.25	1992	Contract Audit - JCT Guidance Notes	契約監査 —JCT ガイダンス・ノート—
11	18	Book	未定	2008	Contract Audit (JCT) : Revised Guidance Notes	契約監査 —JCT ガイダンス・ノート改訂版
12	18	Book	無料	2006	Contract Procedure Rules	契約手続法
	21				〈備考〉次のウェブでダウンロード可能 www.CIPFA.org.uk/shop/download/contract.pdf	
13	18	Book	£95.00	1995	The Financial Management and Audit of Construction Contracts: A Practical Guide	建設契約の財務管理と監査—実務ガイド—
14	18	Book	未定	2008	Further Guidance on Anti-money Laundering in Local Government	地方自治体における反資金洗浄のガイダンス
15	18	Book	未定	2008	A Guide to Systems Based Auditing (Fully Revised Second Edition 2008)	システム監査の手引書 (2008 年全面改訂 2 版)
16	18	Book	£85.00	2003	How to develop a Procurement Strategy: A Guide for Local Authorities	調達戦略の開発方法—自治体のための手引書—
	49	〈備考〉複数冊購入割引あり				
17	18	Book	£42.50	2001	Improving the Audit Service - Applying Best Value Principles to Internal Audit	監査サービスの改善—ベスト・バリュー原則の内部監査への適用—
18	19	Book	£581.63	2004	Local Government: Internal Audit Manual (Fully Revised Second Edition)	地方自治体—内部監査マニュアル（全面改訂 2 版）—
	55	CD-ROM				

No.	頁	媒体	タイトル（原書）	出版年	価格	タイトル（日本語）
19	19	Book	Performance Management for Audit	2000	£39.50	業績管理監査
20	19	Book	Quality & Internal Auditor	1993	£29.50	品質と内部監査
21	19	Book	Systems Based Auditing Control Matrices: Series 1 & 2 (2006 Fully Revised Edition)	2006	£1,051.63	システム監査コントロール・マトリックス —第1集および第2集（2006年全面改訂版）—
	55	CD-ROM				
22	19	Book	Systems Based Auditing Control Matrices: Series 3	2002	£375.00	システム監査コントロール・マトリックス —第3集—
	55	CD-ROM				
23	19	Book	Systems Based Auditing Control Matrices for Information Technology (Series 4)	2004	£675.63	情報技術のためのシステム監査コントロール・マトリックス —第4集—
	42	CD-ROM				
24	19	Book	Systems Based Auditing Control Matrices : Series 5 (Health and Safety matrices)	2006	£111.63	情報技術のためのシステム監査コントロール・マトリックス —第5集（保健と安全のマトリックス）—
	55	CD-ROM				
25	19	Book	Systems Based Auditing Control Matrices: Series 7	2008	未定	システム監査コントロールマトリックス —第7集—

《BEST VALUE AND COMPETITION：ベスト・バリューと競争》

No.	頁	媒体	タイトル（原書）	出版年	価格	タイトル（日本語）
1	20	Book	The Commissioning Joint Committee (CJC) Guide to Buying from the Third Sector	2006	£95.00	独立合同委員会ガイド —第3セクターからの購入—
2	20	Book	The Commissioning Joint Committee (CJC) Guide to Service Sharing and Economies of Scale	2007	£99.50	独立合同委員会ガイド —サービスの分担と規模の経済—
3	20	Book	Local Authority Financial Administration Services: Emerging Trends in the Context of Shared Services	2007	£120.00	地方自治体財務管理サービス —サービスの分担に関する最近の動向—
4	21	Book	Best Value Purchasing: A Toolkit for the Public Sector (Fully Revised Second Edition)	2003	£346.63	ベスト・バリューの購買 —公的部門のためのツールキット（全面改訂2版）—
5	21	Book	The CJC/ConfEd Guide to Education Partnerships and Contacting Out	2002	£85.00	独立合同委員会連合ガイド —教育のパートナーシップと委託—

CIPFA 出版目録　217

No.	頁	媒体	価格	出版年	タイトル (原書)	タイトル (日本語)
6	21	Book	£85.00	2003	The CJC Guide to Choosing Partnership Vehicles	独立合同委員会ガイド―パートナー企業の選択―
7	21	Book	£85.00	2003	The CJC Guide to the Commissioning of Social Care and the Requirement for Joint Commissioning	独立合同委員会ガイド―社会福祉の委託と合同委託の要請―
8	21	Book	£295.00	2005	The CJC Guide to the Future of Local Authority Housing Stocks in England - the Options available	独立合同委員会ガイド―イングランドにおける地方自治体住宅戸数の将来―
9	21 48	Book 〈備考〉予約購読	£558.13	2008	The CJC Standing Guide to the Commissioning of Local Authority Work and Services	独立合同委員会常備ガイド―地方自治体の業務とサービスの委託―
10	21	Book	£29.50	1997	Competing Demands - Competition in the Public Sector	競合する需要―公的部門における競争
11	21	Book	£65.00	2001	Competitiveness and Competition - An Occasional Paper by the Commissioning Joint Committee	競争力と競争―独立合同委員会からの特別論文―
12	22	Book	£65.00	2000	Making the Most of the Market - An Occasional Paper by the Commissioning Joint Committee	市場の重視―独立合同委員会の特別論文―
13	22	Book	£65.00	2000	PFI: Getting it Straight - An Occasional Paper by the Commissioning Joint Committee	PFIを理解する―独立合同委員会の特別論文―
14	22	Book CD-ROM	£58.75	2004	Successful Procurement - The Essential Guide for Schools	成功する調達―学校のための基本ガイド―
15	22	Book	未定	2008	Shared Services - Where Now? A Guide to Public Sector Implementation	サービスの分担―公的部門における実施のためのガイド―
16	22	Book	未定	2008	The Top Ten Tips for Delivering Efficiencies Through Technology	テクノロジーを活用して効率性を実現する100のヒント

資料編

〈BUDGETING：予算編成〉

No.	頁	媒体	価格	出版年	タイトル（原書）	タイトル（日本語）
1	23	Framework and Notes	£70.00	2007	Delivering Good Governance in Local Government: Framework and Guidance Notes	地方自治体における良きガバナンスの実践—フレームワークとガイダンス・ノート—
		〈備考：Framework の追加（1部）〉	£10.00			
		〈備考：Notes の追加（1部）〉	£20.00			
	24	PDF	無料		〈備考〉 次のウェブでダウンロード可能 www.CIPFA.org.uk/shop/download/BU017a.pdf	
2	23	Book	£49.50	2003	Public Reporting and Accountability: A Good Practice Guide (+ FREE supplement for English Local Authorities	公共部門の報告と説明責任—実務ガイド—
	24	〈備考：追加（1部）〉	£29.50			
3	23	Book	£60.00	2006	Sustainability: A Report Framework for the Public Services	持続可能性—公共サービスのための報告フレームワーク—
	24	〈備考：追加（1部）〉	£25.00			
4	24	Book	£45.00	2000	Approaches to Corporate Governance in the Public Sector	公的部門におけるコーポレート・ガバナンスへの接近
5	24	Book	£29.50	1998	Budget Monitoring and Control in Social Housing - A Practical Guide	社会住宅における予算監視と予算統制—実務ガイド—
6	24	Book	£19.50	1997	Budget Preparation in Housing Associations and other Registered Social Landlords - A Practical Guide	住宅協会と登録不動産賃貸会社の予算作成—実務ガイド—
7	24	Book	未定	2008	Delivering Good Governance in Local Government: Framework and Guidance Notes for Police Authorities (additional copies)	地方自治体における良きガバナンスの実践—警察機関のためのフレームワークとガイダンス・ノート—
8	24	Book	未定	2008	Delivering Good Governance in Local Government: Framework and Guidance Notes for Scottish Authorities (additional copies)	地方自治体における良きガバナンスの実践—スコットランド地方自治体のためのフレームワークとガイダンス・ノート—

CIPFA 出版目録　219

No.	頁	媒体	価格	出版年	タイトル（原書）	タイトル（日本語）
9	24	Book	£20.00	2007	Delivering Good Governance in Local Government: Framework and Guidance Notes for Welsh Authorities (additional copies)	地方自治体における良きガバナンスの実践―ウェールズ地方自治体のためのフレームワークとガイダンス・ノート―
10	24	Book	£79.50	2003	Financial Control and Budgeting for NHS Partnerships: A Practical Guide	国民医療サービス（NHS）パートナーシップのための財務統制と予算編成―実務ガイド―
11	24	Book 〈備考〉複数冊購入割引あり	£20.00	2004	The Good Governance Standard for Public Services - The Independent Commission on Good Governance in Public Services	公共サービスのための良きガバナンスの基準―公共サービスにおける良きガバナンスについての独立委員会―
	30	PDF	無料		〈備考〉次のウェブでダウンロード可能www.CIPFA.org.uk/shop/download/good_gov_standard_jan05.pdf	
12	24	Book	£125.00	2008	Improving Budgeting: Modernizing the Cycle	予算編成の改善―サイクルの現代化―

〈CAPITAL FINANCE AND BORROWING：資本調達と借入〉

No.	頁	媒体	価格	出版年	タイトル（原書）	タイトル（日本語）
1	25	Book	£225.00	2007	Capital Success: Good Practice in the implementation of the Prudential Code	資本の成功―自主規範の実施に関する実務事例―
	26	CD-ROM	£581.63			
2	25	Book	£225.00	2007	The Prudential Code for Capital Finance in the Local Authorities: Fully Revised Guidance Notes for Practitioners 2007	地方自治体における資金調達のための自主規範―実務家のための実務ガイド 2007 年全面改訂版―
	26	CD-ROM	£581.63			
3	25	Book	£450.00	2007	Treasury and Investment Management in UK Local Authorities: Guidance Notes for Practitioners on Financial instruments [Chapter 4 of the 2007 SORP]	英国の地方自治体における資金管理と投資管理―金融商品に関する実務家のためのガイダンス・ノート―[2007 年勧告実務書第 4 章]
	26	CD-ROM 〈備考〉自治体、消防、警察割引あり	£1,163.25			
		Book	£225.00			
		CD-ROM	£581.63			
4	26	Book	£49.50	2004	Guidance for the Smaller Public Service Organizations on the Application of the CIPFA Code of Practice for Treasury Management in the Public Services	公共サービスにおける資金管理の実務のための CIPFA 規範の摘要―小規模公共サービス機関のためのガイダンス―

No.	頁	媒体	価格	出版年	タイトル（原書）	タイトル（日本語）
5	26	Book	£47.50	1999	Guidance on the Use of Operating Leases by Local Fire and Police Authorities	地方消防機関と警察組織のためのオペレーティング・リースの利用に関するガイダンス
6	26	Book	£47.50	2001	PFI/PPP Stewardship Issues - A Guide for Finance Directors in the Public Services	PFIとPPPのパートナーシップ―公共サービスにおける財務部長のためのガイド―
7	26	Book	£34.50	1997	The Private Finance Initiative: Accounting and Auditing Issues	PFI―会計と監査上の問題―
8	26	Book	£50.00	2003	The Prudential Code for Capital Finance in the Local Authorities	地方自治体の資本調達のための自主規範
9	26	Book	無料	2006	Treasury Management in the Public Services: Anti-money Laundering - Cross-sectoral Guidance Notes Update 〈備考〉次のウェブでダウンロード可能 www.CIPFA.org.uk/shop/download/treasury_2006_01_insert.pdf	公共サービスにおける資金管理―反資金洗浄：部門横断的ガイダンス・ノート―
10	26	Book	£77.50	2001	Treasury Management in the Public Services: Code of Practice and Cross-sectoral Guidance Notes (incorporating cross-sectoral and sector-specific guidance note)	公共サービスにおける資金管理―実務規範と部門横断的ガイダンス・ノート―
11	26 47	Book	£45.00	2006	Treasury Management in the Public Services: Guidance Notes for Local Authorities, including Police Authorities and Fire Authorities (Fully Revised Second Edition 2006)	公共サービスにおける資金管理―地方自治体（警察と消防を含む）のためのガイダンス・ノート（2006年全面改訂2版）―

〈CENTRAL GOVERNMENT：中央政府〉

No.	頁	媒体	価格	出版年	タイトル（原書）	タイトル（日本語）
1	27	Book	£49.50	2006	Guide to Central Government Finance and Financial Management (Fully Revised Second Edition 2006)	中央政府のファイナンスと財務管理のガイド（2006年全面改訂2版）
	28	〈備考：追加（1部）〉	£29.50			
2	27	Book	£45.00	2002	On Board: A Guidance for Board Members of NDPBs in England	委員会においてーイングランドにおける非省庁公共団体の委員会委員のためのガイダンス
	28	〈備考：追加（1部）〉	£20.00			

CIPFA 出版目録　221

No.	頁	媒体	出版年	タイトル (原書)	タイトル (日本語)
3	27	Book	2004	The Roles of the Finance Professional in Central Government	中央政府におけるファイナンス専門職の役割
	28	〈備考〉追加 (1部)		£15.00	

〈CORPORATE GOVERNANCE：コーポレート・ガバナンス〉

No.	頁	媒体	出版年	タイトル (原書)	タイトル (日本語)
1	29	Book	2005	Handbook for Audit Committee Members in Further and Higher Education (Fully Revised Second Edition)	高等教育における監査委員会委員のためのハンドブック (全面改訂2版)
	30	〈備考〉複数冊購入割引あり		£25.00	
2	30	Book, CD-ROM	2005	Compendium of Corporate Policies and Procedures: 20 Essential Policies and Procedures for a Best Practice Organization	組織の政策と手続の概要 —ベスト・プラクティス組織のための20の基本政策と手続—
		〈備考〉複数冊購入割引あり		£195.00	
		〈備考〉NPO等割引あり		£95.00	

〈EDUCATION FINANCE：教育財務〉

No.	頁	媒体	出版年	タイトル (原書)	タイトル (日本語)
1	31	Book	2006	Children's Trusts: The Essential Financial Management Companion	子供病院—必須財務管理の概要—
2	31	Book	2008	An Introductory Guide to Education Finance in England (Fully Revised Third Edition 2008)	イングランドにおける教育財務の入門ガイド (2008年全面改訂3版)
	32	CD-ROM		£287.88	
3	31	Book	2007	Partnerships and Other Alliances - Case Studies from the Further and Higher Education Sector	パートナーシップと提携 —高等教育セクターからの事例研究—
	32				
4	32	Book	2007	Councillors' Guide to Local Government Finance 2007 Fully Revised Edition	議員のための地方自治体ファイナンス・ガイド (2007年全面改訂版)
	38	CD-ROM		£411.25	
	40, 44, 46	〈備考〉2008年に改訂版を出版予定、価格未定			
5	32	Book	2006	Dedicated Schools Grant: A Concise and Practical Guide	教育目的補助金—簡潔な実務ガイド—
		〈備考〉複数冊購入割引あり		£39.50	
6	32	Book	2004	Further Education Finance (Fully Revised Second Edition)	上級教育財務 (全面改訂再版)
		〈備考〉複数冊購入割引あり		£79.50	

No.	頁	媒体	価格	出版年	タイトル（原書）	タイトル（日本語）
7	32	Book	£49.50	2008	Guide for Finance Committee Members in Further and Higher Education	上級教育機関における財務委員会委員のためのガイド
		《備考》複数冊購入割引あり				
8	32	Book	£79.50	2002	Further Education Finance (Fully Revised Second Edition)	上級教育機関のファイナンス（全面改訂再版）
		《備考》複数冊購入割引あり				
9	31	Book	£39.50	1999	An Introductory Guide to Risk Management in Further and Higher Education	上級教育機関におけるリスク・マネジメントの入門ガイド
10	32	Book	£49.50	2000	Mergers and Collaboration - A Guide for Further and Higher Education Institutions	合併と提携―上級教育機関のためのガイド―
11	32	Book	£64.63	2003	A Model Set of Financial Regulations for Further and Higher Education Institutions (Fully Revised Edition)	上級教育機関のための財務規則モデル集（全面改訂版）
	55	CD-ROM				
12	32	Book	£49.50	1997	Resource Allocation Models in Further and Higher Education: A Compendium	上級教育機関における資源配分モデル―概論―
				《備考》2008年に改訂版を出版予定、価格未定		
13	32	Book	£19.50	2000	A Resource Quantification Model: Case Study from the Further and Higher Education Sector	資源数量化モデル―上級教育セクターからのケース・スタディー―
14	33	Book	£39.50	1998	The Use of Service Level Agreements in the Further and Higher Education Sector	上級教育セクターにおけるサービス水準合意の活用

〈FINANCIAL MANAGEMENT：財務管理〉

No.	頁	媒体	価格	出版年	タイトル（原書）	タイトル（日本語）
1	34	Book	£287.88	2006	Balance Sheet Management in the Public Services: A Framework for Good Practice	公共サービスにおける貸借対照表管理―実務事例のためのフレームワーク―
	35	CD-ROM				
2	34	Book	£95.00	2006	Integrated Planning: An Overview of Approaches	統合的計画―アプローチの概観―
	35	コンサルティングサポート	£1,468.75		《備考》2010年6月まで3年間のアクセスが可能	
	36	Web	£587.50			

CIPFA 出版目録　223

No.	頁	媒体	価格	出版年	タイトル（原書）	タイトル（日本語）
3	35	Book	£45.00	1995	Achieving an Information Strategy	情報戦略の獲得
4	35	Book	£69.50	2001	Achieving an Information Strategy in Practice	実践的情報戦略の実現
5	35	Book	£45.00	1994	All Change in Public Services - The Art & Science of Managing Change & Transition	公共サービスの改革—変化と推移を管理する技術と科学—
6	35	Book	£49.00	1996	Appointing and Managing Advisors and Providers of Professional Services - what to do, what not to do and what to look out for	職業的サービスのアドバイザーと提供者の任命と管理—すべきこと、すべきでないこと、その探求方法—
7	35	Book	£45.00	1996	Benchmarking to Improve Performance	業績改善のためのベンチマーキング
8	35	Book	£45.00	1995	The Changing Role of Financial Management in the Public Services	変わりゆく公共サービスの財務管理の役割
9	35	Book	未定	2008	Evaluating Partnerships: Compendium of Good Practice	パートナーシップ評価—実務事例の概要—
10	35	Book	£299.00	2006	A Good Practice Guide to the Financial Management of Housing Benefit in England 2006 (Fully Revised Fourth Edition)	イングランドにおける住宅手当の財務管理のための実務的ガイド（全面改訂4版）
	39	CD-ROM	£246.75		〈備考〉2008年に改訂版を出版予定、価格未定	
11	35	Book	未定	2008	Guide to Local Authority Income Generation	地方自治体における収益獲得のためのガイド
12	35	Book	£30.00	1996	Improving Cash Management in Public Sector Organizations - A Practical Guide	公共セクター組織における資金管理の改善—実務ガイド—
13	36	Book	£49.50	1996	Making the Right Choices - A Practical Guide to Project Appraisal	正しい選択の実施—プロジェクト評価の実務ガイド—
14	36	Book	£49.50	1997	Management Information: Can You Manage Without It? A Guide to Developing Management Information	情報管理：それなしに経営できるか—情報管理の展開のガイド—

No.	頁	媒体	価格	出版年	タイトル（原書）	タイトル（日本語）
15	36	Book	£25.00	2001	Managing Activities in the Public Sector - The Use of Business Planning Techniques: ideas from the United Kingdom	公的部門の活動管理 ―ビジネス計画手法の利用：英国の発想―
16	36	Book	£49.50	1998	Measuring Up: An Introduction to Theories and Concepts of Performance Measurement in the Public Services	業績測定―公共サービスの業績測定に関する理論と概念の紹介―
17	36	Book	未定	2008	Pooled Budgets: A Practical Guide for Local and Health Authorities (Fully Revised Second Edition 2008)	留保予算―地方自治体と保健組織のための導入（2008年全面改訂再版）―
18	36	Book	£14.25	1989	Practical Delegation of Authority	自治体における実務的権限委譲
19	36	Book	£95.00	2005	A Practical Guide for Local Authorities on Discretionary Income Generation	地方自治体における裁量的財源確保のための実務ガイド
20	36	Book	£229.12	1999	Preparing for the EURO: A Toolkit for Public Services	ユーロに備える―公共サービスのためのツールキット―
	55	CD-ROM				
21	36	Book	無料	2006	Public Benefit OFRs - A catalyst for enhancing accountability? 〈備考〉次のウェブでダウンロード可能 www.CIPFA.org.uk/shop/download/OFR_discussion_paper.pdf	公的給付の活動財務報告書―説明責任を向上するきっかけ―
22	36	Book	無料	2006	Public Benefit OFRs - A catalyst for enhancing accountability? Key Messages from Consultation 〈備考〉次のウェブでダウンロード可能 www.CIPFA.org.uk/shop/download/pbOFR_consultation_key_message.pdf	公的給付の活動財務報告書―説明責任を向上するきっかけ（協議会からの主要メッセージ）―
23	36	Book	£49.50	1995	A Question of Cost - How Costs Behave and How to Control Them: A Practical Guide for All Managers	コストに関する質問―コストの態様と統制：管理職のための実務ガイド―
24	36	Book	£65.00	2001	Risk Management in the Public Services	公共サービスにおけるリスク・マネジメント

CIPFA 出版目録　225

No.	頁	媒体	価格	出版年	タイトル（原書）	タイトル（日本語）
25	36	Book	£69.50	2001	Throwing Down the Gauntlet: A Practitioner's Guide to Challenging Effectively	挑戦―効率性に挑戦するための実務家ガイド―
26	36	Book	£45.00	1996	Tomorrow's Town Hall	明日の小規模自治体
27	36	Book	£32.50	2001	The Use of Benchmarking as a Management Tool in the Public Sector to Improve Performance - A Discussion Paper	業績を改善するためのパブリック・セクターにおけるマネジメント・ツールとしてのベンチマーキングの利用―討議資料―

〈HEALTH AND SOCIAL CARE：保健と社会福祉〉

No.	頁	媒体	価格	出版年	タイトル（原書）	タイトル（日本語）
1	37	Book	£95.00	2007	Achieving Transformational Change - Reform, Efficiency and Lean Thinking in the NHS: A Comprehensive Guide to Success	構造変革の達成―国民医療サービス（NHS）における再編、効率性、無駄のない活力ある考え方：成功のための包括的ガイド―
2	37	Book	£49.50	2007	Direct Payments and Individual Budgets: Managing the Finances	直接支払と個別予算―ファイナンスの管理―
	38	〈備考：追加（1部）〉	£20.00			
3	37	Book	£95.00	2006	Practice Based Commissioning - The Essential Guide to Practical Implementation	実務に準拠した委任―実務的な遂行に関する基本ガイド―
4	38	Book	£95.00	2005	Delayed Discharges - A Practical Guide to the Financial Implications	弁済の遅延―財務的影響に関する実務ガイド―
5	38	Book	£95.00	2005	Financing Long-term Illness in the NHS	国民医療サービス（NHS）における長期の療養のファイナンス
6	38	Book	£45.00	2004	An Introductory Guide to Social Services Finance in England and Wales (Fully Revised Second Edition)	イングランド・ウェールズにおける福祉サービス・ファイナンス入門（全面改訂再版）
	46	〈備考〉複数冊購入割引あり				
7	38	Book	未定	2008	Payment by Results: Developments and Future Prospects (Fully Revised Second Edition 2008)	成果による支払―発展と展望（2008年全面改訂再版）―

No.	頁	媒体	価格	出版年	タイトル（原書）	タイトル（日本語）
8	38	Book 〈備考〉複数冊購入割引あり	£79.50	2003	Payment by Results: New Financial Flows in the NHS in England	成果による支払―イングランドにおける国民医療サービス（NHS）の新財務フロー
9	38	Book	£3.00	2003	Payment by Results: New Financial Flows in the NHS in England (Executive Briefing)	成果による支払―イングランドにおける国民医療サービス（NHS）の新財務フロー（幹部指令）
10	38	Book 〈備考〉複数冊購入割引あり	£25.00	2002	The Role of the Finance Director in Primary Care Trust	一次診療病院における財務部長の役割
11	38	Book	£105.00	2007	Supporting People: The Essential Guide for Finance Practitioners (Fully Revised Fourth Edition 2007)	支援者―財務担当者のための必須ガイド（2007年全面改訂4版）
	39	CD-ROM	£287.88			
	41				〈備考〉2008年に改訂版を出版予定、価格未定	

〈HOUSING：住宅〉

No.	頁	媒体	価格	出版年	タイトル（原書）	タイトル（日本語）
1	39	Book 〈備考〉複数冊購入割引あり	£99.00	2006	A Introductory Guide to Housing Finance in England (Fully Revised Fourth Edition 2006)	イングランドにおける住宅資金調達の入門ガイド（2006年全面改訂4版）
	39	CD-ROM	£205.63		〈備考〉2008年に改訂版を出版予定、価格未定	
2	40	Book 〈備考〉複数冊購入割引あり	£29.50	1999	Financial Regulations in Social Housing: A Best Practice Guide	福祉住宅の財務規制―ベスト・プラクティスガイド
		Disk	£40.00			
3	40	Book	£25.00	1997	Governance and Accountability in Housing Associations: The Role of the Audit Committee in Housing Association	住宅協会のガバナンスと説明責任―住宅協会における監査委員会の役割
4	40	Book	£9.50	1996	Housing Associations as Trustee: A Guide to the Management of Trust Funds	受託者としての住宅協会―信託基金のマネジメント・ガイド

CIPFA 出版目録　227

No.	頁	媒体	価格	出版年	タイトル（原書）	タイトル（日本語）
5	40	Book	£3.00	1998	In Good Company: A Guide to Local Housing Companies (Executive Summary)	社内事例 —地方住宅会社のガイド（実務的要約）—
6	40	Book	£40.00	1998	In Good Company: A Guide to Local Housing Companies (Guide for Finance Practitioners)	社内事例—地方住宅会社のガイド（財務担当者のためのガイド）—
7	40	Book	£25.00	1998	In Search of Value: An Introductory Guide to Achieving Value for Money in Social Housing	価値の探求—福祉住宅におけるVFMの達成入門ガイド—
8	40	Book 〈備考〉複数冊購入割引あり	£54.50	2006	An Introductory Guide to Housing Finance in England (Fully Revised Fourth Edition 2006)	イングランドにおける住宅資金調達の入門ガイド (2006年全面改訂4版)
		CD-ROM	£205.63		〈備考〉2008年に改訂版を出版予定、価格未定	
9	41	Book	£9.50	1995	Is Your Housing Association Secure? An Introductory Guide to Controlling and Managing Risk	あなたの住宅協会は安全ですか—リスクの統制と管理の入門ガイド—
10	41	Book	£29.50	1999	Project Appraisal in Social Housing - A Practical Guide	福祉住宅におけるプロジェクト評価—実務ガイド—
11	41	Book	£24.50	1996	Rent Setting in Housing Associations: A Compendium	住宅協会における賃料設定—概論—

〈LOCAL GOVERNMENT：地方自治体〉

1	44	Book	£79.50	2007	Local Government, Lyons and Place-shaping: 2003 to 2007 and Beyond	地方自治体・ライアン卿・空間の設計 —2003年から2007年それ以降—
2	45	Book	無料	2003	A Best Value Approach to Trading Accounts in Scotland: A Guidance Note for Practitioners	スコットランドにおける公営会計へのベストバリュー・アプローチ —実務家のためのガイダンス・ノート—
					〈備考〉次のウェブでダウンロード可能 www.CIPFA.org.uk/shop/download/trading_accounts_03.pdf	

No.	頁	媒体	価格	出版年	タイトル（原書）	タイトル（日本語）
3	45	Book	£25.00	2000	Bid-based Resources Allocation Systems: A Discussion Paper	入札を基準とした資源配分システム―討議資料―
4	45	Disk	£41.13	2001	Financial Regulations: A Good Practice Guide for an English Modern Council	財務規制―英国の現代自治体のための実務事例ガイド―
5	45	Book 〈備考〉複数冊購入割引あり	£25.00	2003	A Guide to Local Government Finance in Northern Ireland	北アイルランドにおける地方自治体ファイナンス・ガイド
6	46	Book 〈備考〉複数冊購入割引あり	£85.00	2006	Guide to Local Government Finance in Scotland 2007	2007年スコットランドにおける地方自治体ファイナンス・ガイド
7	46	Book	£125.00	2007	Guide to Relative Needs Formula 2007/2008	2007年/2008年相対的ニーズの明確化
8	46	Book	未定	2008	Guide to Relative Needs Formula 2008/2009	2008年/2009年相対的ニーズの明確化
9	46	Book	無料	2005	Hallmarks for Delivering Effective Local Public Services: Discussion Paper 〈備考〉次のウェブでダウンロード可能 www.CIPFA.org.uk/shop/download/lg000_hallmark01.pdf	効果的な地方公共サービスを配分するための品質表示―討議資料―
10	46	Book	£49.50	2004	Issues Raised by the Balance of Funding Review and the Lyons Inquiry	資金評価とライアン卿の平衡から生じる諸問題
11	46	Book	£49.50	2001	The Level and Distribution of Local Government Spending Since 1997–1998: A Discussion Paper	1997–1998年以降の地方自治体支出に関するレベルと配分―討議資料―
12	46	Book	£25.00	2000	The Local Government Finance Review: A Discussion Paper	地方自治体ファイナンス・レビュー―討議資料―

CIPFA 出版目録　229

No.	頁	媒体	価格	出版年	タイトル (原書)	タイトル (日本語)
13	46	Book	£35.00	2000	The Local Government Finance Review: Guide to the Green Paper	地方自治体ファイナンス・レビュー—緑書へのガイド—
14	46	Book 〈備考〉複数冊購入割引あり	£45.00	2000	The Local Government Finance Review: The Future of Revenue Grant Distribution - A Discussion Paper	地方自治体ファイナンス・レビュー—歳入補助金分配の将来— (討議資料)
15	46	Book 〈備考〉自治体割引あり	£40.00 £15.00	1998	The Local Government Pension Scheme: Pensions Guidance Notes (1) Guidance on Actuarial Valuations (1998)	地方自治体の年金制度—年金通告書 (1) 年金数理上の評価に関する通告 (1998年) —
16	46	Book 〈備考〉自治体割引あり	£40.00 £15.00	1998	The Local Government Pension Scheme: Pensions Guidance Notes (2) Guidance on Management and Investment of Funds - Shareholder Responsibilities (1999)	地方自治体の年金制度—年金通告書 (2) 基金の経営および投資についての通告:利害関係者の責任 (1999年) —
17	46	Book 〈備考〉自治体割引あり	£40.00 £15.00	1998	The Local Government Pension Scheme: Pensions Guidance Notes (3) Inter Valuation Monitoring/Recovery Plans (1999)	地方自治体の年金制度—年金通告書 (3) 評価の監視/修復計画 (1999年) —
18	46	Book 〈備考〉自治体割引あり	£50.00 £25.00	1998	The Local Government Pension Scheme: Pensions Guidance Notes (6) Guidance on Preparing and Maintaining a Funding Strategy Statement (2004)	地方自治体の年金制度—年金通告書 (6) 基金戦略書の準備および維持に関する通告 (2004年) —
19	46	Book 〈備考〉自治体割引あり	£50.00 £25.00	1998	The Local Government Pension Scheme: Pensions Guidance Notes (7) Freedom of Information Act - Dealing with Requests for Information Relating to Local Authority Pension Funds (2006)	地方自治体の年金制度—年金通告書 (7) 情報公開法:自治体年金基金に関する情報公開請求の取扱 (2006年) —
20	47	Book 〈備考〉自治体割引あり	£50.00 £25.00	1998	The Local Government Pension Scheme: Pensions Guidance Notes (8) Guide to Stock Lending by Local Authority Pension Funds (2006)	地方自治体の年金制度—年金通告書 (8) 自治体年金基金による株式の貸与に関する手引書 (2006年) —

No.	頁	媒体	価格	出版年	タイトル (原書)	タイトル (日本語)
21	47	Book	£50.00	1998	The Local Government Pension Scheme: Pensions Guidance Notes (9) Weighting Up Risk Against Reward: An Introductory Guide to Asset-liability Studies for Local Government Pension Funds (2007)	地方政府の年金制度 —年金通告書 (9) 報酬に対するリスクを増やす：地方政府の年金基金に関する資産および負債の研究への入門手引書 (2007年) —
		〈備考〉自治体割引あり	£25.00			
22	47	Book	£34.50	1998	The Local Non-Domestic Rate Supplement - A Discussion Paper	地方自治体の非居住用資産レイト —討議資料—
23	47	Book	£50.00	1994	New Culture, New Context: A checklist & guide to the financial handover after Local Government Review	新文化と新局面 —地方自治体レビュー後の財務的以降のチェックリストとガイド—
24	47	Book	£15.00	1994	New Culture, New Context: A checklist & guide to the financial handover after Local Government Review (Executive Digest)	新文化と新局面 —地方自治体レビュー後の財務的以降のチェックリストとガイド —実務ダイジェスト—
25	47	Book	£79.50	2004	The Relocalisation of the Non-Domestic Rate - A Discussion Paper	非居住用資産レイトの再地方化 —討議資料—
26	47	Book	£47.50	2002	Strong Local Leadership - Quality Public Services: The December 2001 White Paper - An Assessment of the Outstanding Issues	強力な地方のリーダーシップ —上質な公共サービス：2001年白書 —現状抱える問題の評価
27	47	Book	£49.50	1997	Taken for Granted: Local Authorities' Arrangements for Grant Claims - A Management Handbook	当然の理解 —補助金要求に関する地方自治体の調整— (管理ハンドブック)
28	47	Book	£75.00	2004	A Taxing Issue: A Local Income Tax Exemplified	税制度の諸問題 —例証された地方所得税—
	55	Book + Web	£133.75			

〈PUBLIC MANAGEMENT AND POLICY ASSOCIATION：公共経営と政策関係〉

No.	頁	媒体	価格	出版年	タイトル (原書)	タイトル (日本語)
1	50	Book	£10.00	2007	Leading and Measuring Improvement in Local Government: The Case of Redcar & Cleveland Borough Council	地方自治体における改善の先導と評価 —レッドカー・アンド・クリーヴランド市の事例—
	51					

CIPFA 出版目録　231

No.	頁	媒体	価格	出版年	タイトル（原書）	タイトル（日本語）
2	50	Book	£10.00	2007	Managing Stakeholders in the Public Sector	公的部門における利害関係者の管理
3	50	Book	£10.00	2007	Watching Straining at the Leash	革ひもを引っぱることを監視する［著者注］法的な規制が強化されることへの警鐘
4	51	Book	£5.00	2002	Accountability and Performance Improvement: Are they Complementary?	説明責任と業績の改善—補完関係にあるのか—
5	51	Book	£5.00	2001	Civil Service Reform	市民サービス改革
6	51	Book	£5.00	2001	The Corruption of Politics and the Politics of Corruption	政治の腐敗と腐敗の政治
7	51	Book	£5.00	2003	Delivery: The Role of the Voluntary Sector	サービス提供：ボランティア組織の役割
8	51	Book	£5.00	2005	The Future of Local Government	地方自治体の将来
9	51	Book	£5.00	2006	Modernising Governance: Red Flags, Trust and Professional Power	統治の現代化—危険信号・信頼・職業的専門家の権限—
10	51	Book	£5.00	2004	Public Accountability in Practice - The Need for Public Scrutiny	公的部門における説明責任の実務—公的監視の必要性—
11	51	Book	£5.00	2006	Public Service Improvement - The Conditions for Success and the Scottish Experience	公共サービスの改善—成功の条件とスコットランドの経験—
12	51	Book	£5.00	2005	The State of Britain: A Guide to the UK Public Sector (Third Edition - expanded and updated)	英国の事情—英国公的部門のガイド（第3版・拡大改訂版）—
13	51	Book	£5.00	2003	Tackling Inequalities in Health - The Local Dimension	健康上の不平等に挑む—地方の次元
14	51	Book	£5.00	2001	Understanding the Psychological Contract in the Public Sector	公的部門における心理的契約の理解
15	51	Book	£5.00	2005	Why Are We So Badly Governed?	なぜわれわれはひどい統治を受けるのか

参考資料 8　勅許公共財務会計士(CPFA)試験受験用の学習教材

　CIPFA は、勅許公共財務会計士（CPFA）の資格取得を目指す研修生（Student）を対象にして、各種の自己学習用の教材を開発している。大学を卒業して地方自治体等に勤務しながら、CPFA の資格を取得する場合、研修生は次の各科目試験に合格しなければならない。

- ◇ Certificate レベル（準学士レベル）
  - ○ 財務報告　○ 管理会計　○ 財務管理・システム・手法　○ 財務会計
- ◇ Diploma レベル（準修士レベル）
  - ○ 監査と保証　○ リーダーシップとマネジメント　○ 財務業績報告
  - ○ ガバナンスと公共政策　○ 意思決定会計　○ 公共財務　○ 税制
- ◇ 職業的専門家としての適格性を問う最終テスト
  - ○ 財務とマネジメントのケース・スタディ
  - ○ 戦略的ビジネス・マネジメント
- ◇ 会計技術者協会（AAT）ファースト・トラック
  - ○ ファースト・トラック 1
  - ○ ファースト・トラック 2

　ここでは、Certificate レベルの試験科目から管理会計と財務会計について、試験突破のための自己学習教材であるパスカード（Passcards）とその CD を取り上げる。以下は、パスカードと CD に含まれている学習のテーマ、そして、学習のために必要とされる標準時間を一覧表に整理したものである。

写真 S8-1　CIPFA が発行する Certificate レベルのパスカードと CD

● 管理会計 (Management Accounting)

CIPFA Study Guides February 2008 Certificate Level　Management Accounting				
Session 01	管理会計の序説		標準学習時間	2
Topic 1	原価会計と管理会計の目的			
Topic 2	管理会計の役割			
Topic 3	原価を測定する理由			
Topic 4	非財務情報			
Session 02	原価の分類と態様			5
Topic 1	原価計算と原価分類			
Topic 2	原価態様の分類			
Topic 3	原価計算の手法			
Session 03	統制(コントロール)概念			2
Topic 1	統制の概念			
Topic 2	財務管理ツールとしての予算編成			
Session 04	予算編成			3
Topic 1	予算編成モデル			
Topic 2	公共部門とサービス部門の予算編成			
Topic 3	責任会計			
Session 05	民間部門の予算編成			5
Topic 1	機能予算および総合予算の目的			
Topic 2	機能予算の作成			
Topic 3	総合予算の作成			
Session 06	キャッシュ・フロー予算の編成			4
Topic 1	キャッシュ・フロー予算			
Topic 2	キャッシュ・フロー予算の作成と分析			
Session 07	弾力性予算の編成			3
Topic 1	固定予算の編成と弾力性予算の編成			
Topic 2	弾力性予算の作成			
Session 08	公的部門の予算			5
Topic 1	公的部門における予算編成			

CIPFA Study Guides February 2008 Certificate Level　Management Accounting

Topic 2	公的部門における予算の作成手順	
Session 09	公的部門における資本予算	4
Topic 1	資本予算	
Topic 2	資本予算の限界要因	
Topic 3	資本の監視	
Session 10	間接費の計上	5
Topic 1	間接費の配賦と計算	
Topic 2	間接費計上率	
Topic 3	公的部門における全部原価計算	
Session 11	予算管理	5
Topic 1	公共部門と民間部門における予算管理の目的	
Topic 2	予算管理報告書の作成	
Topic 3	予算の流用	
Session 12	標準原価計算1	5
Topic 1	標準原価計算システム	
Topic 2	運用・計算・解釈	
Session 13	標準原価計算2	5
Topic 1	固定間接費差異（Variance）	
Topic 2	混合差異と歩留差異（Yield Variances）の理解	
Topic 3	標準原価計算報告書の作成	
Session 14	限界原価計算と全部原価計算	4
Topic 1	限界原価計算対全部原価計算	
Topic 2	限界原価計算と全部原価計算を用いた損益計算書の作成	
Topic 3	限界原価計算と全部原価計算を利用する時期	
Session15	活動基準別原価計算（ABC）	5
Topic 1	伝統的な全部原価計算システムの限界	
Topic 2	ABCを用いたサービス原価と製品原価	
Topic 3	ABCと伝統的全部原価計算	
Topic 4	ABCシステムの設計と運用	

CIPFA Study Guides February 2008 Certificate Level　Management Accounting		
Session 16	原価・売上高・利益分析（CVP 分析）1	5
Topic 1	損益分岐点と安全余裕率	
Topic 2	損益分岐図表	
Topic 3	利益売上図表	
Session 17	原価・売上高・利益分析（CVP 分析）2	4
Topic 1	原価・売上高・利益（CVP）関係の変化の影響	
Topic 2	CVP 分析の仮定	
Topic 3	会計士の CVP モデルとエコノミストの CVP モデル	
Topic 4	CVP 分析の活用	
Session 18	短期意思決定のための関連原価計算	5
Topic 1	関連・非関連原価と収益	
Topic 2	関連・非関連原価と収益の報告書	
Session 19	制約式の条件が存在する場合の意思決定	5
Topic 1	単一の制約がある場合の意思決定	
Topic 2	2つ以上の制約がある場合の意思決定	
Session 20	制約式の条件が存在する場合の意思決定	5
Topic 1	初期シンプレックス表	
Topic 2	最終シンプレックス表	
Session 21	線形回帰と時系列分析	5
Topic 1	線形回帰と相関	
Topic 2	時系列分析	
Topic 3	移動平均分析と時系列分析	
Topic 4	相関係数	
Topic 5	線形回帰	
	Session　01～21 の学習時間　合計	91

● 財務会計（Financial Accounting）

CIPFA Study Guides February 2008 Certificate Level	Financial Accounting		
Session 01	会計学の序説	標準学習時間	不明
Topic 1	基礎概念と定義		
Topic 2	主要財務諸表		
Topic 3	会計学の特質、原則および範囲		
Topic 4	会計を規制するシステム		
Topic 5	会計上の失敗とその影響		
Topic 6	資本的支出と経常的支出		
Session 02	会計学における等式		3
Topic 1	資産と負債および企業実体の概念		
Topic 2	貸借対照表等式		
Topic 3	支払勘定と受取勘定		
Session 03	基本財務諸表		3
Topic 1	貸借対照表		
Topic 2	損益計算書		
Session 04	原始証憑、記録および原始記入の帳簿		4
Topic 1	原始証憑の役割		
Topic 2	原始入力帳簿の必要性		
Topic 3	売上帳と仕入帳		
Topic 4	現金出納帳		
Topic 5	小口現金出納帳		
Session 05	総勘定元帳と複式簿記		5
Topic 1	現金取引		
Topic 2	信用取引		
Topic 3	仕訳帳		
Topic 4	小口現金帳簿		
Topic 5	付加価値税の会計		
Session 06	試算表から財務諸表へ		5
Topic 1	試算表		

CIPFA Study Guides February 2008 Certificate Level *Financial Accounting*			
Topic 2	損益計算書	
Topic 3	貸借対照表	
Topic 4	売上原価	
Topic 5	発生と前払	
Session 07	統制勘定	5
Topic 1	統制勘定の基礎知識	
Topic 2	統制勘定の運用と目的	
Session 08	銀行勘定調整	3
Topic 1	銀行勘定照合表と現金出納帳	
Topic 2	銀行勘定照合表	
Topic 3	練習問題	
Session 09	誤謬の修正	3
Topic 1	会計上の誤謬の分類	
Topic 2	仕訳帳入力	
Topic 3	仮勘定	
Session 10	コンピュータ会計	4
Topic 1	コンピュータ会計システムの要素	
Topic 2	データベースとスプレッドシート	
Session 11	会計慣行	4
Topic 1	財務諸表の作成と表示に関するIASBの枠組み	
Topic 2	会計方針	
Topic 3	慣行的な会計：他の重要な概念と慣行	
Session 12	不良債権と貸倒引当金	3
Topic 1	不良債権と貸倒引当金	
Topic 2	不良債権と貸倒引当金の会計処理	
Session 13	棚卸資産会計	3
Topic 1	機首・期末残高と棚卸	
Topic 2	IAS 2号　棚卸資産	
Session 14	非流動資産と減価償却	4.5

CIPFA Study Guides February 2008 Certificate Level　Financial Accounting		
Topic 1	減価償却会計	
Topic 2	減価償却の方法と減価償却の記帳	
Topic 3	非流動資産の再評価と除却	
Topic 4	IAS 16 号　固定資産	
Topic 5	資産登録および暖簾（営業権）	
Session15	不完全な記録	5
Topic 1	部分情報しか利用できない場合の不完全記録技法	
Topic 2	記録がない場合の利益計算	
Session 16	互助会と団体	5
Topic 1	互助会の会計記録	
Session 17	パートナーシップ会計	4.5
Topic 1	パートナーシップの特質	
Topic 2	パートナーシップ会計の会計報告書の作成	
Session 18	有限責任会社の会計	7
Topic 1	個人商店と有限責任会社の違い	
Topic 2	有限責任会社の資本構造	
Topic 3	内部管理目的で設定される緒勘定	
Topic 4	IAS 1 号 財務諸表の表示	
Session 19	キャッシュ・フロー計算書	5
Topic 1	ISA 7 号 キャッシュ・フロー計算書	
Topic 2	キャッシュ・フロー計算書の作成	
Session 20	財務諸表の解釈	6
Topic 1	会計比率	
Topic 2	株主投資の比率	
Topic 3	比率分析報告書の表示	
Session02 〜 20 の学習時間　合計		82

参考資料 9　　　LAAP 一覧（2008 年 12 月現在）

LAAP 01	The Application of Financial Reporting Standard 1, Summary of 'Cash Flow Statements' to Local Authorities
LAAP 02	Accounting For Overheads
LAAP 03	Financial Reporting by Shadow Authorities in England and Wales
LAAP 04	Update to Accounting for Social Services Objective Analysis
LAAP 05	Summary of The Application of Financial Reporting Standard 2, Accounting For Subsidiary Undertakings' To Local Authorities
LAAP 06	Summary of FRS 3 - 'Reporting Financial Performance'
LAAP 09	Summary of FRS4 'Accounting for Capital Instruments'
LAAP 10	Capital Accounting By Local Authorities: Definition of Interest Rates for the Purpose of Determining Capital Charges
LAAP 11	The Statement of Support Services Costs
LAAP 12	FRS 5 - Reporting The Substance of Transactions
LAAP 13	Accounting Arrangements for Self-Insurance
LAAP 15	Accounting for the Collection Fund
LAAP 16	Capital Accounting by Local Authorities: Definition of Interest Rates for the Purpose of Determining Capital Charges in 1995/96
LAAP 17	Accounting for Overheads in Local Authorities in Great Britain
LAAP 18	The Application of Financial Reporting Standard 6, Acquisitions and Mergers to Local Authorities
LAAP 19	The Application of Financial Reporting Standard 7, Fair Values in Acquisition
LAAP 20	Statement of Auditing Standard (SAS) 600 - Auditors' Reports on Financial Statements
LAAP 21	Capital Accounting by Local Authorities: Definition of Interest Rates for the Purpose of Determining Capital Charges in 1996/97
LAAP 22	The HRA Ringfence
LAAP 23	Collection Fund Surpluses and Deficits
LAAP 24	Financial Reporting Standard 8, Related Party Disclosures
LAAP 25	Financial Reporting by Shadow Authorities in England and Wales
LAAP 26	Repurchase of Borrowing: Guidance Note on the Application of The Code of Practice on Local Authority Accounting in Great Britain 1996
LAAP 27	Accounting for Deferred Charges
LAAP 28	Update to Accounting for Social Services Objective Analysis

LAAP 29	Capital Accounting by Local Authorities: Definition of Interest Rates for the Purpose of Determining Capital Charges in 1997/98
LAAP 30	FRS 1 (revised 1996) : Cash Flow Statements
LAAP 31	Members' Approval of Statements of Accounts (in England and Wales)
LAAP 32	The Statement of Support Services Costs (SSSC) (England and Wales only)
LAAP 33	Capital Accounting by Local Authorities: Definition of Interest Rates for the Purpose of Determining Capital Charges in 1998/99
LAAP 34	(1) Accounting Treatment and Disclosure of Year 2000 Costs and (2) Financial Reporting and the Euro
LAAP 35	Capital Accounting by Local Authorities: Definition of Interest Rates for the Purpose of Determining Capital Charges in 1999/2000
LAAP 36	Single Regeneration Budget
LAAP 37	Related Party Transactions
LAAP 38	Accounting for Education (England)
LAAP 39	Requirements for DSO Accounts 1999-2000 (England only)
LAAP 40	Capital Interest Rates 2000/2001
LAAP 41	Premiums for the Early Repayment of PWLB Loans - Joint Local Authority Accounting Panel/Treasury Management Panel Bulletin
LAAP 42	Best Value Accounting Code of Practice
LAAP 43	Year 2000 Disclosures
LAAP 44	Accounting for Council Tax Benefit Subsidy Limitation (England only)
LAAP 45	PFI Transactions
LAAP 46	Accounting for Foundation Schools . England only
LAAP 47	Resource Accounting in the HRA
LAAP 48	Resource Accounting In The HRA - Shadow Accounting Guidance - MRA and Depreciation (England) 2000-2001
LAAP 49	Capital Interest Rates 2001/2002
LAAP 50	Accounting for Single Regeneration Budget Schemes (SRB)
LAAP 51	Joint Pensions Panel/LAAP Bulletin - Guidance on the Application of the New Disclosure Note for Pensions Costs in the 2000 SORP
LAAP 52	Urgent Issues Task Force Abstracts
LAAP 53	Capital Interest Rates 2002/2003
LAAP 54	Capital Interest Rates 2003-04
LAAP 55	Guidance Note on Local Authority Reserves and Balances
LAAP 56	FRS 17 Retirement Benefits (Accounts Entries)
LAAP 57	Capital Interest Rates 2004/2005
LAAP 58	Charities Managed by Local Authorities Acting As Corporate Trustee (England and Wales)
LAAP 59	Capital Interest Rates 2005/2006

LAAP 60	Preparing to implement the 2004 SORP's modified Group Accounts Requirements
LAAP 61	Overview of the 2004 SORP's New Group Accounts Requirements
LAAP 62	Capital Interest Rates 2006/2007
LAAP 63	Charities Managed by Local Authorities Acting as Corporate Trustee (England and Wales only)
LAAP 64	Accounting for the Landfill Allowance Trading Scheme (England) in 2005/06
LAAP 65	FRS 17 Disclosures in Respect of the 2006 Changes to the Local Government Pension Scheme (England and Wales)
LAAP 66	Accounting for the HRA in Wales 2005/06
LAAP 67	Capital Interest Rates 2007/2008
LAAP 68	Accounting for Back Pay Provisions Arising from Equal Pay Claims (England and Wales Only)
LAAP 69	Capital Interest Rates 2008/2009
LAAP 70	Accounting for Police Pensions and Top-Up Grant
LAAP 71	The Annual Governance Statement
LAAP 72	Accounting for Premiums and Discounts in the 2007/08 Accounts on Transition to the 2007 SORP Requirements
LAAP 73	Closure of the 2007/08 Accounts and Use of Resources Assessments
LAAP 74	Accounting for the Impact of HO Circular 11/2008 on Police Pensions (England and Wales only)
LAAP 75	Accounting for the Impact of Circular FPSC 5/2008 (England) and Circular W-FRSC (08) 11 (Wales) on Firefighters' Pensions
LAAP 76	Capital Interest Rates 2009/2010
LAAP 77	Local Authority Reserves and Balances
LAAP 78	Impairment of Financial Assets and Amendments to Accounting Standards (FRS 26 & FRS 29)

参考資料 10　英国地方自治体財務・会計用語解説

キーワード	略号	日本語訳	説明・解説・補足
A			
Accounting and Auditing Standards Panel	AASP	会計監査基準審査会	CIPFAの審査会の一つ
Accounting Standards Board	ASB	会計基準審議会	英国の会計基準設定機関
Accounting Standards Committee	ASC	会計基準委員会	ASBの前身の会計基準設定機関
Accounts and Audit Regulations	AAR	会計監査規則	
Accounting Technician	AT	会計技術者	
Act		制定法	
Audit Commission	AC	地方自治体監査委員会	自治体内部の監査委員会と区別するために、一般に、地方自治体監査委員会と訳される。
Additional Quota		追加割当額	
Aggregate Credit Limit	ACL	総債務限度額 債務総額上限	1989年地方自治・住宅法の第62条で明記された自治体の借入限度額のこと。
Aggregate External Finance	AEF	外部援助財源 統合外部財源	カウンシル税に影響を与えるサービスに関する経常支出に対して、中央政府が行なう財務支援で、RSG、再分配された非居住用資産レイト、AEF内特定補助金を含む。
Aggregated Schools Budget	ASB	学校総予算	
AIDS & HIV support		エイズ対策補助金	
Allowance for Maintainance		維持費用	
Allowance for Management		運営・管理費用	
Analysis and Reserch Panel	ARP	分析・調査審査会	CIPFAの審査会の一つ
Annual Capital Guideline	ACG	年間資本ガイドライン	当該年度の自治体資本支出ガイドラインとして政府が出す金額。所管官庁ごとに、自治体の資本投資ニーズを把握しながら個別自治体ごとに、毎年の資本投資額(教育、公営住宅、社会福祉、環境保護、防災、文化ごとに)として算出される。

英国地方自治体財務・会計用語解説　243

キーワード	略号	日本語訳	説明・解説・補足
Annual Capital Guidelines	ACGs	年間資本支出ガイドライン	
Annually Managed Expenditure	AME	単年度管理歳出 年次管理支出額	TME（合計管理支出額）の内訳。年次ごとに支出を管理する事項の見込額。DELと異なり、中央省庁による統制が及ばないか、及びづらい事項に関する見込額。例としては、経済循環に影響される社会保障手当があり、その他に、LASFE.、公営住宅歳入会計補助金、共通農業政策費、年金支出額、中央政府元利償還費、宝くじ収益充当支出など。
Anti-Fraud Incentive Scheme		反住宅手当詐欺対策計画	
Approved Investments		承認投資	
Area Based Grant	ABG	地域向け補助金	2008年度から使途制限のない一般補助金として地域に提供されている。RSGとの違いは一般的な方式ではなく、特定の政策に則って交付される。地方自治体は無束縛の資金を、優先事項執行に適した領域・分野に自由に活用できる（LAAターゲットの達成など）。
Area Cost Adjustment	ACA	地域補正係数 地域別費用補正	地域間格差を補正するための定数
Arm's-Length Management Organisation	ALMO	独立運営団体	地方自治体は住宅公社の住宅補助金を通して住宅の建設が可能である。補助金の申請は、地方自治体が直接設立した特殊法人、あるいは地方自治体の設立したALMOと呼ばれる独立運営団体14を通じて行なわれなければならない。
Asset Management Plan	AMP	資産管理計画	DETRが公表した Asset Management of Local Authority Land and Buildings-Good Practice Guidelines（2000）によれば、土地および建物の戦略的なマネジメント計画であり、サービス提供に伴う便益や金銭的な収益のために、資産利用を最適化する計画のこと。
Assigned Rvenues		指定歳入制度 指定収入制度	

キーワード	略号	日本語訳	説明・解説・補足
Association of Chief Corporate Property Officers in Local Government	COPROP	地方自治体最高財産管理責任者協会	
Association of Chief Estates Surveyors and Property Managers in Local Government	ACES	地方自治体財産検査官・管理者協会	CIPFA の Commissioning Joint Committee の一つ
Association of Chief Police Officers	ACPO	スコットランド警察署長協会	
Association of Police Authorities	APA	英国警察協会	
Assumed National Council Tax	ANCT	政府想定カウンシル税額	FSS の財源のうち、国が設定した税率で徴収することのできるカウンシル税額。
Audit Panel		監査審査会	CIPFA の審査会の一つ

B

キーワード	略号	日本語訳	説明・解説・補足
Basic Command Unit	BCU	基本指令単位	BCU は英国地域警察の最大単位のもの。Division, Area の呼称もある。
Basic Credit Approval	BCA	基本起債許可	毎年、政府が決定する基本数値。自治体は資本歳出に適用する。BCA は、自治体の年間資本の総額ガイドラインである（受領高は差し引かれる）。特定サービス向けの補足的な起債許可は、BCA に付随するものである。起債許可は、借入れや、その他信用の形で資金提供を受ける歳出を許可するために用いられる。
Basic Credit Approval	BCA	基本起債許可	
Basic Share		基本配分	
Benefit Fraud Inspectorate	BFI	助成金不正検査局	サービス水準の評価については各サービス分野の専門の評価機関が行なっているが、「助成金」については助成金不正検査局（Benefit Fraud Inspectorate）が実施している。
Best Value Accounting Code of Practice	BVACOP	ベスト・バリュー会計実施基準	会計報告書に含まれる財務報告書の水準を一定に保てるように適正な会計実務を構築するため、CIPFA によって定められた会計基準である。

キーワード	略号	日本語訳	説明・解説・補足
Best Value Performance Indicator	BVPI	ベスト・バリュー業績指標	BVにおいて、中央政府によって地方自治体の業績を測定、評価するための基準として全国的に統一された業績のための指標。わが国自治体の行政評価にも大きな影響を与えた指標群である。
Best Value Performance Plan	BVPP	ベスト・バリュー業績計画	1999年の地方自治法において、地方自治体が毎年6月末までに作成を義務づけられているプラン。業務の効率性、有効性、そして将来の計画についてのアカウンタビリティを地方自治体に徹底させる役割があるとされている。日本の自治体ではこれに相当する計画を有していない。実施計画に財政計画を連動させたような計画。
Best Value Review	BVR	ベスト・バリュー・レビュー	BVは「自治体の業績を評価・監視し、効率性とともにサービスの質的な向上を目指す政策」であり、外部機関のACとともに市民からの意見も聴取・参考にしている。
Bill		法案	
Bill Authority		徴収自治体	
Billing Authority		徴税自治体	
Black and Minority Ethnic	BME	黒人および少数民族	
Block Grants		包括補助金	
Block Grants System		包括補助金制度	
Building Schools for the Future	BSF	ビー・エス・エフ	英国のすべての中学校に、情報通信技術（ICT: Information and Communications Technology）など21世紀標準の設備が整った校舎を完備するというプログラムで、施設整備を推進するに当たって、地方の小規模な中学校でも整備が促進できるようLIFT（Local Improvement Finance Trust）計画の手法を取り入れている。
Business Improvement District	BID	ビジネス開発特区	BIDのもとでは、地方コミュニティの追加的なサービス提供や給付改善は海外納税者の納税によって資金提供を受けることで行なわれる。
Business Improvement Districts	BIDs	ビジネス改善地区	

キーワード	略号	日本語訳	説明・解説・補足
C			
Capital Account		資本会計	
Capital Expenditure		資本的支出	
Capital Grants		資本補助金	
Capital Specific Grants		資本特定補助金	
Capital Value		資本的価値	
Cash Flow Statement		キャッシュ・フロー計算書	
Central Government Capital Support		中央政府資本補助	
Central/Local Partnership	CLP	中央・地方パートナーシップ	1997年から行なわれている政府閣僚とLGAメンバーの定期会合
Challenge Fund		チャレンジ補助金	
Chartered Institute of Public Finance and Accountancy	CIPFA	勅許公共財務会計協会	英国における主要な職業会計人の団体の一つで、唯一、公共部門に特化した団体である。この団体は、公共部門の職業会計人の教育・訓練と専門的な基準の設定・監視により職業会計人への判断規範と行為規範の設定に責任を有している。また、英国における職業会計人の諸団体において、CIPFAは唯一、自治体の会計基準の設定に責任を有している。
Chief Finance Officer		最高財務責任者	日本の収入役や出納長に相当する役職で、英国の自治体で財務に関する最高責任を担う担当者のこと。
Child Benefit		児童手当	
Children Social Service		児童福祉サービス	
CIPFA's Local Authority Accounting Panel	LAAP	CIPFAの地方自治体会計審査会	LAAPは地方自治体の会計、財務報告全般にわたる実務的な詳細を定めている。主たる機能は、会計実務家向けのガイダンスを作成することである。そのなかには、時事に関するLAAP告示、SORPガイダンス・ノート、資本会計に関する連結のための指針（Consolidated Guidance）が含まれる。また、Best Value Steering Groupが設定した枠組み内で、Best Value Accounting Code of Practiceの詳細な開発を行なう責務も負っている。

英国地方自治体財務・会計用語解説　247

キーワード	略号	日本語訳	説明・解説・補足
CIPFA's Standards of Professional Practice	SoPP	CIPFA専門実務基準	CIPFAは、会員が遵守しなければならない専門実務基準 (Standards of Professional Practice) を設定している。たとえば、倫理規範 (1992年5月)、税務管理 (1992年2月)、財務報告 (1993年8月)、財務管理 (1995年3月) などである。
CIPFA's Statistical Information Service	SIS	CIPFA統計情報サービス	CIPFAは、統計情報サービス (Statistical Information Service=SIS) を通じて地自治体の支出に関する資料の収集および公表に努めてきた。
Citizen's Charter		市民憲章	保守党メージャー政権の政策で、その後のブレア政権でも尊重された。
City Challenge		シティ・チャレンジ	
Class Size Reduction		学級規模縮小	
Code		規範	
Code of Audit Practice		監査実施規範	
Code of Practice on Local Authority Accounting in the United Kingdom	COPLAA	英国における地方自治体会計の規範実務	地方自治体会計のSORP
Collection Fund Account		徴収ファンド会計 徴収基金会計	
Commission Advisory Panel		委員会アドバイザリー審査会	
Commission for Social Care Inspection	CSCI	社会福祉検査委員会	保険省の外郭団体で、自治体の福祉部局に対して毎年、格付けを与え「星なし」の場合、国から検査員が派遣され改善の取り組みがなされる。
Commissioning Joint Committee	CJC	コミッショニング合同委員会	CJCはCIPFAがスポンサーで、英国のすべての地方自治体協会の代表と40を超える団体の執行役員からなる。地方自治体の業務やサービスに関して委託、競合のさまざまな側面に関連する規律を制定している。
Community Charge		コミュニティ・チャージ	
Community Infrastructure Fund	CIF	コミュニティ・インフラ基金	「持続可能なコミュニティ計画 (Sustainable Communities Plan)」のもと、経済成長地域を4地域創るために、交通プロジェクトに対して設立された基金。
Community Infrastructure Levy	CIL	コミュニティ・インフラ賦課金	域内のインフラ整備に対する資金調達のために、自治体に認められた賦課金。

キーワード	略号	日本語訳	説明・解説・補足
Comprehensive Area Assessment	CAA	包括的地域評価（制度）	2006年の白書「コミュニティの強化と繁栄のために（Strong and Prosperous Communities）」において、2009年よりCPAに代わってCAAの導入が提唱され、各地方自治体の自己評価の比重が増やされて、中央政府からの干渉がより少ない監査システムが採用されることになる。
Comprehensive Performance Assessment	CPA	包括的業績評価（制度）	地方自治体のサービスと組織としての能力を対象にした業績評価のフレームワーク。日本で実施されている地方自治体の行政評価を進展させ、全国自治体のベンチマーキングを行なったような制度。
Comprehensive Spending Review	CSR	包括的歳出見直し	1997年、政府が導入した公的支出計画プロセスのことで、毎年行なわれる公的支出調査の代わりになるもの。CSRは3年間を網羅する。
Compulsory Competitive Tendering	CCT	強制競争入札	法律・規則で定められた特定の公共サービス（建設・道路工事・ごみ収集・清掃・給食サービス等）を自治体職員が自ら実施したいと希望する場合、定められた手続による競争入札を行ない、民間と競争を経なければその権利を獲得できないというもの。
Consolidated Balance Sheet		連結貸借対照表	
Consolidated Revenue Account		連結損益計算書	
Consultative Committee of Accountancy Bodies	CCAB	会計団体合同諮問委員会	1975年に英国の6つの会計団体によって設立された。
Consultative Council on Local Government Finance	CCLGF	地方財政協議会	中央政府と地方自治体との間で、地方自治体の財政に関して協議する公式の委員会。複雑な構成の小委員会をもっている。
Corporate Assessment	CA	コーポレート・アセスメント	CPAにおいて、地方自治体監査委員会が評価する当該地方自治体の改善能力に関する程度。換言すれば、地方自治体のもつ行政経営資源に基づいた潜在的な組織的能力を推し量る概念。
Corporate Properpty Officer		管財担当職員	
Chartered Public Finance Accountant	CPFA	勅許公共財務会計士	

英国地方自治体財務・会計用語解説　249

キーワード	略号	日本語訳	説明・解説・補足
Corporate Treasurers and Accountants Institute	CTAI	地方自治体財務会計部長協会	CIPFAの創設時の団体名称
Couincil Tax Benefit Grant		カウンシル・タックス手当補助金（カウンシル税給付補助金）	
Council Tax		カウンシル税	
Council Tax at Standard Spending	CTSS	標準支出カウンシル税額	バンドDの資産に課税し得る税。地方自治体の間でRSG（歳入援助交付金：Revenue Support Grant）をどう分配するかの決定に使われる。
Council Tax Benefit	CTB	カウンシル税手当　カウンシル・タックス手当	低所得の成人が税金を支払えるようにする援助。そのコストは政府の補助金で賄われる。
Council Tax Benefit Administration		カウンシル・タックス手当事務費用補助金	
Council Tax for Standard Spending	CTSS	標準カウンシル・タックス	
Countryside commission Grants		田園地域委任補助金	
Credit Approval		起債許可額	
Credit Approvals		起債許可総額	
Credit Ceiling		信用上限額	
credit liability		債務償還準備金	
Crime and Disorder Reduction Partnership	CDRP	犯罪不正減少パートナーシップ	警察、自治体、消防、保健機関等15の責任主体が、地域の機関・組織と連携して、地域の犯罪や秩序違反、薬物問題に取り組むための戦略を立案・実施するための組織。
Crime Fighting Fund	CFF	犯罪撲滅基金	経常特定補助金の一つ
Criteria		規準	
Current Expenditure		経常支出	
D			
Dedicated Schools Budget	DSB	教育目的予算	
Dedicated Schools Grant	DSG	教育目的補助金	特定補助金による学校への新たな補助の資金制度。2006-2007年の歳入支援補助金とは異なる。

キーワード	略号	日本語訳	説明・解説・補足
Department for Children, Schools and Families	DCSF	児童・学校・家庭省	
Department for Communities and Local Government (formerly ODPM)	DCLG	コミュニティ・地方自治省（副首相府から名称を変更）	2006年5月5日にDCLGが設けられ、広域計画・都市計画を担当している。広域計画・都市計画は、従前、2002年5月29日にDTLRと内閣府（Cabinet Office）の統合により設置された副首相府（Office for the Deputy Prime Minister）が担当していた。
Department for Education and Skills	DfES	教育・職業訓練省	英国の教育、職業訓練および雇用の全般に関する方針を策定する。
Department for Environment, Food and Rural Affairs	Defra	環境・食糧・農村地域省	2001年6月8日に組織改正された。
Department for Innovation, Universities and Skills	DIUS	イノベーション・大学・職業訓練省	
Department for Transport	DfT	運輸省	2002年にDTLRの機能がDfTとODMPに分離した。
Department for Transport, Local Government and the Regions	DTLR	運輸・地方自治体・地域省	DETRから2001年6月8日にDTLRとDERFAに組織改正された。
Department for Works and Pensions	DWP	労働年金省	
Department of Health	DH	保健省	
Department of the Environment, Transport and the Regions	DETR	環境・運輸・地域省	1997年6月に交通省（Department of Transport）と環境省（Department of the Environment）が統合されDETRとなった。
Department (al) Investment Strategy	DIS	省庁別投資戦略	
Departmental Expenditure Limits	DEL	省庁別歳出限度額 省庁支出限度額	国から地方に対する財源移転は、国の予算フレームである「歳出レビュー（SR）」において「歳出計画」の「省庁別歳出限度額（裁量的経費）」（DEL）と「単年度管理歳出（義務的経費）」（AME）でその額が示される。

キーワード	略号	日本語訳	説明・解説・補足
Design Build Finance Operate Schemes (under PFI)	DBFO	DBFO方式	PFIの手法で、設計・建築・資金調達・運営を行なうスキーム。長期にわたって自治体がサービス（修理・保守など）および建物の使用に関する契約を結ぶもの。
Development Plan Document	DPD	開発計画書	Development Planはわが国の都市計画に相当し、Countyが策定する"Structure Plan"とDistrictが策定する"local plan"の総称である。
Devolved Formula Capital	DFC	開発用資本	DFCは毎年小・中学校に交付される資金で、建物、ICT、その他優先度に応じて使われる。その他の資金と他の学校に交付されたDFCをプールしておき、大きなプロジェクトの資金源とすることもある。優先順位は学校レベルで決定されるが、自治体の資産管理計画の歳出計画に則る必要がある。わが国の自治体財政で説明すれば、小中学校の普通建設のために財源充当される教育用の補助金のイメージ。
Direct Revenue Financing	DRF	損益的歳入からの直接資金調達 歳入を財源とする資本的支出	損益的歳入からの直接資金調達（または、財源充当される資本歳出の額）。
Disabled Facilities Grant	DFG	障がい者向け施設補助金	自身、あるいは同居する人が障がい者である場合に申請できる補助金。Housing Grants,Construction and Regeneration Act 1996のPart1に則ってLocal Councilが与える補助金である。
Discretionary Housing Payment	DHP	裁量的住宅支出	2001年7月、政府はDHPを導入した。これにより自治体は、住宅コストを抱える要求者に対して追加的な財政援助を行なうことができるようになった。当該支出はThe Child Support, Pensions and Social Security Act 2000とThe Discretionary Financial Assistance Regulations 2001により規制されている。当該支出は、Housing BenefitやCouncil Tax Benefitの報奨そのものではない。

キーワード	略号	日本語訳	説明・解説・補足
District Audit		地方監査委員会	地方自治体監査委員会（AC）が、地方自治体を対象として行なう監査と組織の総称。
District Audit Panel		地方監査審査会	CIPFAの審査会の一つ
District Audit Service		地方監査制度	
District Auditor		地方監査官	
Domestic Element		住宅用レイト要素	
Domestic Rate Relief Grant		住宅用レイト減税補助金	
Draft		草案	Exposure Draftは、公開草案のこと。
Drug Action Team	DAT	麻薬撲滅チーム	
Drugs & Alcohol Measurers		麻薬・アルコール乱用者対策	

E

キーワード	略号	日本語訳	説明・解説・補足
Education Action Zone	EAZ	教育活動ゾーン	民間企業の公的教育への投資促進（狭義のPPP）の手法の一つ。
Education Budget Support Grant		教育予算支援補助金	
Education Funding Strategy Group	EFSG	教育助成戦略グループ	EFSGは、中央・地方政府の代表、教員・サポートスタッフを代表する組合、学校、Governorの組織、教会からなる共同グループである。新学校の開設、LEAファンド制度の透明性を監視する。2000年9月発行の地方政府緑書'Modernaizing Local Government Finance'に打ち出された政府提案に則っている。
Education Standard Fund		教育標準基金	
Education Standard Spending	ESS	教育標準支出	

英国地方自治体財務・会計用語解説　253

キーワード	略号	日本語訳	説明・解説・補足
Elected Regional Assembly	ERA	（選択された）広域圏議会	各々の広域圏における広域圏議会は、地方自治体と企業、ボランティア組織の代表者によって構成され、当該広域圏における「広域圏計画機関（Regional Planning Body）」であり、広域圏の戦略を策定する責任がある。RDAと共同して、広域圏議会は、RDA、住宅、交通分野への広域圏に向けた資源配分に対する政府の新たな提案のもとで、広域圏の見地から優先政策を統合的に展開していくことに主要な役割を果たす。
Emergency Plans		緊急計画	
English House Condition Survey	EHCS	英国住宅状況調査	
Environment, Protective and Cultural Services	EPCS	環境、保護および文化サービス	FSSの一部で、LABGIモデルの比率の設定に利用した。
Ethical Standards Officer	ESO	倫理基準執行官	ESOは、SBEから照会を受けた申し立てを調査し、以下の4つの事実認定のうちどれが該当するかを決定する。(a) メンバーが行動規定に違反したという証拠は何もない。(b) 調査した事案に関して如何なる行動も取る必要はない。(c) 事案をMonitoring Officeに照会し地元の決定を待つ必要がある。あるいは (d) 事案はAdjudication Panel for Englandに照会されるべきである。
European Community Grants		欧州共同体（EC）補助金	
European Currency Unit	ECU	欧州通貨単位	
External Funding Officer		外部資金担当官	
F			
Financial Reporting Aduisory Board	FRAB	財務報告諮問審議会	
Financial Management	FM	財務管理	マクロの地方財政（Local Finance）に対して、個々の地方自治体レベルの財務コントロールを財務管理という。
Financial Reporting Standard	FRS	財務報告基準	ASBから公表される会計基準
Fixed Rate Loans		固定利率貸付	
Formula Grant		公式補助金	

キーワード	略号	日本語訳	説明・解説・補足
Formula Spending Share	FSS	公式算出支出配分額	政府が地方政府間に歳入サポート補助金を配分する際に用いられる。
Fraud Referral and Intervention Management System	FRAIMS	不正照会および調停管理システム	詐欺行為紹介・介入管理制度（FRAIMS）は、詐欺行為の発見と管理を行なうために開発された全国統合新データベースのこと。
Full Year Effect	FYE	年間効果額	将来に向けて、ベース予算では認められなかった将来の支出レベルに対する政策決定のインパクトのこと。年間のインパクトは、たとえばスタッフレベルが永久的に追加されるような場合には前向きなものになり、公共の建物が閉鎖になり、年度半ばで売却されるような場合は、後ろ向きになる。
Further Education Funding Council	FEFC	専門教育基金評議会	スコットランド政府の優先事項支援のため、スコットランド・ファンド・審議会（SFC）はスコットランドの短大および大学に16億ポンドを上回る金額を拠出した。

G

キーワード	略号	日本語訳	説明・解説・補足
Gearing Effect		ギア効果	
General Exchequer Contribution		一般国庫交付金	
General Fund Revenue Account		一般損益的会計 一般経常会計	会計学における一般的な会計の分類は、損益会計と資本会計、または、経常会計と臨時会計である。自治体などの公的部門では、経常会計と資本会計という区分が用いられることが多い。この場合も、Revenueという用語が用いられているので損益的会計ではあるが、自治体等の一般的用語としては経常会計のほうが理解しやすいかもしれない。
General Government Capital Support		中央政府資本交付金	
General Grant		一般補助金	
Generalized Need Index	GNI	一般ニーズ指数	

英国地方自治体財務・会計用語解説　255

キーワード	略号	日本語訳	説明・解説・補足
Generally Accepted Accounting Principles	GAAP	一般に公正妥当と認められた会計原則	会計原則や会計基準を、必ずしも法制化・成文化されたものに限定せず、公正な会計慣行として認められているものを包括的に含む概念として定義するときに用いられる用語。会計学の最も基礎的な概念である。
Government Office（for the Regions）	GO	政府事務所 総合地方局	広域圏レベルでの中央事務所の代表機関である。実施する施策と国・広域圏・自治体それぞれの優先政策とを結び合わせ、中央政府に代わって広域圏政府と地方自治体とをより良い関係にしていく。
Grant Related Expenditure	GRE	補助金関連支出	
Grant Related Poundage	GRP	補助金関連税率	
Grants for Education Support and Training	GEST	教育援助・職業訓練補助金	SRBの一つ
Greater London Authority	GLA	大ロンドン市	サッチャー政権で解体されたGLC（Greater London Council）は、ブレア政権でGLAとして復活した。初代市長はKen Livingstone氏。
Gross Debt		債務残高	
Gross Domestic Product	GDP	国内総生産	一定期間内に国内で新しく産み出された商品やサービスなどの付加価値の総額のこと。
Gross Revenue Expenditure		総損益的支出 総経常的支出	
Group Accounts		グループ勘定 連結財務諸表	
Guarantee Credit	GC	保障クレジット	60歳以上の者を対象とする保障クレジットは2003年に導入され、それまでの高齢者向けの税財源による最低生活保障（Minimum Income Guarantee、1999年創設）を、より緩い基準で受給できるようにした。具体的には、資産制限をなくし所得制限のみ（ただし、資産の一部が所得として評価される）としている。

キーワード	略号	日本語訳	説明・解説・補足
Guaranteed Unit of Funding	GUF	GUF	2006-2007年、学校資金が地方政府の補助金資金制度からDSGを通しての資金（funding）へと移行した年に、DSGのもとで学校に対する生徒1人当たりに保証された資金。DfESから自治体への使途特定補助金である。
Guidance		通告	
Guideline		指針（または、ガイドライン）	
H			
Her Majesty's Inspectorate of Constabulary	HMIC	警察検査局	
Higher Court		高等法院	
Higher Education Funding Council	HEFC	高等教育助成会議	高等教育機関への資金の分配の責務を負う。
Historic Buildings & Monuments Commission		歴史文化財保護委員会	
HIV &AIDS support		エイズ対策交付金	
Homes and Communities Agency	HCA	住宅・コミュニティ庁	住宅・コミュニティ庁はイングランドの住宅・再生のための庁で、イングランド・パートナーシップの機能、住宅公社の投資機能、持続可能なコミュニティアカデミー、自治体やコミュニティが行なう主要な住宅・再生プログラムを統合するものである。
Housind Element		住宅要素	
Housing and Planning Delivery Grant	HPDG	住宅・都市計画実現補助金	コミュニティ・地方自治省は2007年7月23日、イングランドの住宅政策に関する緑書「未来に向けた住宅づくり：より安価で、より持続可能な住宅建設に向けて（Homes forthe future: more affordable, more sustainable）」を発表した。当該緑書を受けて、地方自治体がコミュニティで必要とされている住宅を建設するための新たなインセンティブとして、より多くの新規住宅建設を狙いとした地方自治体向け補助金がHPDGである。

英国地方自治体財務・会計用語解説 257

キーワード	略号	日本語訳	説明・解説・補足
Housing Benefit	HB	住宅給付手当	低所得の（あるいは所得のない）住人が全額あるいは一部賃料を補助してもらう手当。給付は自治体により許可され支払われるが、中央政府が給付コストの一部あるいはサービスのランニングコストの一部を自治体に返金する。自治体自身のテナントに支払われる給付は、家賃割引（Rent Rebate）と呼ばれ、民間のテナントに支払われる給付は家賃手当（Rent Allowance）といわれる。CTBを参照。
Housing Benefit Administration		住宅手当事務費用補助金	
Housing Benefit Scheme		住宅手当計画	
Housing Investment Programme	HIP	住宅投資計画	地方団体が中央政府に毎年提出する住宅需要と詳細な投資支出の戦略計画。環境省はこの計画書を、地方団体の公営住宅に対する年間資本支出ガイドライン（ACGs）の基礎として利用する。
Housing Revenue Account	HRA	公営住宅収益会計 公営住宅経常歳入会計 住宅経常会計	地方自治体は、住宅の供給により生じた歳出と歳入を計上する特別会計を維持しなければならないが、これが住宅特別会計である。その他のサービスは、一般基金に計上される。
Housing Revenue Account Subsidy	HRAS	HRA助成金 公営住宅会計助成金	住宅の提供および維持管理にかかる費用、および借家人に対する住宅手当の給付に関して、一部の住宅当局に支払われる中央政府の補助金。

I

Improvement and Development Agency	IDeA	改善開発庁	地方自治体を対象にしたシンクタンクで、ベスト・バリューを進める上で、自治体に専門的なアドバイスを行なう。
Income Support	IS	所得扶助	
Individual Schools Budget	ISB	個別学校予算	自治体の学校予算の部分に関わるもの。学校の資金フォーミュラに則って学校に委任される。

キーワード	略号	日本語訳	説明・解説・補足
Information Commissioner's Office	ICO	情報コミッショナー事務局	ICOは、情報公開とデータ保護の推進を目的とする政府から独立した監督機関であり、情報公開法（Freedom of Information Act 2000）およびデータ保護法（Data Protection Act 1998）等に定められた情報コミッショナー（Information Commissioner）の権限行使をサポートすることによって、法執行の中心的な役割を果たしている。
Inland Revenue's Valuation Office Agency		内国歳入庁評価事務所	
Inspection Panel		（サービス水準）検査パネル	
Institute for Fiscal Studies	IFS	財政研究所	英国政府のリサーチ機関
Institute of Public Finance Ltd	IPF	公共財務協会	CIPFAのグループ会社
International Accounting Standards Board	IASB	国際会計基準審議会	国際財務報告基準の設定主体
International Accounting Satndards Committee	IASC	国際会計基準委員会	IASBの前身で国際会計基準を設定していた。
International Federation of Accountants	IFAC	国際会計士連盟	IFAC内の国際監査および保証基準審議会（IAASB: International Auditing and Assurance Standards Board）が国際監査基準を作成している。この国際監査基準の導入に関しては、日本、米国、ヨーロッパが共に同意している。ヨーロッパでは2005年から導入、米国では導入が始まっている。
International Financial Reporting Standards	IFRS	国際財務報告基準	IASBが設定する会計基準で、世界のデファクト・スタンダードになっている。
International Public Sector Accounting Standards	IPSAS	国際公会計基準	IFACの下部組織IPSASB（国際公会計基準審議会）がIFRSを基に作成した公的セクターの会計基準。

英国地方自治体財務・会計用語解説　259

キーワード	略号	日本語訳	説明・解説・補足
J			
Jobseeker's Allowance	JSA	求職者手当	英国の求職者手当（Jobseeker's Allowance）には、「拠出制求職者手当（Contribution-based Jobseeker's Allowance）」と「所得調査制求職者手当（Income-based Jobseeker's Allowance）」の2種類がある。「拠出制求職者手当」は一定の保険料を拠出していることを要件に、半年間支給される。これは、国民保険への加入が受給要件となっているので、日本の雇用保険と同様に、保険料を納付してこなかった若者は受給できない。
Joint Area Review	JAR	共同エリア調査	CAの一つ
Joint Strategic Needs Assessment	JSNA	共同ニーズアセスメント戦略	2008年4月より、自治体とPCTは共同でJSNAを作成することが法的に定められた。JSNAは、Local Area AgreementやSustainable Communities Strategyの情報を盛り込む。
K			
Key Lines of Enquiry	KLOE	KLOE	KLOEは、CPAにおける評価の判断規準となる詳細な質問である。ACの評価チームに利用されるが、同時に被監査団体における自己評価にも利用される。
L			
Lands Tribunal		土地審判所	
Law		慣習法	
Learning & Skills Council Payments		学校教育・職業訓練委員会支出	
Learning and Skills Council	LSC	学校教育・職業訓練委員会	イングランドにおいて、16-18歳の教育と成人学習の資金に責任を有するカウンシル。
Leasehold Reform, Housing and Urban Development Act 1993		1993年借地改革・住宅・都市開発法	

キーワード	略号	日本語訳	説明・解説・補足
Levying Authority		賦課金自治体	
Local Area Agreement	LAA	地域内合意	2004年歳出見直しにおいて宣言された地域内合意の試行によって、中央政府と地方自治体、地域における主要なパートナーとが協働することになった。地域内合意によってその地域は、少数の重要なアウトカムの達成に集中し、地方自治体とパートナーおよび広域圏における政府事務所との間での合意ができるようになる。そして、資金の流れを合理化し、監査や監視システムを簡素化して、官僚主義を少なくすることになると期待されている。
Local Authority Accounting Panel Bulletin	LAAP	地方自治体会計審査会告示	CIPFAの審査会の一つである地方自治体会計審査会は、SORPの内容を補う告示（LAAP）をその都度発行している。
Local Authorities Co-ordination of Regulatory Services	LACORS	自治体法制調整協議会	LACORSは、地方自治体の中心機関で、自治体の規定上のサービス、関連サービスを監視する責務を負う。規定上のサービスとは、市民を守るために存在する一連のサービスの呼称。LACORSは、地方自治体が提供するサービスを調整する。消費者を訪問販売から守ったり、レストランや食品工場の衛生検査などが含まれる。
Local Authority (Scotland) Accounts Advisory Committee	LASAAC	スコットランド地方自治体会計諮問委員会	
Local Authority Business Growth Incentive Scheme	LABGI	地方自治体産業振興誘発計画	経済成長促進のため、自治体に与えられたインセンティブ。自治体は一定レベルを上回るNNDR歳入の増加分の一部を保留できる。
Local Authority Self-Financed Expenditure	LASFE	地方自治体自主財源充当支出額	MEの一つ。全歳入補助金（Total Revenue Grant）を決定するにあたり、大臣（ministers）はカウンシル・タックスのレベルに対する影響を考慮に入れる必要がある。AMEはスコットランドの自治体歳出の80%の資金を提供し残り20%は主にカウンシル・タックスによる。カウンシル・タックスが自治体の歳出に占める割合はLocal Authority Self-Financed Expenditure（LASFE）といわれ、GBレベルでの全公的歳出に対してカウントされる。

英国地方自治体財務・会計用語解説　261

キーワード	略号	日本語訳	説明・解説・補足
Local Development Framework	LDF	地域開発フレームワーク	LDFは、2000年地方自治法第4条で規程された「コミュニティ戦略」を空間面から支えるもので、2002年7月発表のPolicy Statement "Sustainable Communities-Delivering through Planning"によればコア戦略、マップを伴う提案、重点変更・保全地域のエリア・アクションプランから構成されている。
Local Development Scheme	LDS	地域開発計画	LDSとは、LDFの元となるLocal Development Documentsを準備するための地方自治体（Council）の3年プログラムに関する公的声明のこと。
Local Education Authority	LEA	地方教育委員会 地方教育庁	ロンドン・バラ、ロンドン・コーポレーション、市、単一自治体等の教育に責任を有する当局。
Local Government Association	LGA	地方自治体協議会	ACC, ADC, AMAに代わり1997年に組織された単一の自治体協会。
Local Government Finance Settlement	LGFS	地方自治体財政答申	地方自治体歳出総額見込みと中央政府補助金の総額および配分基準について、CCLGFの下部委員会である答申小委員会の検討を経て政府に「LGFS」が伝えられる。
Local Government Pension Scheme	LGPS	地方自治体年金制度	地方自治体職員を加入者とする年金制度で地方自治体（雇用者）、職員（被雇用者）双方からの拠出金で運営されている。
Local Housing Allowance	LHA	地方住居手当	住宅手当が家主ではなく、民間のテナントに直接支払われる仕組み。
Local Housing Company	LHC	地方住宅社	LHCは、2007年7月の住宅緑書に略述されているジョイント・ベンチャーのモデルの一つである。Communities and Local Government (CLG)で現在検討中である。
Local Income Tax	LIT	地方所得税	所得を課税標準とする地方税。財務省は、所得税は国の経済運営（economic management）のために必要であり、国以外の者が所得税をコントロールするのは望ましくないと考えていた。とくにサッチャー内閣では、所得税の減税を政策の柱としており地方自治体による所得税の課税は、そもそも問題にならなかったのである。

キーワード	略号	日本語訳	説明・解説・補足
Local Public Service Agreement	LPSA	地方公共サービス合意 地方公共サービス協定	個別地方自治体と中央政府との間で交渉され、任意に締結される合意である。LPSAs の目的としては、優先政策のうちからいくつかを絞って、その目標達成に向けて政府から支援を受けて、地方公共サービスを向上させていくことである。
Local Reference Rent	LRR	地域適用レント	地元のあるタイプの住居に課される平均家賃の尺度。テナントが住宅手当を得る資格があるかの計算に用いられる。
Local Service Board	LSB	地域サービス審議会	当 Board の目的は、自治体のビジョンに則って、生活の質を改善すること、コミュニティの戦略、および Local Delivery Agreements を開発することにある。同意された共通の結果を達成するために、組織が協働することで価値を高める。
Local Services Inspectorate Forum	LSIF	地方サービス検査官フォーラム	
Local Strategic Partnership	LSP	地域戦略パートナーシップ	地域の空間やサービスを改善するために、地方自治体や他の公共機関、民間企業、ボランティア、コミュニティ組織が共同していく戦略である。2006 年 10 月にコミュニティ・地方自治省は白書「コミュニティの強化と繁栄のために (Strong and Prosperous Communities)」の第 5 章で、LSP の改革および強化を提案している。
London Development Agency	LDA	ロンドン地域開発公社	サッチャー政権下、1980 年の地方政府・計画および土地法に基づき 1981 年に設立されたロンドン・ドックランズ開発公社 (London Docklands Development Corporation: LDDC) は 1998 年にその役割を終え、イングリッシュ・パートナーシップにその資産が引き継がれた。その後、ブレア政権時に GLA が設置され、その資産はロンドン市長直轄の機関である LDA に委譲され、現在この LDA がドックランズ地域を含め広くロンドンの都市開発を担っている。
London Fire and Emergency Planning Authority	LFEPA	ロンドン消防緊急事態計画局	

英国地方自治体財務・会計用語解説　263

キーワード	略号	日本語訳	説明・解説・補足
M			
Major Repairs Allowance	MRA	主要修繕手当	MRAは、自治体の資本補助金で、全住宅資本源の一つをなす。住宅歳入会計資産に関する資本歳出に使用されることがある。
Metropolitan Police Authority	MPA	ロンドン警察局	
Metropolitan Railway Passenger Service Grant		大都市圏鉄道利用補助金	
Minimun Revenue Provision	MRP	最低損益的積立金 最小収益会計引当（額） 最低経常収入積立金	1989年地方自治・住宅法の規定により、毎年地方自治体の損益的会計から債務の返済のために積み立てられる最小の金額。
Minimun Funding Guarantee	MFG	最低資金供給保障	個々の学校レベルで保障されるDSGの最低現金増加。生徒数にかかわらず保障される。
Multi-Area Agreement	MAA	複数地域合意	経済成長の促進を目的に複数の自治体が行政区画を越えて連携することを約する協定。
N			
National Assembly for Wales	NAW	ウェールズ議会	
National Association of Head Teachers	NAHT	全英校長会	
National Association of Local Councils	NALC	全国地方自治体評議会	パリッシュの活動を発展させるための全国組織。
National Audit Office	NAO	（英国）会計検査院	
National Credit Approvals (for PFI)	NCA	PFIに関する起債許可額	DBFOの基準に見合ったスキーム。スキームには信用カバーは必要ないが、歳入サポートを得る資格を有する。
National Fraud Initiative	NFI	国家不正予防イニシアティブ	1996年より、地方自治体監査委員会はNFIを執行している。詐欺予防・検知のため監査機関内および機関間で電子データを照合する業務。警察、地元観察機関、消防・救出機関、地方議会が含まれる。現在までにおおよそ4億5000万件の詐欺、過払いが見つかり、海外からも認識されるようになった。
National Non-Domestic Rate	NNDR	非居住用資産レイト	譲与税でFSSの財源の一部である。

キーワード	略号	日本語訳	説明・解説・補足
National Offender Management Service	NOMS	犯罪者管理局	刑務所庁および保護観察局の政策立案などを担当する内務省下の部署。
National Parks Grant		国立公園補助金	
National Policing Board	NPB	英国警察委員会	
National Policing Improvement Agency	NPIA	英国警察改善庁	
Neighborhood Renewal Fund	NRF	近隣社会再生基金 近隣再生補助金	NRFは、包括助成予算が求める政策立案・実施の仕組みとして2001年から導入し、最も衰退した地区を抱える88の自治体に対して適用した。雇用、犯罪、教育、健康、住宅と環境の5つのカテゴリーで具体的目標を設定し、地域戦略パートナーシップを結成し、地域近隣再生戦略を立案した。
Net Current Expenditure		純経常支出	
Net Revenue Expenditure	NRE	純損益的支出 純経常歳入会計支出額 純経常支出	地方税と一般補助金などの一般財源を充当して執行する支出額。
New Public Spending Plans		公共支出計画	
Non-Approved Investment		承認外投資	
Non Domestic Rate	NDR	非居住用資産	
Non Domestic Rate Pool		ノン・ドメスティック・レイト基金	
Non-Departmental Public Bodies	NDPB	非省庁型公共団体	省庁の管轄下にない公益法人
Non-Quota Loans		非割当貸付	
Non-Scoring Credit Approval (for PFI)	NSCA	非スコア起債許可額	公的歳出としては'スコア'されない起債許可額。PFIスキームの下で許可がおりる。

英国地方自治体財務・会計用語解説　265

キーワード	略号	日本語訳	説明・解説・補足
O			
Office for Criminal Justice Reform	OCJR	刑事司法改革委員会	OCJR は省を超えたチームから構成され、犯罪公正機関をサポートし市民へのサービス改善を図る。Home Office, Ministry of Justice, Office of the Attorny Generahl が National Criminal Justice Board を通して国レベルで改革プロセスを先導している。OCJR も 42 の地域犯罪公正機関に対してアドバイスを行なっている。Criminal Justice は適当な日本語が存在しない英語で、一般には社会的な公正というニュアンスをもつ。バーミンガム大学公共政策学部の John Raine 教授（関西学院大学経営戦略研究科客員教授）は、英国における Criminal Justice の著名な研究者の一人。
Office for National Statistics	ONS	国立統計院	
Office for Public Management	OPM	パブリックマネジメントオフィス	1988 年に英国で創業した NPO 組織で実務、思考、社会的結果の改善のための援助を行なう。
Office for Standards in Education	Ofsted	教育水準委員会	
Office of Government Commerce	OGC	商務委員会	OGC は財務省（HM Treasury）の独立機関であり、政府が支出の面からベスト・バリューを提供する手助けをするべく設立された。OGC は中央政府の省庁、他の公的組織と提携し、目標達成を目指している。
Office of the Deputy Prime Minister (Department for Communities and Local Government with effect from May 2006)	ODPM	副首相府（2006 年 5 月からはコミュニティ・地方自治省）	2002 年 5 月 29 日に DTLR と内閣府（Cabinet Office）の統合により設置された。副首相府の所管事項は、住宅政策、都市計画、地方分権、広域圏政府と地方自治体に関わる政策、消防政策である。さらに、社会的排除ユニットと広域圏政府事務所も所管する。
Operating and Financial Review	OFR	事業財務報告書	英国は、2005 年に一定規模以上の企業に「事業財務報告書（operating and financial review）」の開示を義務付ける会社法改正を実施し、これに伴い、「市場シェア」や「経済的資本」など 23 種類の指標（key performance indicators : KPI）を例示した。

キーワード	略号	日本語訳	説明・解説・補足
P			
Partnerships for Older People Projects	POPPs	老齢者支援パートナーシップ・プロジェクト	老齢者および障がい者省が先導するプロジェクト。プロジェクトの目的は、革新的なアプローチをテストし、評価することにある。
Partnerships UK	PUK	パートナーシップUK	公的部門と民間部門の連携を円滑に進めるため、PUK（Partnerships UK）という組織が存在し、事業に対する出資やアドバイスを行なっている。PUKは株式の過半を民間が保有する民間会社であり、WMI（Wider Markets Initiative）だけでなく、PPP（Public Private Partnership）全般の推進のために、公的部門を支援することを目的に設立された組織である。
Pension Funds Account		年金基金会計	
Performance Assessment Framework	PAF	業績評価フレームワーク	ブレアの国民医療サービス（NHS）改革の特徴の一つに"結果と成果の評価"がある。国の医療サービスのスタンダードはNSF（National Service Framework）で提示された達成すべき目標値についてその結果はどうか、評価と説明責任が求められている。また各病院やPCTごとに業績（Performance Assessment Framework）を発表し、成果主義・評価の重視を求めている。
Performance Indicator	PI	業績指標	
Performance Management Measurement and Information	PMMI	業績管理測定および情報	IDeAと地方自治体監査委員会は共にPMMIプロジェクトを行ない、業績管理の共同アプローチの促進を行なっている。プロジェクトの目的は、出版から協議、監査、検査などすべての分野における共通のアプローチ・言語を開発することである。
Performance Reward Grant	PRG	パフォーマンス報奨補助金	契約を結んだLPSA自治体への補助金の財源の一つとしてパフォーマンス報奨補助金（Performance Reward Grant）がある。
Personal Social Services	PSS	個人福祉サービス	地方自治体の個人福祉サービスは、社会的弱者である高齢者、心身障がい者、児童等、特別な配慮を必要とする人々に対して直接的・間接的な援助と助言を提供している。

英国地方自治体財務・会計用語解説　267

キーワード	略号	日本語訳	説明・解説・補足
PFI special grant		PFI特別補助金	
Police Grant		警察補助金	
Pre-Budget Report	PBR	予算編成方針書	
Precepting Authority		徴税命令自治体	
Priority Planning List	PPL	優先計画リスト	
Private Finance Initiative	PFI	ピー・エフ・アイ（公共サービス提供に積極的に民間の専門的知識・技術を取り入れようとする政策プログラム）	設計、建設、資金調達、管理や運営まで可能な限り民間にゆだね、民間へのリスクの移転とサービスの購入を行なうための手段。民間がどの範囲までリスクを担うかによってDBFO, DCMF, BOO, BOOTなどの種類がある。
Provision for Credit Liabilities	PCL	債務返済準備金	資本支出の財源としての「利用可能資本収入」（usable capital receipts）のうちの未使用分。
Public Expenditure Statistical Analysis	PESA	公共支出の統計分析	
Public Private Partnership Programme (LGA)	4ps	官民連携プログラム組織	1996年4月に、地方政府の代表組織であるLGAが、PFIの支援組織として4Psを設立。現在、4Psは中央省庁からの支援を受けながら、教育、社会サービス、交通、住宅、レジャー等地方政府にとって重要な分野について「パスファインダー・プロジェクト（PathfinderProject）」と呼ばれる先導的事業の実施を支援している。
Public Record Office	PRO	英国国立公文書館	
Public Sector Net Borrowing	PSNB	公共部門純債務高	
Public Service Agreement	PSA	公共サービス合意	包括的歳出見直し（Comprehensive Spending Review）の資金を得た公的機関の目的、目標を文書化したもの。
Public Spending Plans		公共支出計画	
Public Works Loan Board	PWLB	公共事業資金融資協議会 公共事業資金貸付協会 公共事業融資委員会	地方団体に短期あるいは長期の資金を提供する中央政府の機関。利子については中央政府自体が借り入れる場合より若干高くなっている。地方団体は、投資支出の財源の一部をここから借り入れることができる。

キーワード	略号	日本語訳	説明・解説・補足
Public/Private Partnership	PPP	官民パートナーシップ 官民協働	PPPとは公的部門と民間部門を連携させインフラ整備やサービスの供給を図る官民パートナーシップ・コンセプトで、国主導で行なう従来的な調達方法と、まったく民間のやり方で行なう方法の両極の間の新たな選択肢の一つである。
Pump Priming Grant	PPG	誘導補助金	LPSAを締結した地方自治体に対する政府の支援策で、この補助金は、地方自治体の申請に基づき協定の目標を達成する目的で支出される経費、特に予算の節減につながる投資等に充当される。
R			
Rate Deficiency Grant		レイト補てん補助金	
Rate Product Deduction		レイト収入控除	
Rate Support Grant		レイト援助交付金	
Receipts Taken Into Account	RTIA	資本売却益再投資可能額 想定資本売却収入	中央政府が地方団体の基本起債許可（BCA）を計算する際に、年間資本支出ガイドライン（ACGs）からこの計算上の資本収入を差し引く。これは土地や建物等の資産売却を考慮に入れることが目的である。
Regeneration Programmes		都市再生計画	
Regional Development Agency	RDA	地域開発公社	1998年に政府は、経済発展の戦略的動因とするため、そして、広域圏再生のための調整役として企業主導の地域開発公社を創設した。RDAは、広域圏経済戦略（Regional Economic Strategy）において、広域圏の優先政策を広域圏のパートナーとともに検討していく。
Registered Social Landlord	RSL	登録不動産賃貸会社	住宅公社(Housing Corporation)に認定された住宅供給主体。そのほとんどが住宅協会である。
Regulation		規則	

キーワード	略号	日本語訳	説明・解説・補足
Relative Needs Formula	RNF	需要基準算定	行政サービスの経費を計算する算定方法であり、算定式の構造はFSSとほぼ同じであり需要基準額（Relative Needs Amount）が最初に求められる。RNFはFSSから教育を除いた7つの行政サービス（児童サービス、成人社会サービス、警察、消防と防災、道路管理、環境・防犯・文化、資本会計）についてFSSと同様に測定単位に単位費用と補正係数を乗じて計算する算定式である。
Retail Price Index	RPI	小売物価指数	米国の消費者物価指数（CPI）と同義であり、代表的なインフレ指標で標準的な世帯の「買い物リスト」をもとに作成される。
Retail Price Index excluding mortgage interest payments	RPIX	不動産ローンの支払利息を除く卸売物価指数	
Revenue Account		損益（的）会計 歳入会計	
Revenue Expenditure		損益的支出 経常支出 経常歳入会計支出	厳密には、損益（的）会計のうち、商業損益的会計と公営住宅損益的会計を除くGeneral Fund Revenue Accountで、財源的にはAFE外補助金を除くものをさす。すなわち、(Gross Revenue Expenditure)-(AFE外特定補助金)の金額をさす。
Revenue Specific Grant		損益的特定補助金 経常特定補助金	
Revenue Support Grant	RSG	歳入援助交付金 地方交付金	FSS（旧のSSA）の財源のうち、地方自治体のサービス一般を助成するための中央政府による補助金。それに対して、特定の目的に対してのみ使うことができる特定補助金（specific grants）もある。
Rule		法則	
Rural Bus challenge		地方バス・チャレンジ	

キーワード	略号	日本語訳	説明・解説・補足
S			
School Development Grant	SDG	学校振興補助金	SDGは、過去別々であった標準基金補助を一本化したものであり、教育および学習の発展のために自由に利用できる。
School Standards Grant	SSG	学校基準補助金	DCSFから直接学校に交付される補助金（補助金は地方教育委員会を通して交付される）。2003/2004から予算配分の一部からはずれた。
Security Against Fraud and Error scheme	SAFE	不正および誤謬防止スキーム	WIB（Weekly Incorrect Benefit）はSAFEの重要な一部である。SAFEは自治体の財務的な取り扱い件数を事前に管理することで、自治体すべてに対して財務的報酬を得る機会を与えている。自治体の活動の結果、レビュー開始28日以内に自治体に報告された状況変化の結果、あるいは、給付減額につながる詐取調査の結果、支払い超過が見つかった場合はWIBの報酬を得ることができる。
Service Expenditure Analysis	SEA	サービス支出分析	必須のサービスの区分における全部原価を集計し、さらにより自由なサービス区分を行ない分析するもの。
Single Capital Pot		単一資本金制度	
Single Regeneration Budget	SRB	単一再生予算	SRBとは、1994年に導入された地域振興のための国庫補助金である。「Single」の名の示すとおり、それまで5つの省庁が管轄していた合計20の地域振興に関わる補助金を一つに統合したものであるが、単なる補助金の統合メニュー化にとどまらず、これらの補助金のうち一部を競争入札により獲得できることとした点に大きな特徴がある。入札により獲得できる補助金は、SRBチャレンジファンドと呼ばれ、入札には、地方団体だけでなく、民間企業、ボランティア団体など「誰でも」参加でき、事業の期間も最長7年間まで認められている。

キーワード	略号	日本語訳	説明・解説・補足
Society of Local Authority Chief Executives	SOLACE	地方自治体事務総長協会	全国の地方自治体の事務総長（Chief Executive）および副事務総長（Vice Chief Executive）からなる組織である。
Society of Local Council Clerks	SLCC	地方自治体職員協会	SLCCは1972年に創設され、イングランドとウェールズの常勤あるいはパートタイムのParish, Town and Communityの書記官（clerks：通例弁護士）と副官（deputies）の専門的な経歴（standing）や知識を促進することを目的としている。
Special Transitional Grant	STG	暫定特別補助金	たとえば、コミュニティ・ケア特別暫定補助金（Community Care Special Transitional Grant）は、1990年の「国民医療サービスおよびコミュニティ・ケア法」（the National Health Service and Community Care Act）による新しい地方団体の責任領域の財源という特定の目的に使われなければならない暫定特別補助金である。
Specified Capital Grant	SCG	特定資本補助金	資本的支出に対する中央政府の補助金の一種で、住宅修繕補助金などがある。地方団体は、この補助金について、起債許可からこの補助金の額を差し引くという特別な会計上の手続を適用しなければならない。特定資本補助金は、すべて住宅に関連している。
Spending Review	SR	歳出見直し 歳出見通し 包括的歳出見直し	SRは、中長期的かつ戦略的な視野に立った予算編成を行なうことを目的として導入された仕組みであり、原則として隔年ごとに向こう3カ年度を対象とする「新公共支出計画（New Public Spending Plans）」のなかで、歳出をその性質によって「各年管理歳出」（Annually Managed Expenditure：以下「AME」という）と「省庁別歳出限度額」（Departmental Expenditure Limit：以下「DEL」という）に分けて決定される。
Standard		基準	
Standard Spending Assessment	SSA	標準支出査定額	地方自治体が標準的な水準のサービスを提供するのに必要な支出に関する中央政府の査定額。標準支出査定額は、地方自治体の地方交付金やキャッピングの限度額の算出に利用される。

キーワード	略号	日本語訳	説明・解説・補足
Standards Board for England	SBE	イングランド基準審議会	SBE は、自治体が職員の倫理行動をいかに改善しているかを独立した形で監視している。
Statement of Recommended Practice	SORP	勧告実務書	特定の産業またはセクターに対し、民間企業の財務報告基準（Financial Reporting Standards : FRS）や標準会計実務書 Statement of Standard Accounting Practice : SSAP）を、より効果的に適用するために発行される報告書を勧告実務書（SORP）という。Code of Practice on Local Authority Accounting in the United Kingdom は、地方自治体の SORP。
Statement of Standard Accounting Practices	SSAP	標準会計実務書	ASC から公表された会計基準
Stitulation		規定	
Sub-regional Strategic Partnership	SSP	サブリージョナル戦略パートナーシップ	英国のリージョンのもとに、サブ・リージョン⇒ディストリクトのカテゴリーがあり、RDA はディストリクト単位の協議の場として LSP を設置し、サブ・リージョナル単位の協議の場として SSP を設置している。
Supplementary Credit Approval	SCA	追加起債許可	地方自治体が資本的支出の財源のために借入金を用いることに対して中央政府が承認する基本起債許可に追加される借入金の額。追加起債許可は、常に特定の目的について利用することを条件としてのみ発行される。また追加起債許可は、発行された年度内に限り使用することができる。
Supported Capital Expenditure（Capital）	SCE©	補助資本(的)支出（資本）	2003 年地方自治法が制定された後、中央政府の借入認可がなくても地方政府は長期の借入を行なうことができるようになったが、新たに創設された地方政府の資本形成を補助するための SCE を算出するときには、以前と同様の方法が使われている。
Supported Capital Expenditure（Revenue）	SCE®	補助資本(的)支出（経常）	2004 年地方自治法が制定された後、中央政府の借入認可がなくても地方政府は長期の借入を行なうことができるようになったが、新たに創設された地方政府の資本形成を補助するための SCE を算出するときには、以前と同様の方法が使われている。

英国地方自治体財務・会計用語解説　273

キーワード	略号	日本語訳	説明・解説・補足
Sustainable Community Strategy	SCS	持続可能な地域戦略	2006年10月にコミュニティ・地方自治省は白書「コミュニティの強化と繁栄のために（Strong and Prosperous Communities）」を発表し、第5章で多地域協定と「持続可能なコミュニティ戦略（SCS）」の導入を提案している。

T

キーワード	略号	日本語訳	説明・解説・補足
The Citizen's Charter		市民憲章	
Total Assumed Spending	TAS	合計想定支出額	2003年度の制度改正を機に合計標準支出額（TSS）をTASと変更した。
Total Formula Spending	TFS	公式算出支出配分総額	FSSの総額
Total Revenue Expenditure		全損益的支出 全経常支出	
Total Standard Spending	TSS	標準支出総額	
Totally Managed Expenditure	TME	合計管理支出額	「新公共支出計画（New Public Spending Plans）」のなかで、歳出をその性質によって「各年管理歳出」（AME）と「省庁別歳出限度額」（DEL）に分けて決定されるが、両者を合計したものを「歳出総額」（TME）という。
Transport for London	TfL	ロンドン市交通局	
True and Fair View		真実かつ公正な概観	

U

キーワード	略号	日本語訳	説明・解説・補足
UK Debt Management Office		英国負債管理局	
Uniform Business Rate	UBR	統一ビジネス・レイト	レイト制度は1990年4月1日に廃止され、コミュニティ・チャージと非居住用レイトに置き換えられ、非居住用の資産に対するレイトは、地方団体のコントロールから除かれた。一般レイトが地域的に定められていた以前のシステムと区別できるように、現在の非居住用レイトは「統一ビジネス・レイト」（UBR）と呼ばれる。

キーワード	略号	日本語訳	説明・解説・補足
Urban Regeneration Company	URC	都市再生会社	パートナーシップによるフィジカルな都市再生事業あるいは不動産開発的な側面の促進支援を主要な目的とする組織として都市再生会社（URC）が近年創設されている。都市再生会社は、地方自治体や地方開発機構、イングリッシュ・パートナーシップ、地元企業などが主体となって設立されることになっている。アーバン・タスクフォースによる提言にやや先行する1999年に、最初の3つのURCがパイロット・モデルとしてLiverpool、Manchester、Sheffieldに創設された。URCの創設目的は都市再生事業を円滑に推進することである。
Urgent Issues Task Force	UITF	緊急問題専門委員会	
Usable Cpatital Receipts		利用可能資産売却収入	
Usable Receipt		利用可能収入	

V

キーワード	略号	日本語訳	説明・解説・補足
Valuable Rate Loans		変動利率貸付	
Valuation Office Agency	VOA	査定局	ビジネスレイト制度に基づいて、内国歳入庁の査定局（VOA）では5年毎にイングランドおよびウェールズ内にある非居住目的不動産175万件のすべてについてビジネスレイト評価額を見直している。
Valuation Tribunal		評価審判所	
Value for Money	VFM	バリュー・フォー・マネー（最少の経費で最大の効果）	「支出に見合う価値」あるいは「支出に見合う対価」とも訳され、より具体的には "Economy, Efficiency, Effectiveness" を意味する。
Verification Framework	VF	認証フレームワーク	認証フレームワーク。政府のイニシアチブであり、不正請求防止、請求評価に必要な証拠の最低基準設定、請求の正確な計算を行なう。Councilは書類の原本を確認する。コピーは不可。不正書類発見の訓練を受けた職員が書類の確認を行なう。
Voluntary Competitive Tendering	VCT	自発的競争入札　任意競争入札	行政サービスをめぐる競争入札制度を自主的に導入すること。CCTと対照をなす。

キーワード	略号	日本語訳	説明・解説・補足
W			
Weekly Incorrect Benefit	WIB	週間不適正対応交付金	2002年4月よりWBSはWIBに代わっている。誤った住宅給付請求や詐取を自治体が取り締まる上での財務的なインセンティブを与えるスキームである。
Welsh Assembly Government	WAG	ウェールズ政府	
Whole of Government Accounts		包括的政府会計	
Z			
Zero-Based Budgeting	ZBB	ゼロベース予算	すべての計画を、会計年度ごとに新規事業とみなして査定する方式。増分主義(承認された歳出項目に関して、会計年度ごとに増分的に予算を組むこと)と対照される。

[付記]
本資料は、関西学院大学大学院経営戦略研究科博士課程後期課程で筆者のゼミに所属する遠藤尚秀氏(新日本有限責任監査法人パートナー、日本公認会計士協会理事)が作成したものを、筆者の責任で編集したものである。英国地方自治体の財務や会計に関する研究は、これに関連する実務や制度の基礎概念を渉猟することからはじめなければならないが、遠藤氏による本資料の基礎となるデータの整理は、その重要な部分を担ったという点で高く評価されるべきものである。なお、本資料は、下記の書物の用語解説を参考に、インターネット情報や市販されている関連書籍等に記された情報を基にして完成されているが、用語解説という性格から、詳細な引用等についての説明と注記は省略している。

Anna Capaldi ed., *Councillors' Guide to Local Government Finance*, 2008 Fully Revised Edition, 2008, CIPFA.

あとがき

　日本経済は現在、戦後の高度成長の時代から長寿少子化・成熟社会の時代へと展開し、地方自治体が直面する行政課題も大きく変化している。しかし、どの時代においても、地方自治体は最少の経費で最大の効果、かつ、最速に、施策や事業に取り組まなければならない。21世紀に入り、わが国自治体の財政はさらに悪化した。経済成長、所得や雇用の増加、税収増がなかなか見込めない状況では、財務管理（Financial Management）の徹底が自治体の最重要課題となる。わが国ではこれまで、地方財政（Local Finance）全体をマクロの視点でコントロールすることや、主として財務フローに焦点を当てた調整が積極的に行なわれてきた。しかし、一つひとつの自治体というミクロのレベルでの、負債や資産などのストック管理は、必ずしも十分に行なわれてきたわけではない。また、地方自治体起点の取り組みとして、一部の先進自治体では、歳入と歳出ではなく、費用もしくはコストと便益を対比するという発想から、正確な行政コストとその財源の計算、さらには、行政評価で注目されるアウトカム（住民満足度）を斟酌した意思決定が求められるようになってきた。総務省が推し進めるここ数年の地方公会計改革の動きは、こうした状況を踏まえた第一次的な対応と理解することができよう。

　貸借対照表上、負債と資産はそれぞれ、資金の調達源泉、資金の運用形態として説明される。貸借対照表を右（貸方）から左（借方）へと読み込むことで、その組織の長期性資金がどのような理由で調達され、それが現在、何に形を変えて運用されているのかを理解することができる。換言すれば、貸借対照表は、将来に影響を及ぼす資金の「入と出」の一覧表と位置づけることができる。また、貸借対照表には、毎年度の行政コスト計算を結びつける連結環としての機能もある。発生主義を採用して貸借対照表を作成すると、資産や負債の管理に加えて、各年度の行政コスト計算の精度も高まり、財務管理の水準も一層高度なものとなる。

それゆえに、地方自治体の深刻な財政状況を克服するためには、まず、発生主義会計を導入することが求められる。そして、複式簿記を採用し、正確なストックとフローの財務記録を作成することが、効果的な財務管理の端緒となる。英国ではこれらの諸問題の解決を、勅許公共財務会計協会（CIPFA）が担っている。第1章で考察したように、CIPFAは地方自治体職員、政府機関の関係者、大学教員、コンサルタントなどから構成される慈善団体（Charity）で、120年以上の歴史を有している。本書は、日本版CIPFA（CIPFAJ）を創設することが、わが国自治体の行財政課題の解決に有用であると考えている。第2章では、日本版CIPFAJを創設する場合の参考として、発生主義会計の導入と財務管理手法の浸透で大きな貢献を果たしているCIPFAのガバナンス、マネジメント、活動状況について整理した。

　発生主義会計導入の効果は、財務会計と管理会計の領域に分けて理解することが重要である。財務会計の領域では、一般に公正妥当と認められる会計基準を設定し、各自治体間の財政状況の比較可能性を確保することが、財務問題のマネジメントやガバナンスの前提となる。わが国では今後の課題とされている会計基準の「公正妥当性」と「比較可能性」を、英国ではCIPFAが担っている。第3章では、CIPFAが実質的に地方自治体の財務会計基準全般に、設定主体として関与している状況を詳細に分析した。

　発生主義会計に基づく会計データは、管理会計の領域においてもその有用性は高い。管理会計の領域は意思決定の領域と業績評価の領域に区分できる。財務の問題は、この双方に関連する。その意味で、財務管理の問題は、管理会計の主要な研究領域としても認識されている。CIPFAは、財務会計（外部報告会計）の領域だけではなく、こうした地方自治体等の内部管理（会計）の問題にも大きく関わっている。その主たる対象が財務管理と内部監査である。第4章では、CIPFAが総力をあげて取り組んでいる財務管理の問題を、英国の地方自治体関係者に最も普及している実務書の分析を通じて概観した。われわれの想像以上にCIPFAの認識する財務管理のフレームワークの範囲は広く、こうした諸問題に対応していくことで、自治体の行財政課題は克服されると期待される。

　もとより、120年を超える歴史をもつCIPFAの日本版を創設することは

容易なことではない。しかし、CIPFA が果たしている機能を、日本国内の関係諸団体等が分業体制で担っていくことは、調整と「やる気」の問題である。第5章では、この点を意識して、CIPFAJ のネットワーク構想についても考察を行なった。

　以上のように本書は、CIPFA という公共部門に特化した英国の会計団体を紹介する目的で執筆されている。その際、発生主義会計と財務管理という CIPFA の主たるテーマは、わが国の地方自治体が今後取り組むべき重要課題そのものであり、CIPFA を参考にしたシステムを日本国内に構築することが、日本の地方自治体関係者がもつべき重要な方向性の認識である、というのが本書の主張であったわけである。

　さて本書は、CIPFA の事務総長 Steve Freer 氏から全面的なサポートをいただき完成された書物である。筆者の力不足ゆえ、本書は CIPFA の概要について整理した小著にとどまっている。また執筆内容に、思わぬ間違いを犯しているかもしれない。浅学菲才の身ゆえ、こうした点についてはまずもってお詫びを申し上げるとともに、一層の精進を誓う次第である。特に、Steve Freer 氏のご高配に応えるために、日本国内における CIPFA 研究の一層の拡大への貢献が、筆者の今後の務めになると考えている。

　本書の執筆に際しては、非常に多くの日英の地方自治体関係者等にお世話になった。そもそも本書は、2003年6月から3カ月間、関西学院大学から筆者に与えられた英国短期留学の際に芽生えた問題意識を起点としている。この短期留学に際しては、吉田佐木子先生から、たくさんのアドバイスとサポートをいただいた。吉田先生は、日本国内の中学生、高校生、大学生が、英国に語学勉強等の留学を行なう際の橋渡しというボランティア活動を続けておられる。私自身も、日本の自治体関係者を英国に同行する取り組みを始めて5年ほどになるが、そのきっかけになったのも吉田先生の活動である。日頃からの吉田先生のご高配に改めて感謝を申し上げ、本書の完成をご報告申し上げしたい。

　ところで、英国の地方自治体を対象にした筆者の研究は、現地での調査に力点を置いている。毎回の英国出張では、務台俊介前所長をはじめとする自

治体国際化協会ロンドン事務所の皆さん、JETRO ロンドン事務所に勤務されていた仙石裕宣氏（現在、名古屋市役所）、英国日本大使館の河合宏一1等書記官、通訳者の君和田貴子さんのご高配をいただいている。皆さんのお力添えがなければ、本書は完成しなかった。

英国バーミンガム大学の John Raine 教授、Chris Game 名誉上級講師、Peter Watt リーダー、Eileen Dunstan 先生、アバディーン・ビジネス・スクールの Peter Smart 名誉上級講師、イースト・サセックス県の Stuart Russell 課長、バーミンガム市役所の David Noott 課長、自治体国際化協会ロンドン事務所の川本栄太郎氏、Irmelind Kirchner さんは、筆者の英国における良き友である。彼らから時々送信されるメールは、筆者が英国地方自治体の現状を理解する最高の教材である。日頃の交流に、厚く御礼申し上げたい。

稲沢克祐教授、西尾宇一郎教授、小市裕之教授、武久顕也准教授をはじめとする関西学院大学の諸先生方の学恩にも、改めてお礼申し上げたい。日頃、何度も諸先生の高度な研究水準とバイタリティーを垣間見て、筆者の研究にも大きな刺激をいただいている。

本書の校正は、関西学院大学大学院経営戦略研究科博士課程後期課程に在籍する遠藤尚秀氏（新日本有限責任監査法人パートナー）、井上直樹氏（監査法人トーマツ）、関西学院大学地方自治体 NPM 研究センターの山本佳代さんにお願いした。丁寧な校正作業に心よりお礼を申し上げたい。また、本書で考察した内容の多くは、筆者が主催する拡大ドクター・ゼミにおける議論を踏まえたものである。拡大ドクター・ゼミに参加されている木村成志氏（兵庫県丹波市役所）、酒井大策氏（大阪府摂津市役所）、澤田晋治氏（京都府庁）、関下弘樹氏（和歌山県田辺市役所）、辻岡聖美氏（滋賀県庁）、堀井識史氏（大阪府豊中市役所）の各氏のさらなる研究活動の進展を祈念したい。

最後に私事で恐縮ながら、本書の執筆においても、妻、長男、母、義父母の献身的な応援があった。「ありがとう」の一言である。

石 原 俊 彦

著者紹介

石原俊彦（いしはら・としひこ）

1960年大阪市生まれ。1984年関西学院大学経済学部卒業、1989年関西学院大学大学院商学研究科博士課程後期課程単位取得満期退学。同年公認会計士登録（登録番号9922）。1990年京都学園大学経済学部専任講師。その後、同大学経営学部専任講師、助教授を経て、1995年関西学院大学産業研究所助教授。2000年同研究所教授、博士（商学）の学位を関西学院大学より授与される。2005年関西学院大学専門職大学院経営戦略研究科教授、2008年同大学大学院経営戦略研究科博士課程後期課程指導教授。2009年4月より関西学院大学専門職大学院経営戦略研究科研究科長（就任予定）。海外における教育研究活動として、2007年2月から英国バーミンガム大学公共政策学部客員教授（Honorary Professor）。

【単書】
『監査意見形成の基礎』中央経済社、1995年。
（本書で、1996年第24回日本公認会計士協会学術賞受賞）。
『リスク・アプローチ監査論』中央経済社、1998年。
（本書で、1998年第12回日本内部監査協会青木賞受賞）。
『地方自治体の事業評価と発生主義会計』中央経済社、1999年。

【編著】
『自治体バランス・スコアカード』東洋経済新報社、2004年。
『自治体行政評価ケーススタディ』東洋経済新報社、2005年。

【監修】
『行政評価導入マニュアルQ＆A』中央経済社、2001年。
『新行政経営マニュアル──イギリスのNPMに学ぶ』清文社、2004年。
この他、共編著・分担執筆等は多数。

【社会活動】（2009年3月現在）
総務省地方公共団体における内部統制のあり方に関する研究会委員
京都府参与
兵庫県豊岡市行政改革委員会委員長　など

【ホームページ】
http://ishihara.t.mepage.jp/

関西学院大学研究叢書　第131編

CIPFA ──英国勅許公共財務会計協会

2009年3月31日 初版第一刷発行

著　　者　　石原俊彦
発 行 者　　宮原浩二郎
発 行 所　　関西学院大学出版会
所 在 地　　〒662-0891　兵庫県西宮市上ケ原一番町1-155
電　　話　　0798-53-7002

印　　刷　　大和出版印刷株式会社

©2009 Toshihiko Ishihara
Printed in Japan by Kwansei Gakuin University Press
ISBN 978-4-86283-039-5
乱丁・落丁本はお取り替えいたします。
本書の全部または一部を無断で複写・複製することを禁じます。
http://www.kwansei.ac.jp/press